本书由西安石油大学优秀学术著作出版基金资助出版

企业治理结构变迁研究

QIYE ZHILI JIEGOU BIANQIAN YANJIU

肖焰 著

中国社会科学出版社

图书在版编目(CIP)数据

企业治理结构变迁研究/肖焰著. —北京:中国
社会科学出版社,2011.5
ISBN 978 – 7 – 5004 – 8917 – 7

Ⅰ.①企…　Ⅱ.①肖…　Ⅲ.①企业管理—研究
Ⅳ.①F270

中国版本图书馆 CIP 数据核字(2010)第 137339 号

出版策划	冯　斌
责任编辑	丁玉灵
责任校对	张玉霞
封面设计	郭蕾蕾
技术编辑	戴　宽

出版发行	中国社会科学出版社		
社　　址	北京鼓楼西大街甲 158 号	邮　编	100720
电　　话	010—84029450(邮购)		
网　　址	http://www.csspw.cn		
经　　销	新华书店		
印　　刷	新魏印刷厂	装　订	广增装订厂
版　　次	2011 年 5 月第 1 版	印　次	2011 年 5 月第 1 次印刷
开　　本	710×1000　1/16		
印　　张	14.25		
字　　数	260 千字		
定　　价	36.00 元		

前　　言

　　20 世纪，西方发达资本主义国家的经济发展取得了辉煌的成就，主要得益于两个方面的因素：一是科学技术的进步带来的生产效率的提高；二是在经济活动中组织方式的创新带来的交易费用的节约。其中，现代企业制度的发展更是呈现出多样化的特点。一方面在企业治理结构的历史变迁过程中形成了如股东单边治理、股东与经营者共同治理、人力资本单边治理、利益相关者共同治理、大股东治理等企业治理结构；另一方面在不同国家和地区也形成了带有各地地域特点的企业治理模式，这些治理模式之间的竞争实质上构成了各国企业竞争的主要内容。企业治理结构成为现代企业制度中最重要的内容，企业治理结构的发展和完善也成为企业增强竞争力和提高经营业绩的关键因素。

　　企业治理结构是在各国经济发展的历史路径中形成的，同时还受到各国不同的制度环境的影响。研究企业治理结构变迁的内在规律和影响因素，对不同企业治理模式的形成、发展和演变趋势给出经济学的解释，对我国建立现代企业制度和有效的企业治理模式，具有重要的理论意义和实践参考价值。

　　本书的主要观点是：企业治理结构变迁是各治理主体围绕企业所有权安排而展开的博弈的结果，当企业的外部环境因素发生变化时，企业治理主体的谈判力就会发生改变，这会推动各治理主体为争夺企业剩余索取权开始新一轮的谈判，最终导致企业治理结构的变迁。由于企业治理结构深深"嵌入"于其外在制度环境之中，因此路径依赖因素是影响企业治理模式形成的重要原因。由对企业治理模式的比较研究可知，没有"放之四海而皆准"的治理模式，因此，由政府推动的强制型制度变迁方式在企业治理结构变迁中往往是无效的甚至是失败的，这一点在我国国有企业改革中表现得更为明显，因此，在我国国有企业改革中政府应转换角色，由强制型变迁方式向诱致型变迁方式转变。

本书的基本框架是这样安排的：

第一章是导论；第二章、第三章是从纵向和横向两个角度总结企业治理结构变迁的实践资料；第四章、第五章和第六章则是企业治理结构变迁分析框架的主要内容，包括基本要件、生成机制和路径依赖因素三个部分；第七章则是在前面分析的基础上，讨论企业治理结构变迁方式的选择，最后则通过实证研究对书中的基本结论进行验证。

在本书的分析中，尝试在以下几个方面作出突破性的研究，实现理论上的创新。

（1）对企业治理结构变迁的研究是企业治理理论的一个薄弱之处，书中提出了一个企业治理结构变迁的理论分析框架，对企业治理结构变迁的要件、生成机制及路径依赖因素进行分析。在此基础上，对企业治理结构变迁的方式选择进行了探讨。书中的框架有助于全面理解企业治理结构的内涵，把握企业治理结构变迁的逻辑线索和发展趋势，以及对企业治理结构的更进一步研究。

（2）书中运用了制度均衡与制度非均衡理论来分析企业治理结构的变迁。指出企业治理结构实际上是一种制度均衡，这种均衡具有多重性、多样性和动态性。企业治理结构的变迁就是由制度不均衡向制度均衡的转化过程，而外部环境因素的变化则是诱发企业治理结构不均衡的外部源泉，企业治理主体的博弈则是推动企业治理结构向制度均衡转化的内部源泉。

（3）在对企业治理结构变迁的生成机制进行分析时，书中指出：企业治理结构的核心是企业所有权的配置，而各治理主体正是为了争夺企业的剩余索取权和剩余控制权而展开博弈，决定博弈结果的是各治理主体的谈判力。当企业的外部环境因素发生变化时，企业治理主体的谈判力就会发生改变，企业治理主体谈判力的变化将会推动各治理主体为争夺企业剩余索取权开始新一轮的谈判，而新的谈判结果则导致了企业治理结构的变迁。因此，各个治理主体在博弈中地位的变化甚至进入博弈或者退出博弈则构成了企业治理结构变迁的主要线索。这种变化有三种形式：一是新的治理主体的介入；二是旧的治理主体的分化；三是旧的治理主体在剩余索取权和剩余控制权分配中利益的变化。通过对企业治理结构变迁生成机制的分析，既在理论上进行了更深入的探讨，又能够对实践的发展做出合乎逻辑的预测。

（4）在对我国企业尤其是国有企业的研究中，已有的研究总是试图在对各国企业治理模式总结比较的基础上建立一个"理想"的企业治理模式，而忽略了企业治理模式是各国历史发展和制度环境的产物，因此，所提出的政策建议不能从实际出发。书中通过对企业治理结构路径依赖因素的分析，指出企业治理结构变迁应以诱致型变迁方式为主，放弃政府的设计和干预，对我国国有企业的制度创新提出了较为切实可行的建议。

目　　录

第一章

导　论

对于企业治理结构变迁的研究来自于理论界对企业治理实践的深入思考和各国企业之间的激烈竞争。近几年来，企业治理理论在国内外得到了广泛的关注，并在我国企业制度改革中得到了普遍的应用。然而，我国企业无论是在企业经营绩效还是在制度建设方面都不尽如人意。究其原因，在我国经济转轨时期，对企业治理结构任何形式的照搬照抄和将企业治理结构当成"包治百病的良药"的期望都是不现实的。因此，对企业治理问题进一步的研究也就迫在眉睫。本书正是在这样的背景之下，对企业治理结构的变迁历史和变迁规律进行考察和研究。

第一节　研究背景

一　现实背景

（一）企业治理问题已成为全球关注的焦点

企业治理问题与现代企业制度相伴而生，但企业治理成为被广泛关注的焦点问题是始于20世纪80年代。这主要是因为相比日本和欧洲企业的迅速发展，美国企业无论在资本投资还是在研究开发上都处于下风，国际竞争力下降。尤其是80年代中期之后，美国股票市场频繁发生敌意接管、杠杆收购等并购重组事件，不仅引起了金融市场的动荡，而且导致企业内部组织结构和经营管理极不稳定。无论是"袭击者"还是目标企业都宣称自己的行动是为了维护股东的利益，然而，从实际的情况来看，接管往往并没有带来股东预期的资本收益，相反却伴随着企业的大量裁员。另一方面，在美国企业业绩没有明显提高的情况下，企业经理人员的收入大幅提高也引起了股东的普遍不满。同时，中国和东欧等社会主义国家的经济体制转轨实践，也把企业治理问题推向理论研究的前沿。

在经济全球化的条件下，生产要素在全球范围内进行重组和配置的程度不断提高，企业竞争越来越激烈，良好的企业治理结构不仅是企业在市场竞争中生存和发展的关键，而且与各国综合国力和经济竞争力密切相关，一个国家经济的发展和繁荣很大程度上有赖于企业的良好业绩。因此，许多国家与组织对于如何建立有效的企业治理结构给予了越来越多的关注。1992 年英国公布《公司治理的财务方面》（即所谓的"Cadbury 报告"）以后，许多国家与国际组织纷纷制定各种企业治理原则。1998 年 4 月，由 29 个发达国家组成的经济合作与发展组织（OECD），为了改善其成员国的企业治理，成立企业治理国际性基准的专门委员会，并于 1999 年正式公布了《OECD 公司治理准则》。①除了OECD 之外，其他国际机构也纷纷加入了推动公司治理运动的行列。国际货币基金组织（IMF）制定了《财务透明度良好行为准则》及《货币金融透明度良好行为准则》；世界银行还与 OECD 合作，建立了全球公司治理论坛（Global Corporate Governance Forum）以推进发展中国家公司治理的改革；国际证监会组织（IOSCO）也成立了新兴市场委员会（Emerging Marker Committee）并起草了《新兴市场国家公司治理行为》的报告。

（二）企业治理模式的相互竞争

随着经济的发展，逐渐形成了带有各个国家自身特色的企业治理模式。因此，各国企业之间的竞争也可以看做是各国企业治理模式之间的竞争。在这场竞争中，日本和欧洲企业一度占了上风，其成就迫使人们对于英美模式进行反思，特别是 20 世纪 80 年代风行英美的并购风潮进一步动摇了人们对英美传统模式的信念。但是，日本和欧洲企业在取得了辉煌的成就之后，也遇到了阻碍其进一步发展的问题。企业治理模式之间的相互竞争促使人们思考：企业治理模式是怎样形成的？究竟有没有所谓的"最佳"治理模式？

事实上，目前存在于世界上的多样化的企业治理模式恰恰说明，企业治理结构并不是经济自然演进的结果，更大程度上与各国的历史发

---

① 《OECD 公司治理准则（2004 版）》，《北京大军经济观察中心》，http：//www.dajun.com.cn，2005 年 2 月 20 日。

展、政治体制、制度环境和文化传统有直接的联系。因此，不同国家与地区的企业治理模式是在特定的历史环境中形成的，企业治理的相关制度是由多种制度安排在进化博弈中形成的多重均衡。对于企业治理模式，应坚持"存在即合理"的原则，去探究企业治理模式形成的逻辑线索和历史根源，并以此来指导企业的改革和发展。

（三）我国企业面临的挑战

在迈入新世纪之后，我国企业面临着更严峻的挑战。随着经济全球化的步伐不断加快，国际分工和国际交换逐渐深化，各国之间的经济联系日益加强，一国的经济已不可能脱离国际经济而独立存在和发展下去。特别是我国加入世界贸易组织之后，我国企业开始面临国外企业的竞争。而随着"国民待遇"的实施和跨国企业的大规模进入，我国企业面临的挑战将进一步加剧。另一方面，在知识经济时代，经济增长不是直接取决于资源、资本、硬件技术的数量、规模和增量，而是依赖于知识或有效信息的积累和利用，知识经济是以创新的速度、方向决定成败的经济。这种创新中既包括技术创新，也包括制度创新。因此，我国企业建立适合于我国国情和自身特点的企业治理结构，是应对挑战的当务之急。

二 理论背景

（一）企业治理结构的概念界定

治理（governance）是广泛应用于政治学、经济学领域内的一个术语，它来源于拉丁语"gubemare"，意思是"统治"或"掌舵"，与希腊语中"舵手"是同义语。"企业治理"作为一个概念，最早出现在经济学文献中的时间是在 20 世纪 80 年代初期。之前，威廉姆森在《市场与科层：一种分析及对托拉斯的启示》（1975）一文中曾提出了治理结构（governance structure）的概念。人们普遍认为，这一概念与企业治理的概念已经相当接近。[①]

近年来，有的学者对企业治理结构的解释作了分类和归纳，如科克伦（Phlip L. Cochran）和沃惕克（Steven L. Wartick）等。在国内，费方域

---

① 与"企业治理"概念不同的是，"企业治理问题"出现要早得多，亚当·斯密在《国富论》中就曾提到类似的问题，这可以说是企业治理问题的思想源头。

博士①从企业治理的具体形式、制度功能、理论基础、基本问题、潜在冲突等五个方面对企业治理结构进行了总结。田志龙②(1999)又补进企业治理结构的制度构成一类，因而对企业治理结构的解释就有了六种分类。崔如波在其著作《公司治理：制度与绩效》中对此有过详细的论述。

1. 组织结构

我国著名经济学家吴敬琏③在他的《现代公司与企业改革》一书中，从组织结构角度给企业治理下了一个定义。他指出："所谓企业治理结构，是指由所有者、董事会和高级执行人员即高级经理人员三者组成的一种组织结构。在这种结构中，上述三者之间形成一定的制衡关系。通过这一结构，所有者将自己的资产交由公司董事会托管；公司董事会是公司的最高决策机构，拥有对高级经理人员的聘用、奖惩以及解雇权；高级经理人员受雇于董事会，组成在董事会领导下的执行机构，在董事会的授权范围内经营企业。"这种观点被国内大部分学者所认同，在国内企业的公司制改造中居于正统地位，并为政府决策部门所采纳。

2. 制度安排

1985年，英国《公司法》规定：企业治理是由董事、股东和审计员三方构成的一种制度。董事是管理部门的领导者，指导公司实现利润最大化；股东的作用是确保董事这样做；审计员则保证公司不会有财务违规现象，确保董事能提供一个"真实而公平"的公司财务状况。柯林·梅耶④在他的《市场经济和过渡经济的企业治理机制》(1995)一文中，把企业治理定义为"公司是赖以代表和服务于它的投资者利益的一种组织安排。它包括从公司董事会到执行人员激励计划的一切东西"。斯坦福大学经济系教授钱颖一认为："在经济学家看来，企业治理结构是一套制度安排，用以支配若干在企业中有重大利害关系的团体——投资者（股东和贷款人）、经理人员、职工之间的关系，并从这种联盟中实现

① 费方域：《企业产权分析》，三联书店、上海人民出版社1998年版。
② 田志龙：《经营者监督与激励：公司治理的理论与实践》，中国发展出版社1999年版。
③ 吴敬琏：《现代公司与企业改革》，天津人民出版社1994年版。
④ ［英］柯林·梅耶：《市场经济和过渡经济的企业治理机制》，上海三联书店1996年版。

经济利益。"① 企业治理结构包括:(1)如何配置和行使控制权;(2)如何监督和评价董事会、经理人员和职工;(3)如何设计和实施激励机制。良好的企业治理结构能够利用这些制度安排的互补性质,最终选择一种结构来减低代理人成本。

3. 监督控制

林毅夫等人②认为,所谓的企业治理结构,是指所有者对一个经营者的管理和绩效进行监督和控制的一整套制度安排。郑红亮③认为,企业治理要处理的是公司资本供给者确保自己可以得到投资回报的方法问题,比如,资本所有者如何使管理者将利润的一部分作为回报返还给自己,怎样确定管理者没有侵吞他们所提供的资本或将其投资在不好的项目上,以及怎样来控制管理者等。

4. 合约

威廉姆森从合约的角度把治理这一概念一般化。在他看来,研究治理问题,就是研究如何确认、阐释和减轻各种合约风险。他认为,治理结构就是指在其中决定完成一笔交易的制度框架,或者说,是在其中进行谈判和履行交易的制度矩阵。市场和企业是两种可选择的治理结构。④ 银温泉则根据企业理论的合约方法,给企业治理结构下了一个定义。他指出,所谓企业治理结构,就是协调股东和其他利益相关者相互关系的一种制度,涉及指挥、控制、激励等方面的内容。换言之,就是借以处理企业各种合约的一种制度。⑤

5. 相互作用

科克伦(Phlip L. Cochran)和沃惕克(Steven L. Wartick)在 1988 年发表的《企业治理——文献回顾》一文中指出,"企业治理包括在高级管理阶层、股东、董事会和公司其他的有关利益人的相互作用中产生的具体问题。构成了企业治理问题核心的是:(1)谁在公司决策/高级管理阶层的行动中受益?(2)谁应该从公司决策/高级管理阶层的行动中受益? 当

① ［美］钱颖一:《国有公司治理结构改革和融资改革》,《经济研究》1995 年第 1 期。

② 林毅夫等:《现代企业制度的内涵与国有企业改革方向》,《经济研究》1997 年第 3 期。

③ 郑红亮:《企业治理与中国国有企业改革》,《经济研究》1998 年第 10 期。

④ ［美］奥利弗·E. 威廉姆森:《从选择到契约:作为治理结构的企业理论》,赵静、丁开杰译,《经济社会体制比较（双月刊）》2003 年第 3 期。

⑤ 银温泉:《美国、日本和德国的企业治理结构制度比较》,《改革》1994 年第 3 期。

在'是什么'和'应该是什么'之间存在不一致时，一个企业治理问题就会出现"。为了进一步解释企业治理领域中包含的问题，他们将企业治理分为四个要素，每个要素中的问题都是由与高级管理阶层和其他主要的有关利益人集团相互作用有关的"是什么"和"应该是什么"之间的不一致引起的。

6. 治理产权

张维迎[1]认为，企业治理结构只是企业所有权安排的具体化，并表现为一种状态依存权。企业所有权安排，从广义上讲，就是公司有关剩余控制权和剩余索取权的一套法律、文化和制度安排。从狭义上讲，就是剩余索取权与剩余控制权的分配状态。根据产权的不同特征，对企业治理结构的状态依存权又有三种不同的观点：一是周其仁[2]认为，市场里的企业都是人力资本与非人力资本的特别合约，并从人力资本的稀缺性与专用性出发，认为剩余控制权与剩余索取权应对称集中于人力资本所有者，即劳动雇佣资本；二是张维迎坚持从人力资本与其所有者的不可分性及不可抵押性出发，主张资本所有者掌握企业所有权，即剩余控制权与剩余索取权应对称集中于非人力资本所有者，即资本雇佣劳动；三是杨瑞龙、周业安[3]综合上述两种观点，认为上述两种情况属于极端情况，从现实看来，更多的情形是剩余控制权与剩余索取权由集中对称分布走向分散对称分布，剩余索取权与剩余控制权分散地对称分布于不同的产权主体。

上述关于企业治理结构的不同理解，从不同角度揭示了企业治理结构的内涵。概括起来，所谓的企业治理，就是基于企业所有权与控制权分离而形成的企业所有者、董事会和高级经理人员及企业相关利益者之间的一种权力和利益分配与制衡关系的制度安排。

企业治理有狭义和广义之分。狭义的企业治理解决的是因所有权和控制权相分离而产生的代理问题，它要处理的是企业股东与企业高层管

---

① 张维迎：《所有制、治理结构及委托代理关系》，《经济研究》1996 年第 6 期。

② 周其仁：《市场里的企业：一个人力资本与非人力资本的特别合约》，《经济研究》1996 年第 6 期。

③ 杨瑞龙、周业安：《一个关于所有权安排的规范性分析框架及其理论含义——兼评张维迎、周其仁及崔之元的一些观点》，《经济研究》1997 年第 1 期。

理人员之间的关系问题。张维迎[①]认为：企业所有权安排和企业治理结构是同一个意思，企业治理结构是企业所有权安排的具体化，企业所有权安排是企业治理结构的一个抽象概括。因此，企业治理结构的核心是，在两权分离的情况下，所有者对经营者的监督和激励问题。杨瑞龙和周业安[②]也认为：企业治理结构本质上就是一个关于企业所有权安排的契约。拉波塔（La Porta）等（2000）从保护外部投资人的角度理解企业治理制度，他们认为，企业治理在很大程度上就是指外部投资者用以防止内部人侵蚀的一系列机制。

广义的企业治理可以理解为关于企业组织方式、控制机制、利益分配的一系列法律、机构、文化和制度安排，它界定的不仅仅是企业与其所有者之间的关系，而且包括企业与其所有利益相关者之间的关系。实际上，按照企业契约理论，企业可以看做企业各类参与者之间达成的一系列实际与隐含契约，这些契约规定了他们在各种情况下的权利、责任以及报酬。企业的契约性质意味着利益相关者的多元性。为了实现高效率和价值的最大化，必须把利益相关者的利益协调起来。总之，狭义的企业治理强调解决两权分离情况下股东和经营者之间的代理问题，而广义的企业治理强调企业利益相关者之间的关系问题。

（二）企业治理结构的意义

总的来说，应从以下几个方面理解企业治理结构。

1. 企业治理的根源在于代理问题和合约的不完全性

企业治理起源于现代企业制度中存在的委托—代理关系。对于委托代理关系的论述最早始于亚当·斯密在《国富论》中的阐述："要想股份公司董事们监管钱财用途，像私人合伙公司伙员那样用意周到，那是很难做到的。"在现代企业中，随着所有权与控制权的分离，就可能出现掌握着企业控制权的管理者，为了自身的利益而损害资本所有者利益。1932 年，伯利和米恩斯[③]在《现代公司和私有财产》一书中指出：由于现代公司的两权分离，管理权的增大有损害资本所有者利益的危险，它可

① 张维迎：《所有制、治理结构及委托代理关系》，《经济研究》1996 年第 9 期。

② 杨瑞龙、周业安：《一个关于所有权安排的规范性分析框架及其理论含义——兼评张维迎、周其仁及崔之元的一些观点》，《经济研究》1997 年第 1 期。

③ A. Berle and G. Means, The Modern Corporation and Private Property, Macmillan (1932), and Revised Harcourt, World and Brace, New York, 1968.

能造成管理者对公司的掠夺。

奥利弗·哈特（Oliver Hart）[1] 把代理问题和合约的不完全性作为企业治理存在的条件和理论基础。他认为，只要以下两个条件存在，企业治理问题就必然在一个组织中产生。第一个条件是代理问题，确切地说是组织成员（可能是所有者、经理、职工或消费者）之间存在着利益冲突；第二个条件是交易费用如此之大，使代理问题不可能通过合约解决。他解释道，在没有代理问题的情况下，企业治理是无关紧要的。如果出现代理问题，并且合约不完全的话，企业治理结构就至关重要。合约不完全的原因是非常复杂的，归纳起来有以下几个方面：一是未来事件的不确定性。合约是对未来交易的承诺，但由于未来的不确定性，因而导致合约的不确定性。二是在企业合约的形成过程中，由于双方所拥有的资源及其各自的主体地位和信息量的不同，导致合约的不完全性。三是某些生产要素特别是企业人力资本的定价，是很难事前完全说清楚的，因而企业合约难以加以明确的规定，从而导致合约的不完全性。四是合约的谈判和签订是需要支付成本的，实证研究证明，交易成本在量上与企业合约的完全性成正比，合约越完全，交易成本就越大。哈特强调，在存在代理问题且合约不完全的情况下，企业治理确有它的作用。

现代公司的根本特征是产权结构上实现了所有权与控制权相分离，因而现代公司本质上是"委托人与代理人之间的合约网络"。其中委托人是股东，代理人是经营者，由于委托人和代理人的效用目标函数不同，再加上信息不对称，代理人可能会产生机会主义的道德风险[2]和逆向选择，[3] 从而损害委托人的利益。因此，委托人必须建立一套有效的制衡机制来规范和约束代理人的行为，防止代理人权力的滥用，使代理人的目标与委托人的目标最大限度地保持一致，从而降低代理成本，提高公司经营绩效，更好地满足委托人的利益。这套有效的制衡机制就是企业治理结构。所以说，企业治理结构既是因为委托代理问题产生的，也是以解决委托代理问题为目的的。

---

① ［美］奥利弗·哈特：《企业治理：理论与启示》，《经济学动态》1996 年第 6 期。

② 道德风险（moral hazard），也称为败德行为，一般指代理人借事后信息的非对称性、不确定性以及契约的不完全性而采取的不利于委托人的行为。

③ 逆向选择（adverse selection），一般是指代理人利用事前信息的非对称性等所进行的不利于委托人的决策选择。

2. 企业治理的实质在于建立利益相关者之间的利益制衡机制

企业治理是有关股东、董事会和高级经理人员之间的一种权力分配与制衡关系的制度安排。企业治理最核心的内容是企业所有权安排的具体化，是有关企业剩余索取权和剩余控制权分配的一整套法律、文化和制度性安排。这些安排决定了企业的目标、行为，决定了在什么状态下由哪类利益相关者来实施控制、如何控制、风险和收益如何分配等有关企业生存和发展的一系列重大问题。在此基础之上，企业治理又是一个所有利益主体共同参与的自主性互动网络，是一种各利益主体之间信息、知识和利益共享、互为激励，互相制衡而形成的制度安排。这种制度安排的目的是解决不同利益主体之间的利益冲突，使责任、权力、风险和利益相匹配，从而调动各种积极因素，增进公司价值的最大化，最终实现各利益主体的收益最大化。因此，企业治理的实质就是建立合理的利益制衡机制。

3. 企业治理的最大目标是实现股东财富的最大化

企业治理的目标是指企业治理要为哪些利益主体的利益服务，即企业治理应该以实现谁的利益为主导，它表明企业治理的根本目标。关于这个问题，许多国内外学者多有论著。美国学者罗伯特·C.克拉克（1999）曾把这些观点概括为："一元论：严格利润最大化原则；二元论：公私利益的远期一致；适度理想主义：自愿守法；高度理想主义：利益集团的调和与作为剩余目标的公共利益目标。"[①] 目前，我国理论界在这个问题上存在三种观点：一是"股东价值论"，认为股东是公司的所有者，企业治理的核心就是确保股东的利益，确保资本供给者得到理所当然的投资回报。二是"利益相关者论"，认为企业治理不能单纯以实现股东利益为目标，因为企业是所有利益相关者（出资者、债权人、董事会、经理、员工、政府及社区居民、供应商等）的企业，各利益相关者都对企业进行了专用资产的投资，并都承担了企业的风险，因而企业治理所要实现的是包括股东在内的所有利益相关者的利益。三是"利益相关者主次论"，认为企业治理必须以股东利益为主导，同时在此基础上恰当地界定包括股东在内的利益相关者的关系，解决好由此而产生的利益相关者的利益制衡问题。对于这个问题，在企业的治理实践中，各

①　［美］罗伯特·C.克拉克：《公司法则》，工商出版社1999年版。

种企业治理模式也给出了各自的答案。总的来说，在企业的治理实践中，股东利益最大化仍然是企业治理的主要目标，但已不是唯一的目标。

（三）企业治理的评价标准

衡量企业治理的标准是"企业治理绩效"，这是一个全新的概念，目前理论界对此尚无统一的认识。有学者认为，企业治理绩效，就是指在既定的制度环境下，企业治理成本与企业治理主体收益的比率。衡量企业治理绩效的标准，就是企业治理成本的最小化或企业治理主体收益的最大化。以最小的治理成本，获取最大的治理主体收益，从而促进企业的持续发展，这就是企业的治理绩效。然而，这里存在一个问题，即："企业的治理主体是谁？"如果将治理主体等同于所有者，那么治理绩效也就是所有者收益了；如果将治理主体认为是利益相关者，那么利益相关者之间的利益冲突和矛盾将使得治理绩效更加难以计算和落实。如果不能对于企业的治理主体做出明确的界定和分析，那么所谓的"企业治理主体收益"也就成为无本之木了。

有学者认为：企业治理绩效也可以理解为企业治理效率。企业治理效率可分为两大类：一是结构性效率，一是适应性效率。[①] 结构性效率是治理制度的基础性效率，是因为整体协调而产生的制度效率，它更强调组织的有效性，而不是突出 CEO 的个人能力。因此，企业经营者即便没有道德风险或逆向选择的机会主义行为，也并不必然意味着治理具备了结构性效率。否则，在治理效率方面，现代公司制企业可能还比不上所有者、经营者合一的新古典式的业主制企业。反过来，一家企业的成功也不能完全等同于经营者的成功，而应是企业治理制度结构性效率的体现。

适应性效率和结构性效率不是截然分开的，结构性效率是适应性效率的基础，不具有一定的结构性效率就不能取得一定的适应性效率。相对于结构性效率而言，适应性效率更是一种动态性效率，按照诺斯（North）的定义是指："确定一个经济随时间演进的方式的各种规则；还要研究企业去获取知识、去学习、去诱发创新、去承担风险及所有创造力的活动以及去解决企业在不同时间的瓶颈的意愿。"就企业治理而言，适应性效率包括两层含义。

---

① 崔如波：《公司治理：制度与绩效》，中国社会科学出版社 2004 年版，第 84 页。

首先，适应性是指企业决策对企业内部、外部环境变化的适应性。对于具备一定结构性效率的企业而言，因决策失误而陷入危机，往往不是因为管理层的无能所致，而是由于决策形成中的个人主观性过强，或者由于决策执行时发生了不可预测的变化。所以，治理效率意味着企业在形成正确决策、纠正错误决策方面的效率。在决策形成的过程中，包括企业决策出现偏差之前能否得以尽快纠正或终止。一般来说，从决策出现偏差，发现并向上层反馈信息，纠正措施的制定、执行，达到预期纠正的目的，这几个环节之间的时滞越短，失误决策的负面效果越小，则其治理的适应性效率越高。

其次，适应性效率还表现在企业治理结构对周围环境的适应性，包括政策法律、技术、历史传统等环境因素。企业治理不仅应对环境的变化做出反应，而且，还应主动地去适应环境的变化。这就要求充分发挥相关利益主体的能动性、创造性。一般来说，企业治理模式因一个经济中技术条件、规模经济和法律框架的差别而异，也因路径相依的由来关系而异。既然不同的国家具有不同的文化背景，处于不同的经济发展阶段，在市场机制发育程度、资金水平上存在差别，则必然各自具有适宜的企业治理机制。所以企业治理模式是多样的、特殊的，而且是处于不断的制度创新之中的，这正是企业治理适应性效率的体现。①

第二节 研究目的与意义

一 研究目的

本书的研究目的是以新制度经济学为分析框架，以企业治理理论为理论依据，通过对企业治理结构变迁的历史过程和发展规律的探讨，提出企业治理结构变迁的理论分析框架，给出企业治理结构发展趋势和企业治理模式多元化的经济解释，对企业治理结构的变迁方式给出建议，最终试图对我国企业的发展和经济改革提供理论指导。本书的目的有以下几点：

（1）结合新制度经济学和企业治理理论，建立企业治理结构变迁的分析框架。

---

① 吉林大学中国国有经济研究中心课题组：《治理效率：一个深化企业治理的新视角》，《当代经济研究》2002 年第 12 期。

（2）对企业治理结构变迁的历史进程进行说明，并得出其发展的逻辑脉络和路径依赖因素。

（3）对现今世界多样化的企业治理模式作出解释，并对企业治理模式的发展趋势进行预测。

（4）对企业治理结构变迁方式的选择进行分析，并指出诱致型变迁是企业治理结构变迁的主要方式。

二　研究意义

企业治理是一个国际性的前沿课题。对于企业治理问题的研究，具有十分重大的理论价值和实践意义。企业治理是现代企业发展的产物，伴随着企业制度的不断创新和企业理论的不断发展，企业治理结构也经历了巨大的变迁。对这种变迁过程的研究，对于企业治理理论的发展乃至企业理论的发展都显得必不可少。

（1）对企业治理结构变迁过程的分析，将有助于加深对于企业治理问题的理解，解释企业治理结构以及企业制度的变迁历史和发展趋势，从而对世界范围内的企业治理活动给出解释。

（2）通过企业治理结构变迁的路径依赖因素的分析，将有助于回答如下问题：形成企业治理结构差异的根源是什么？是否存在一种最佳的企业治理模式？对我国建立现代企业制度和有效的企业治理模式，本书的研究也具有一定的理论意义和实践参考价值。

（3）通过对企业治理结构变迁方式的分析，尤其是对诱致型变迁方式和强制型变迁方式的比较，将有助于从理论上指导我国国有企业改革，增强国有企业的持续发展能力和市场竞争能力，实现国有企业的全面振兴，完善社会主义市场经济体制。

第三节　国内外研究动态

一　国外研究动态

（一）新古典经济学的企业治理理论：古典管家理论

在新古典经济学中，企业是一个具有完全理性的经济人。在新古典经济学看来，市场是一个完全竞争的市场，信息和资本能够自由流动，企业处于完全竞争的环境中，因此，新古典经济学实际上不存在现代意义上的企业理论。在新古典经济学的假设条件下，市场机制的运作是不需要任何成本的，因此就不存在企业与市场机制之间的替代，即利用企业内部的行政决策来替代市场配置资源的功能。这样，从新古典经济学看来，企业的内部结构属于管理学的研究范畴。在新古典经济学中，企业的所有者主导了企业的行为，企业的经营者也只是一个按照所有者的命令行事的管家，不应该具有不同于企业所有者的意志，也就是说不存在任何代理问题。①

在新古典经济学关于市场具有完备信息的假设条件下，企业治理即企业内部的控制权安排的模式，对于企业而言并不重要。企业的行为在完全竞争的市场条件下并不决定于企业内部的信息和控制权的安排，而只是被动地接受市场的配置。古典的管家理论显然不能解释现代市场经济条件下企业的治理行为，现代企业所面临的市场，既不是一个完全竞争的市场，也不是信息充分完备的市场。就企业本身的行为而言，也不是被动地根据市场条件做出反应，而是企业的所有者、经营者的经营思想、行为目标与企业的外部条件综合协调的结果。

（二）信息经济学的企业治理理论：委托代理理论

1. 委托代理理论的产生渊源

随着现代企业和信息经济学的发展，委托代理理论逐渐出现。20世纪 60 年代以来，信息经济学成为经济学的一个重要的研究领域，其突破性贡献在于放弃对充分信息和完全理性的假设。这一方面是由于人的有限理性，拥有完全的信息是不可能的；另一方面，信息在个体之间是不对称分布的。这两方面的修正直接导致了委托代理理论的产生。在实践中现代企业的发展也提出了企业治理问题。现代企业是以大规模生产、复杂的技术创新和内部层级制管理为基础的，两权分离是其基本特征。这种治理模式更好地实现了物质资本和人力资本的结合，但也由此带来了以下问题：由于公司所有权的日益分散，单个股东拥有的股份越来越少，这就导致了"搭便车"的机会主义倾向，使得股东对经营者的控制力度大为降低，而经营者实际掌握了对公司的控制权，经理主权已经代替股东在西方占据主导地位。随着经理主权的日益强大，以及现代

---

① 杨胜刚：《西方公司治理理论与公司治理结构的国际比较》，《财经理论与实践（双月刊）》2001 年第 11 期。

公司中股东对经理监督和激励力度的下降，逐渐滋生了经理忽视股东利益的趋势。另外，美英公司在制造业、高科技和建筑行业与其西欧和东南亚竞争对手比较时，日益失去竞争力。这也使得企业治理问题得到广泛的关注。无论在实践领域还是理论研究方面企业治理都成为关系企业生存和发展的一个重要问题。

2. 委托代理理论的假设

委托代理理论的假设包括四个方面。

首先，委托代理理论继承了新古典经济学关于经济人的假设，即市场中的人都是自利的，都在追求个人利益最大化。因此，在现代企业中，资产的委托方——股东追求投资收益最大化，而资产的代理方——经营者追求个人效用最大化。二者作为独立的经济人都有着较强烈的自利倾向，追求既定条件下的自身利益最大化，两者之间的利益冲突是不可避免的，而且关系到企业的生存和发展。

其次，是信息不完全假设。即在市场经济中，市场的信息是有限的，不完全的。这包含两个方面的意思：一方面市场创造信息的能力有限，行为者不可能得到自己行为所需的充分信息。另一方面，获取信息又是有成本的，当获取信息的成本过大时，行为者也只得放弃获取高成本的信息。[1]

再次，是信息不对称假设。在市场中，市场的信息不仅是有限的，而且也是非对称分布的。即市场的行为人在事前、事中和事后对行为真实情况的把握可能不一样。拥有信息的一方可以有更大的行为选择权、更自由的信息保留或发布权。通过对信息的过滤，信息拥有者可能获得更大的利益；相反，信息非拥有者因为不能拥有信息，或最后得到的是被过滤后的信息，可能做出错误的判断。

最后，是不确定性假设。委托代理关系的代理结果除了受代理人努力程度的影响外，事实上还受许多代理人难以把握的不确定性因素的影响。

现代企业的根本特征在于产权结构上实现了所有权与控制权的分离，两权分离必然产生股东与经理人员的委托—代理关系。有效的委

---

① 伍山林：《企业性质解释——节约交易费用与利用社会生产力》，上海财经大学出版社2001年版，第199—202页。

托—代理关系所要解决的问题是：一方面实现所有权与经营权的有效分离，使经理人员在董事会授权范围内自主地进行经营决策，管理公司的日常生产经营活动；另一方面，要形成对企业经理人员有效的激励与监督机制，使他们能够以股东的利益为行事准则，从而保障所有者利益，减少投资者由于经理人员的自利行为而蒙受的损失。显然，以上的四个假设决定了委托人要付出一定的代价，也就是代理成本。

3. 代理成本的内容

委托—代理理论将股东和经理之间的关系定义为一种委托—代理关系，那么，委托人和代理人的利益和权利就需要通过契约来界定，① 这种界定是否有效则取决于产权的划分是否明晰以及契约的完备程度。现实世界中信息不完全和信息分布的不对称，决定了契约是不完全的，其中必然存在漏洞。这就需要制定一定的激励制度以降低不确定现象下代理人败德行为给委托人带来的损失。

因此，在规范的委托—代理理论中，对代理成本是这样解释的：假使不存在信息不对称，那么，即使是在不确定条件下，委托人也能在保证代理人得到其保留效用和努力激励的约束下，找到使委托人效用最大化的对于代理人的支付方案。这个方案，通常叫做最佳方案。但是在实践中，最佳方案是难以获得的，通常可以获得的是次佳方案。这是由于：在存在不确定性的情况下，工作绩效不仅取决于代理人的努力，而且取决于不同的环境条件。而经理人的努力是不能被观察的，求解出支付方案便遇到了最优风险分担和最优激励之间的两难选择。如果要使代理人有激励采取股东合意的行动，则由于报酬是与业绩挂钩的，而业绩又不完全取决于经理的努力，经理就必须承担相当的风险。通常认为，

---

① 张维迎指出，企业契约理论的共旨是，企业乃"一系列合约的联结"，并进一步指出企业契约的不完全性。不完全性是相对于完全性而言的。他认为，一个完全的契约指的是这种契约准确地描述了与交易有关的所有未来可能出现的状态，以及每种状态下契约各方的权力和责任。如果一个契约不能准确地描述与交易有关的所有未来可能出现的状态以及每种状态下契约各方的权力和责任，这个契约就是不完全契约。他还认为相对而言，市场可以说是一种完备的契约，而企业则是一种不完全的契约。关于难以写明或实施完全契约的思想早已存在于科斯（1937）、克莱因、克劳福德和阿尔钦（1978）以及威廉姆森（1979）等人的有关著作之中，但不完全契约理论的分析框架是由格罗斯曼和哈特（1986）、哈特和莫尔（1990）最终确立起来的。在他们看来，由于交易成本的存在，特别是相关变量的第三方不可证实性使得契约是不完全的。

经理对待风险的态度是回避的，因此，在风险分担的安排上就不是最优的。反之，要满足最优风险安排，把风险留存在合同中使能承担风险的一方承担风险，代理人的激励就会不足。通常这种情况下的支付方案被称为次佳方案，而这个方案与最佳方案的偏离，就构成了所谓的代理成本。

具体来说，代理成本由三部分组成：(1)委托人的监督成本。委托人通过对代理人进行适当的激励，同时承担用来约束代理人越轨行为的监督费用，可以使其利益偏差有限。(2)代理人的担保成本。即为了保障代理人不采取违背甚至损害委托人利益的行动，代理人要支付的保证金。(3)剩余损失。即由于代理人的实际决策与使委托人利益最大化的决策之间存在的某些偏差而带来的利益损失。代理成本中前两项是制定、实施和治理合同的实际成本，第三项是在合同最优但不完全被遵守、执行时的机会成本。总的来说，代理成本是难以避免的。

4. 委托—代理理论的缺陷

委托—代理理论来源于新古典产权学派。因此，委托代理理论的核心也是股东利益最大化，股东应独享企业所有权。在这个核心理念之下又隐含以下概念：企业的唯一目标是利润最大化；企业应由股东控制；股东是企业剩余的唯一合法索取者；企业的剩余索取权与控制权对应是最有效率的企业所有权结构。这种股东治理结构理论虽然促进了资金所有者投资于企业，但是它忽视了人力资本所有者在企业中的地位和作用，也难以解释日益发展的分享制度。因此，以股东治理为核心内容的委托代理理论已经难以适应现代社会和企业自身的发展需要。

(三) 组织行为学和组织理论的企业治理理论：现代管家理论

基于完全信息假设下的古典管家理论，显然不符合现实。虽然委托代理理论的提出有助于解释两权分离及其与绩效的关系，但是对于经营者行为的假设过于简单。事实上，人既有可能成为自利的代理人，也有可能成为无私的好管家，而且也有许多实证结果与代理理论是截然相反的。在此基础上，唐纳尔森(Donaldson, 1990)提出了一种与代理理论截然不同的理论：现代管家理论。他认为，代理理论对经营者内在机会主义和偷懒的假定是不合适的，成就、荣誉和责任等是比物质利益更重要的激励公司经营者的因素，经营者对自身尊严、信仰以及内在工作满足的追求，会促使他们努力经营公司，成为公司资产的好"管家"。现代管家理论认为，在自律的约束下，经营者和其他相关主体之间的利益是一致的。① 现代管家理论从组织行为学的角度出发，其研究也有一定的实证和理论分析支持，但是这一理论没有引起人们太多的重视。

古典管家理论是在新古典经济学的假设之下产生的企业治理理论。它的两个重要假设如完全竞争的市场环境和完备信息使得古典管家理论并不能解释经济现实。委托—代理理论保留了古典管家理论关于经济人的假设而否定了其关于完全信息和对称信息的假设，现代管家理论则通过对组织行为的研究否定了经济人的假设。总的来说，二者都从不同的角度丰富和发展了企业治理理论，当然也都不可避免地带有自身的缺陷。

（四）现代企业治理理论：利益相关者理论

1. 利益相关者理论的提出

利益相关者概念最早是在 1929 年，由通用电气公司的一名经理在一次讲演中首先提出的。到 20 世纪 60 年代，美国斯坦福大学的一个研究小组正式提出利益相关者概念，他们认为对一个公司来说，存在这么一些利益团体，若没有它们，公司就无法生存。20 世纪 80 年代斯蒂格利茨在"多重代理理论"中提出了一个观念：企业的目标函数不只是股东利益的最大化，还包括所有利益相关者的利益实现，利益相关者同样也应该分享企业的剩余索取权。但利益相关的最主要倡导者是美国霍普金斯研究所的布莱尔，布莱尔（Blair）把利益相关者定义为："所有那些向企业贡献了专用性资产，以及作为既成结果已经处于风险投资状况的人或集团。"（Blair，1995）布莱尔认为利益相关者是所有那些在公司真正有某种形式的投资并且处于风险之中的人。并在其《所有权与控制：面向 21 世纪的公司治理探索》一书中指出，公司应该为所有利益相关者的利益服务，而不应该仅仅是为股东的利益服务，股东只是拥有有限的责任，一部分剩余风险已经转移给了债权人和其他人。② 布莱尔对利益相关者的定义为利益相关者参与公司治理提供了可以参考的途

① 杨胜刚：《西方公司治理理论与公司治理结构的国际比较》，《财经理论与实践（双月刊）》2001 年第 11 期。

② ［美］玛格丽特·M. 布莱尔：《所有权与控制：面向 21 世纪的公司治理探索》，中国社会科学出版社 1999 年版。

径，因为利益相关者专用性资产的存在，利益相关者也就可以根据其资产的多少和他们所承担的风险来获得企业对其利益的保护，这样，利益相关者参与公司治理也就有了依据。这就需要在传统的所有者与管理者之间的利益平衡中增加其他利益主体的利益要求和实现力量，在传统的企业治理机制中增加其他主体的利益实现机制，达到所有利益相关者的共同治理。①

2. 利益相关者的概念

从 20 世纪 60 年代由斯坦福研究所正式提出利益相关者的概念以来，在企业治理理论中"利益相关者"的概念越来越受到重视。到 90 年代，利益相关者的概念已经被普遍接受。对于利益相关者概念的认识逐步清晰，并进行了严格的分类。② 在国内的研究中，关于利益相关者的概念，主要有两种观点：一种认为与企业有利害关系的人都是利益相关者，其中包括股东、经理人、员工、债权人、雇员、客户、供应商、政府、金融机构、社区等。另一种观点则认为与企业具有契约关系的个人或团体才是利益相关者。许多学者认同第二种观点，因为只有与企业具有了契约关系，才能说明在企业中投入了专用性资产，与企业存在着长期稳定的利益分享和风险共担关系，同时他们的参与行为也直接影响到企业的价值创造与价值分配活动。而企业契约边界之外的市场契约参与者与企业是一种随机的，或者脆弱的契约关系，他们个体对企业的贡献是微弱的，他们个体的"呼声"也是微弱的，更重要的是，他们是不承担企业风险的。③ 按此定义，一切与企业存在交易关系的个人和团体都有可能成为该企业的潜在的利益相关者，包括股东、债权人、雇员、供应商、消费者、政府部门、相关的社会组织和社会团体、周边的社会成员等。但要成为真实的利益相关者，必须"下赌注"，必须进入企业

---

① 贾生华、陈宏辉：《利益相关者的界定方法述评》，《我国经济与管理》2002 年第 5 期。

② 其中比较重要的是米切尔（Mitchell）等人的研究，他从三个维度区分了利益相关者关系：即影响力（power），某一群体是否拥有影响企业决策的地位、能力和相应的手段；合法性（legitimacy），某一群体是否被赋予法律意义上或者特定的对于企业的索取权；紧迫性（urgency），某一群体的要求是否立即引起企业高层的关注。其他在这方面作出贡献的学者有查克汉姆（Charkham）、克拉克逊（Clatkson）、威勒（Wheeler）、卡罗（Carroll）等。

③ 需要说明的是，在这里关于"企业契约"和"市场契约"的划分并不足够清晰，因此对于利益相关者的判断也不足够清晰。

契约关系中。①

3. 利益相关者理论的动态发展。

利益相关者理论的发展可分为三个阶段，见表1-1。② 从1963年斯坦福研究所提出利益相关者定义，到1984年弗里德曼的《战略管理——一个利益相关者方法》出版之前，可以归结为利益相关者的"影响企业生存"阶段。在这个阶段，学者们主要强调把利益相关者理解为企业生存的必要条件，研究的重点问题是利益相关者是谁、利益相关者参与的基础和合理性问题。

表1-1 　　　　　　　　利益相关者理论研究的三个阶段

三个阶段	年代（20世纪）	观　点	代表人物
影响企业生存	60年代至80年代	利益相关者是企业生存的必要条件，是相互依存的关系	SRI；Rhenman；Anscff；Pfeffer；Salanci
实施战略管理	80年代至90年代	强调利益相关者在企业战略分析、规划和实施中的作用	Freeman；Bowie；Goodpaster
参与企业所有权分配	80年代中期至今	利益相关者应当参与对企业所有权的分配	Blair；Donaldson；Wicks Clarkson

第二个阶段是"实施战略管理"阶段，也就是将利益相关者理论应用于战略管理的研究。在这个阶段强调利益相关者在企业战略分析、规划和实施中的作用，强调企业战略管理中的利益相关者参与，侧重于从利益相关主体对企业影响的角度定义利益相关者。这个观点在1984年由弗里德曼在其经典著作《战略管理——一个利益相关者方法》中提出，弗里德曼的观点受到了许多经济学家的赞同，成为了20世纪80年代后期关于利益相关者研究的一个标准范式。

第三个阶段研究的核心是利益相关者"参与企业所有权分配"的阶段。在这个问题上有两种不同的观点，如威廉姆森认为，因为股东的"资产

---

① 杨瑞龙：《企业共同治理的经济学分析》，经济科学出版社2001年版。
② 李洋、王辉：《利益相关者理论的动态发展与启示》，《现代财经》2004年第7期。

专用性"应该优先考虑股东利益，股东的"赌注"是唯一的而且与企业成败直接相关，其他员工等则不是这样。① 相反，弗里德曼和伊万则认为，利益相关者也都向企业投入了"赌注"或者说具有专用性的资产，而且股东还有更具流动性的市场——股票市场以分散其风险，因而资产专用性本身并不能保证股东利益优于利益相关者利益。② 另外，古德帕斯特（Goodpaster，1991）则提出：管理层不但肩负着为股东利益而经营的契约责任，同时也肩负着考虑利益相关者利益的伦理责任。③ 这个观点也引起了许多经济学家的讨论。④

4. 利益相关者共同治理理论的意义

首先，共同治理理论是现代产权内涵的逻辑延伸。传统的产权理论认为，企业的股东享有企业剩余索取权和企业控制权。但是这个观点受到了三个方面的挑战，一是企业行为的物质基础是"法人财产"，而不是股东的资产，其权利基础是法人财产权，而不是股权，因此企业在法律上是有别于其股东的人格化实体。二是现代企业的有限责任原则和合约不完全性质也决定了资本所有者并不总是企业经营风险的最大承担者，市场机制与企业制度也为资本所有者退出企业提供了很多的便利，比如可以采取"用脚投票"的方式离开企业，或借助董事会作出有利于股东的决策等。三是企业的债权人、经营者及广大职工也向企业投入了大量的专用性资产，一旦企业经营不善或破产倒闭，利益相关者将蒙受巨大的损失。基于这几点，以"利益相关者合作"为治理逻辑的共同治理突破了传统的产权概念，认为企业契约是由相互平等、独立的各方主体共同构建的。它塑造了一种新的"所有权"观，利益相关者的"所有权"是可以不断分解和重组的"权力束"，任何有利于企业财富增长的要素投入者都可以被纳入广义的企业所有者范畴。与此相应，企业生存与发展的目标不是单一的股东价值最大化，而应该是多元的，它追求的是各利益相关者利益关系的一种平衡。因此，共同治理的核心就是通过企业内的正式制度安排来确保每个

---

① Williamson, O, The Economic Institutions of Capitalism, New York: Free Press, 1984.

② Friedman, R. E, The Politics of Stakeholder Theory: Some Future Directions, Business Ethics Quarterly, 1994, 4, pp. 409 – 422.

③ Goodpaster, Kenneth E, 1997, Business Ethies and Stakeholder Analysis, in Beauchamp & Bowie, pp. 76 – 85.

④ 如博特斯勒（Boatright 1994）等人持反对意见，博特斯勒和欧霍洛伦（Goodpaster and Holloran 1994）、欧茨（Orts 1997）、布莱尔（Blair 1995）等则提供了支持性观点。

产权主体具有平等参与企业所有权分配的机会，同时又依靠相互监督的机制来制衡各产权主体的行为。

其次，共同治理理论符合社会发展的趋势。企业是物质资本和人力资本的组合体，两者缺一不可。过去，由于物质资本的匮乏和出于法律及社会惯例的考虑，企业的剩余索取权和剩余控制权似乎天然归股东所有。而企业治理理论也认为股东利益至高无上，人力资本所有者只能从属于物质资本所有者，处于被动地位，即"资本雇佣劳动"的企业治理结构。随着社会发展、科技进步以及竞争的日趋激烈，人力资本对于企业的生存和发展越来越重要。企业的员工、技术创新者、管理者和企业家处于企业的中心地位，而不仅仅是被激励或被雇佣的对象。因此，无论在实践中还是在理论上，企业法人财产产生的权益理应归物质资本所有者和人力资本所有者共同拥有，他们通过剩余索取权的合理分配来实现自身的权益，通过控制权的分配来相互制约。

最后，共同治理理论有利于企业长期稳定的发展。共同治理模式使企业与员工、供应商、债权人等利益相关者之间签订了一份隐性保险合约，利益相关者的利益得到了企业的隐性保护，这使得利益相关者在向企业投入专用性资本时无须担心遭到企业的敲诈，从而会大大减少这种长期合作的交易成本。同时，共同治理模式会激励利益相关者对企业发展给予更大的关注，从而减少员工的偷懒行为、"内部人控制"现象和企业的激励监督成本。

（五）企业所有权状态依存理论与控制权状态依存观点

自 20 世纪 80 年代以来，经济学家们对企业所有权理论的研究有所突破，他们认为：企业所有权只是一种状态依存所有权[①]（State - contingent ownership），股东只不过是正常状态下的企业所有者，当

---

① 关于企业状态依存所有权理论，我国学者张维迎有颇为精辟的分析：假定企业的总收入为 X，应该支付给工人的合同工资为 w，r 是对债权人的合同支付（本金加利息）。假定 X 在 0 到 X 之间分布（其中 X 是最大可能的收入）。那么，状态依存观点可以这样描述：如果企业处于 $X \geq w + r$ 的状态，股东是企业所有者；如果企业处于 $w \leq X < w + r$ 的状态，债权人是企业所有者；如果企业处于 $X \leq w$ 的状态，工人是企业所有者。进一步分析，由于监督经理是需要成本的，股东只要求一个"满意利润"（存在代理成本下的最大利润），只要企业利润大于这个满意利润，股东就不再干预经理，经理就可能随意地支付企业超额利润。假定 ∏ 是这样一个满意利润，那么，就有如下的结论，如果企业处于 $X \geq w + r + ∏$ 的状态，经理就变成企业实际的所有者。

然，从时间上讲，这个"正常状态"要占相当大的比例①。企业状态依存所有权是指在企业经营状态不同时，企业的治理结构也会发生相应变化。企业所有权安排是动态的、相机的，是各利益相关者之间冲突与合作的对立统一。从公平的角度看，受损方获取企业剩余的支配权后才有机会索取补偿，弥补自身的损失；从效率的角度看，受损方有最强烈的动机再造企业。因此，这种相对于某种状态进行相应的权利让渡的机制被称为企业所有权的状态依存或相机治理，它体现了公平和效率的完美结合。

"企业状态所有权"在一定程度上修正了股东主权的企业所有权观，为企业利益相关者分享企业剩余索取权和控制权以及参与企业共同治理提供了理论依据。但是这种观点有其缺陷。首先，企业状态依存所有权理论与传统的所有权概念存在一定的矛盾。所有权是指所有人对自己财产享有的占有、使用、收益和处分的权利。自古罗马法、法国民法、德国民法以至现当代的日本、瑞士与中国民法，所有权被明确表述为一种对物的完全支配权，从而具有永久性、弹力性和完整性的特征。事实上，企业作为具有独立资格的法人实体，在不同的状态下其所有权的归属并没有发生根本的变化。认为所有权具有"状态依存"的特点显然泛化了所有权的概念，一定程度上引致产权理论的混乱，而且在实践中也缺乏可操作性。其次，这种理论主要论述和看重的是事后的所有权安排，而对于事前的所有权安排并未涉及。实际上企业事前的所有权安排更为重要和复杂，因为事后状态出现的概率取决于事前的行动。

由于企业所有权状态依存理论与产权理论和所有权的法律解释格格不入，所以有学者将其修正为"企业控制权状态依存"的观点并尝试对企业的共同治理做出新的解释。②

企业所有权状态依存理论与控制权状态依存观点丰富了企业的概念，从另一个角度支持了利益相关者共同治理的治理理论。企业所有权或控制权的状态依存特性说明，企业行为与股东、债权人和职工都

---

① 张维迎：《企业理论与中国企业改革》，北京大学出版社 1999 年版。
② 李云峰：《企业的共同治理及理论分析》，《天津师范大学学报（社会科学版）》2003年第 3 期。

有着密切的关系，不能将企业仅仅看做是股东所有，让除股东以外的其他利益相关者来参与公司的治理是合理的也是必需的。另一方面，由于企业与利益相关者之间的密切关系，股东利益最大化已不能概括企业行为的所有目标和特点。企业的价值不仅体现在实现股东利益，而且也体现在实现企业的社会价值方面。在实践中很多国家也做了这样的尝试，比如德国公司的监事会中，法律要求有一半席位必须由职工和银行的代表来担任，职工参与企业治理结构成为德国公司的一个重要特征。

（六）所有权和控制权的再度统一——最优所有权结构论与大股东治理①

大股东治理是从 20 世纪 70 年代开始出现的一种现象。许多实证研究表明，美国、德国、日本、意大利甚至许多发展中国家都出现了所有权结构集中的情况。这说明集中已经取代分散而成为现代企业所有权结构的主要特征。另一方面，企业内部也出现了内部人尤其是高级管理人员和董事会成员持股的情况。如霍尔德内茨（Holderness，1999）对美国 1935 年 1500 家公司和 1955 年 4200 家公司的跨期研究表明：总经理和董事的所有权比重从 1935 年的 13% 上升到 1995 年的 21%。经理人员成为所在公司的主要股东，所有权与控制权在很大程度上出现了趋同而不是分离。股东利益已经构成经理人员利益的重要组成部分，二者的目标函数也趋于一致。因此，实践的发展大大动摇了伯利—米恩斯命题（Berle - Means 命题）的基础（即分散的所有权结构是大型公司的主要特征）。伯利—米恩斯命题所论述的所有权和经营权分离观点就受到了越来越多的质疑，在此基础上最优所有权结构论也开始悄然兴起。

伴随所有权结构由分散走向集中，现代企业的主要矛盾就由委托代理理论所阐述的所有者与管理者之间利益分配问题转变为在集中的所有权结构下大股东与中小股东之间的代理问题以及投资者之间的利益分配问题。实践的发展也证明了这一点，随着所有权结构从分散走向集中，大股东们为了自身的利益更倾向于在企业治理中扮演重要的角色。一方面出于机会主义动机，大股东以牺牲中小股东利益而获取控制收益的"内部人"掠

① 曹廷求：《公司治理理论面临的三大挑战》，《山西财经大学学报》2003 年第 5 期。

夺行为变得很难避免。另一方面，中小股东由于所持股份很小且十分分散，很少通过股东大会上的表决权或投票权来参与企业决策，更多的是通过"搭便车"或"用脚投票"来对经营者施加压力，这实际上是一种消极参与企业治理的方式。因此，保护中小股东利益成为企业治理中的一个新的难点。

在集中的所有权结构条件下，所有权与控制权不再是分离的而是合一的，所有者—管理者代理问题的重要性就被大股东—小股东代理问题所取代，从而改变了当前主流的企业治理理论研究的方向、重心和角度。大股东治理理论是在大量实证研究结果的基础上总结而成的，因此在短短的十来年时间内已经显现了巨大的生命力和影响力。虽然大股东治理理论还仅仅是一些实证分析和对策设想，尚未形成严密的理论体系，但至少为我们提供了一个考察企业治理问题的全新视角，特别是对于我国的国有企业治理结构问题具有特别重要的意义。

综上所述，企业治理理论的发展与演变实际上始终是企业管理所有问题的核心问题，而实践的发展又不断产生新的问题，这又进一步推动了企业治理理论的进步。大致可以将这一过程划分为三个支流，即：古典管家理论、现代管家理论以及企业所有权分配理论。古典管家理论是在新古典经济学的假设下得出，其过于简单且无法与实践相合。现代管家理论则偏重于组织行为学的研究。委托代理理论、利益相关者理论以及大股东治理理论所主要关注的都始终离不开企业所有权的分配，而企业所有权状态依存理论和控制权状态依存理论则是利益相关者理论的进一步发展。具体见图1-1。

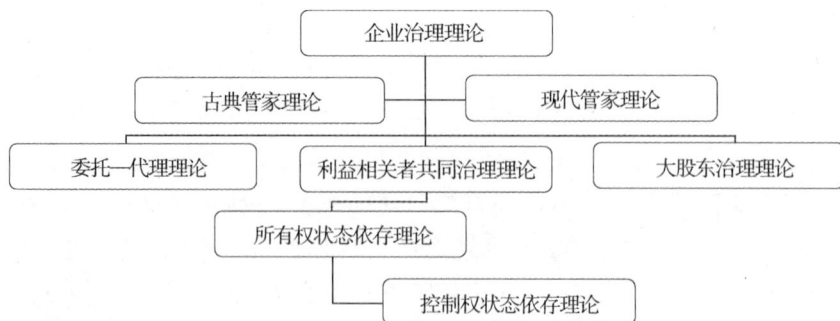

图 1-1   企业治理理论的发展

二 国内研究动态

国内对于企业治理的研究起步较晚，发展至今可以总结为三种观点："资本雇佣劳动"和"劳动雇佣资本"以及利益相关者共同治理。这三种观点的共同核心是用契约观念界定企业的概念。这种观念可以从几个方面来进行概括。首先，企业契约理论认为，企业乃"一系列合约的联结"。其次，这种企业契约是不完全的。[①] 不完全性是相对于完全性而言的。张维迎认为，一个完全的契约指的是这种契约准确地描述了与交易有关的所有未来可能出现的状态，以及每种状态下契约各方的权力和责任。反之，这个契约就是不完全契约。他还认为，相对而言，市场可以说是一种完全的契约，而企业则是一种不完全的契约。再次，由于契约的不完全性，企业必然会产生剩余权力，也必将产生不同要素所有者如何分享企业剩余权力以及谁将在这一剩余权力安排中处于主导和支配地位的问题。最后，企业构成要素虽然表现为多种具体形态，但是从本质上可以分为人力资本和非人力资本。因此，企业可以看成是人力资本所有者和非人力资本所有者缔结的一种特殊契约。企业治理要解决的核心问题也就是物质资本所有者和人力资本所有者在分享企业剩余权力方面的谈判力量对比和最终的权力安排结果。上述的三种观点就是着重从不同角度回答这个问题。

（一）"资本雇佣劳动"的观点

这种观点的代表人物是张维迎。他认为，人力资本所有者与非人力资本所有者在经营能力、个人资产和风险态度三个方面存在的差异，决定了企业所有权安排的诸种因素。他将其参数化为协作程度、企业成员的相对重要性和监督技术以及风险态度，然后通过严格的数学推导，证明将企业所有权安排给经营成员是最优的。其原因在于：（1）经营决策活动主导着企业收益的不确定性；（2）经营成员的行为较难监督。在此基础上，张维迎引入了识别企业家的成本问题。他认为经营能力是一种私人信息，个人财产是一种公共信息，观察一个人的经营能力比观察他的个人财富要困难得多，因而，富人做企业家的信息量大于穷人，使得在自由进出的企业家市场上，一个富人做一个企业家

---

① 张维迎：《企业的企业家——契约理论》，上海三联书店、上海人民出版社1995年版。

的机会成本比穷人高。从而为"有恒产者有恒心"的命题做出了新的理论解释。

刘大可认为，① 对人力资本和非人力资本的产权特征进行比较可以得知，非人力资本与其所有者的可分离性，使得非人力资本具有抵押的功能，易于被企业其他成员作为"人质"。同时非人力资本还具有更好的信息显示机能、较强的价值独立性和良好的市场转换价值，从而非人力资本在一定程度上对企业其他成员提供了保险的功能，其承诺也比人力资本所有者的承诺更值得信赖。因此，非人力资本一旦进入企业，将成为"天生"的风险承担者，并有更好的积极性做出最优风险决策。而人力资本与其所有者的不可分离性意味着人力资本所有者容易偷懒，以此提高自己的效用，并且还通过"虐待"非人力资本使自己受益。所以，从理论上得出了非人力资本所有者必将在企业契约中承担较大的剩余风险，从而非人力资本所有者必然要在企业剩余权力初始安排中获取有利于自己的地位，进而取得对企业的初始控制权。由此可见，以非人力资本的人格化代表的股东单边治理的产生与存在是具有逻辑必然性的。

但同时，他也指出，非人力资本的产权特征决定了它的所有者对企业最初控制权是一个必然结果，但这个结果并不意味企业处于有效率的运行状态。非人力资本之所以能够获取企业初始剩余控制权，不是因为这种制度安排是最有效率的，而是财产所有权在企业领域的一种逻辑延伸。尽管在一定条件下让人力资本所有者掌握企业剩余控制权在客观上可能是一种更有效率的制度安排，但人力资本的产权特征决定这种有效率的制度安排在企业缔约初期并不可能出现。因此，我们自然地会得出这样一个结论，一种有效率的剩余权力安排（企业治理方式）在企业运行过程中经过长期动态调整有可能出现。换句话说，股东单边治理存在着被一种新的治理方式取代的可能。

（二）"劳动雇佣资本"的观点

持这种观点的学者主要是从知识经济的发展下人力资本的重要性逐渐提高以及人力资本自身的变化与分化来论述这种治理结构存在的合理

---

① 刘大可：《不同要素所有者在企业剩余权力安排中的关系分析》，《产业经济评论》2002 年第 1 期。

性和逻辑性。如方竹兰博士①在《经济研究》1997 年第 6 期上发表的《人力资本所有者拥有企业所有权是一个趋势》一文中，提出了一个从资本雇佣劳动到"劳动占有资本"的转化逻辑："从资本雇佣劳动制度中的非人力资本所有者控制人力资本所有者，经过非人力资本所有者与人力资本所有者之间的分离、独立和对等谈判，到人力资本所有者拥有非人力资本、支配非人力资本所有者的'劳动者占有资本'制度，从最初的资本家与企业家融为一体经资本家与企业家分离，到最后企业家与'资本家'又融为一体。只不过起点两者的融合是资本家即非人力资本所有者为主，终点的两者融合是企业家即人力资本所有者为主。形式都一样，内容却变了。历史的辩证法就是如此。"洪智敏②也认为，一旦真正的人力资本家（专业化知识和技术的创新者）从拥有人力资本的普通劳动者中分离出来，进一步就会引发经理作为非人力资本家代理人向人力资本家代理人的转化，人力资本所有者就会成为企业的主导力量，不仅是分享企业所有权，而且独占企业所有权也不是不可能的。牛德生③则从人力资本的产权关系、信号显示机制以及委托代理关系三个方面论述了"随着经济社会的发展，人力资本所有者拥有企业所有权将是一个不断增加的趋势"。与鼓吹"劳动雇佣资本"的学者相对的是，也有学者对这种企业治理模式提出了质疑。姚树荣④从"人力资本不可能成为企业风险的真正承担者"、"非人力资本的重要性并没有因为知识经济的出现而降低"、"'劳动雇佣资本'型企业并非更具有生命力"三个方面论述了"知识经济的兴起，使非人力资本所有者独占企业所有权的时代结束了，但也不会产生人力资本所有者独占企业所有权的极端形式"。

（三）利益相关者共同治理的观点

利益相关者共同治理的观点在综合了前面两种观点的基础上，对人力资本和非人力资本的产权特性，谈判能力以及博弈关系都进行了深入

---

① 方竹兰：《人力资本所有者拥有企业所有权是一个趋势》，《经济研究》1997 年第 6 期。

② 洪智敏：《知识经济：对传统经济理论的挑战》，《经济研究》1998 年第 6 期。

③ 牛德生：《从资本雇佣劳动到劳动雇佣资本——关于主流企业制度演进的逻辑》，《学术月刊》2000 年第 5 期。

④ 姚树荣：《对"劳动雇佣资本"命题的几点质疑》，《当代经济研究》2001 年第 7 期。

的分析，得到了许多有价值的成果。周其仁在①《市场里的企业：一个人力资本与非人力资本的特别合约》中讨论了企业契约理论。他指出，企业本质上是一个人力资本与非人力资本的特别契约，其之所以特别，是因为企业契约中包含着对人力资本的利用。与非人力资本产权相比，人力资本产权具有两个重要特征：一是人力资本的所有权不可分地属于其载体，这个载体不但必须是人，而且必须是活生生的人；二是人力资本运用只可"激励"不可"压榨"，因此，现代企业的最优企业所有权的安排应授予人力资本所有者拥有。周其仁提出对"资本雇佣劳动"的质疑，得出"人力资本与非人力资本分享企业所有权"的逻辑结论。

陈宗胜和杨晓康②运用博弈理论来分析企业的所有权的安排。他们认为：（1）人力资本与非人力资本的所有者之所以愿意组成一个企业是因为他们相信合作能产生比独立行动时较高的收益；（2）组织租金就是企业内相互依赖的各种人力资本和非人力资本的专用性投资创造的准租金；（3）企业合约安排的核心是要素定价，但定价的结果在于要素所有者是否拥有充分的信息，以及是否善于讨价还价；（4）企业是一系列非合作讨价还价策略的联结，即重复博弈；（5）每个成员讨价还价的能力取决于要素市场的竞争压力和要素所有者的时间偏好及风险态度。

杨瑞龙和周业安③在《一个关于企业所有权安排的规范性分析框架及其理论含义》一文中，试图运用主流经济学的一般分析范畴和方法构建一个关于企业所有权安排的规范性分析框架，以便能逻辑一致或内生地理解企业治理结构的变化。借助这一分析框架，既能在一定条件下推导出剩余索取权与控制权集中式对称分布的企业治理结构模式，如"资本雇佣劳动"的资本主义企业，以及从业人员主权企业，又能理解人力资本与非人力资本所有者共同拥有企业所有权的企业治理结构。因此，剩余索取权与控制权集中地对称分布于单一主体只是一种特例，更常见的情况是分散地对称分布于不同的所有权主体。每个所有权主体所有的

①　周其仁：《市场里的企业：一个人力资本与非人力资本的特别合约》，《经济研究》1996 年第 6 期。

②　陈宗胜、杨晓康：《市场里的企业：一个非讨价还价的重复博弈》，《管理世界》1997 年第 6 期。

③　杨瑞龙、周业安：《一个关于所有权安排的规范性分析框架及其理论含义——兼评张维迎、周其仁及崔之元的一些观点》，《经济研究》1997 年第 1 期。

产权份额是所有者之间讨价还价的结果，谈判能力的大小与他们的资产专用性程度及在企业中的相对重要性变化和信息显示机制有关。

总结起来，国内外对企业治理结构的研究在各个方面都取得了巨大的成果。一方面企业治理理论的发展已经为进一步的研究提供了理论基础和分析框架。企业本质上是一组不完备的契约，在构成企业的契约中，剩余索取权与剩余控制权的配置是核心内容。当剩余索取权与剩余控制权不能对称分布时，就会产生委托—代理问题。为了解决委托代理问题，企业所有权结构安排、剩余索取权和剩余控制权分配以及激励和约束机制安排十分重要，这些制度安排就是企业治理结构。另一方面，随着企业治理实践的发展，企业治理理论呈现出在内涵上不断深化，在外延上不断扩大的趋势。在内涵上，伴随着企业理论的发展和各国对企业治理问题的关注，对企业治理的界定更加深刻准确，即认为它是"关于企业组织方式、控制机制、利益分配的一系列法律、机构、文化和制度安排"。在外延上，企业治理也不仅仅是企业内部的制度安排，而且是深深"嵌入"企业所在国家的政治、历史、法律、金融、文化所组成的制度环境之中。良好的企业治理不仅是企业在市场竞争中生存和发展的关键，而且与各国综合国力和经济竞争力密切相关。

但是，企业治理理论的研究仍然在一些方面存在着不足。例如：

（1）在理论研究中，缺乏历史的纵深研究。虽然也有不少学者对企业治理的发展历程进行了一定的总结和分析，但都未建立起一个具有普遍意义的关于企业治理结构变迁的研究框架。这导致在研究中缺乏对企业治理的产生发展和变化趋势的规律性认知，也影响了进一步研究的深入。

（2）企业治理理论的发展明显受到了各国企业治理实践的影响。各国企业之间的市场竞争也可以说是各国企业治理模式的竞争，从近些年的情况来看，出现了各种治理模式"各领风骚数十年"的竞争格局，因此试图找到一种"放之四海而皆准"的企业治理模式并指导各国的企业治理活动是不现实也是不科学的。遗憾的是，对企业治理模式的研究由于没有从历史的纵深来探究各国企业治理模式的成因而流于表面，在对我国企业治理的研究尤其是在国有企业改革中生搬硬套，收效不佳。因此，应从历史发展的角度对企业治理模式形成的路径依赖因素进行分析，才能因地制宜，找到适合本国国情和制度环境的治理模式。

（3）在对企业治理结构变迁方式的研究中，偏重强调强制型变迁方式而忽视诱致型变迁方式的重要性。尤其是我国学者在对我国国有企业改革的研究中，总在有意无意地试图建立一种规范的改革范式，在变迁方式中总是强调强制型变迁方式的地位和作用。这导致国企改革中政府与企业的矛盾激化，"上有政策，下有对策"。因此，对企业治理结构变迁方式的比较研究，对于深化国企改革，实现国企的全面振兴，具有十分重要的理论价值和实践意义。

第四节　研究思路与方法

一　研究思路

企业治理结构的变迁与企业制度的发展一样，是一个错综复杂的历史过程。因此，首先应是对企业治理结构变迁过程的分析，一方面是通过对企业治理结构变迁历史的回顾，找出企业治理结构变迁的发展线索；另一方面对目前世界上比较典型的企业治理模式进行比较，以展现企业治理结构发展的全貌。其次，在此基础上，本书试图建立一个分析企业治理结构变迁的基本框架。这个基本框架包括三个部分的内容：一是企业治理结构变迁的基本要件，二是企业治理结构变迁的生成机制，三是分析企业治理结构变迁的路径依赖因素。最后，在基本框架建立起来之后，本书将进一步分析企业治理结构变迁的方式选择，指出诱致型变迁方式应是企业治理结构变迁的主要方式，并以对国有企业变迁方式的分析作为实践例证。

第一章，导论。阐明了本书的选题背景、研究目的和意义、研究的思路和方法，评述了国内外相关研究动态，提出了论文的可能创新之处。

第二章，回顾企业治理结构变迁的历史，分析企业治理结构变迁的历史过程，从中提炼出企业治理结构变迁的历史逻辑和发展线索。

第三章，对目前世界主要的企业治理模式进行比较研究，讨论企业治理模式的发展趋势，对企业治理模式趋同论进行评价，并提出企业治理模式将继续保持多样化的发展趋势。

第四章，分析企业治理结构变迁的要件，运用制度经济学的分析工具对企业治理结构变迁的主体、客体和过程进行分析，勾勒出企业治理结构变迁的基本要素。

第五章，分析企业治理结构变迁的生成机制，讨论企业治理结构变迁的基本规律、外部源泉和内部源泉，重点通过模型分析人力资本与物质资本所有者为争夺企业所有权进行的博弈，指出企业治理结构的变迁是企业治理主体之间不断博弈的结果。

第六章，分析企业治理结构变迁的路径依赖因素，主要分析了企业股权结构驱动的路径依赖、资本市场规制驱动的路径依赖和文化要素驱动的路径依赖。在此基础上讨论企业治理结构究竟是人为设计而成还是自然演化而成。

第七章，分析企业治理结构变迁的方式，并在此基础上对我国国有企业治理结构变迁进行研究。重点分析了企业治理结构的诱致型变迁和强制型变迁方式，指出诱致型变迁应是企业治理结构变迁的主要方式，而实证研究的结果也验证了这一结论。在此基础上，对我国国有企业建立现代企业制度给出了政策建议。

最后是本书的结论。

二 研究方法

（1）书中对企业治理结构变迁的研究是以西方新制度经济学为分析框架，以企业治理理论为理论基础，因此，比较制度分析方法是书中的主要研究方法。

（2）书中认为制度的演变有其自身规律，不能被人为设计或扭曲，因此实证研究方法也是本书的主要研究方法。

（3）书中对企业治理结构变迁的研究是基于企业发展的经济现实以及我国企业面临的问题，因此理论联系实际也是书中的研究方法。

（4）本书是对企业治理结构变迁进行研究，因此也必须从企业治理结构变迁的历史回顾开始书中的讨论，所以历史比较方法也就成为本书的研究方法之一。

第五节 可能创新之处

（1）对企业治理结构变迁的研究是企业治理理论的一个薄弱之处，书中提出了一个企业治理结构变迁的理论分析框架，对企业治理结构变迁的要件、生成机制及路径依赖因素进行分析。在此基础上，对企业治理结构变迁的方式选择进行了探讨。书中的框架有助于全面理解企业治理结构的内涵，把握企业治理结构的逻辑线索和发展趋势，以及对企业治理结构的更进一步研究。

（2）书中运用了制度均衡与制度非均衡理论来分析企业治理结构的变迁。指出企业治理结构实际上是一种制度均衡，这种均衡具有多重性、多样性和动态性。企业治理结构的变迁就是由制度不均衡向制度均衡的转化过程，而外部环境因素的变化则是诱发企业治理结构不均衡的外部因素，企业治理主体的博弈则是推动企业治理结构向制度均衡转化的内部因素。

（3）在对企业治理结构变迁的生成机制进行分析时，书中指出：企业治理结构的核心是企业所有权的配置，而各治理主体正是为了争夺企业的剩余索取权和剩余控制权而展开博弈，决定博弈结果的是各治理主体的谈判力。当企业的外部环境因素发生变化时，企业治理主体的谈判力就会发生改变，企业治理主体谈判力的变化将会推动各治理主体为争夺企业剩余索取权开始新一轮的谈判，而新的谈判结果则导致了企业治理结构的变迁。因此，各个治理主体在博弈中地位的变化甚至进入博弈或者退出博弈则构成了企业治理结构变迁的主要线索。这种变化有三种形式：一是新的治理主体的介入；二是旧的治理主体的分化；三是旧的治理主体在剩余索取权和剩余控制权分配中利益的变化。通过对企业治理结构变迁生成机制的分析，既在理论上进行了更深入的探讨，又能够对实践的发展做出合乎逻辑的预测。

（4）在对我国企业尤其是国有企业的研究中，已有的研究总是试图在对各国企业治理模式总结比较的基础上建立一个理想的企业治理模式，而忽略了企业治理模式是各国历史发展和制度环境下的产物，因此，提出的政策建议不能从实际出发。书中通过对企业治理结构路径依赖因素的分析，指出企业治理结构变迁应以诱致型变迁方式为主，放弃政府的设计和干预，对我国国有企业的制度创新提出了较为切实可行的建议。

第二章

企业治理结构变迁的历史回顾

企业治理结构是随着企业的产生、发展而产生、发展的，但是对于企业治理结构的研究却是现代企业理论的新内容。简单地说，它是企业投资者、管理者、监督者之间的一种权利、义务、责任的分配，是适应现代企业产权制度的一种制度安排。因此，系统地阐述企业治理结构的产生发展以及各种治理模式的历史形态更迭，对于理解企业治理结构变迁的内在逻辑和发展线索是有帮助的。

第一节　高度集权的所有者单边治理

一　原始企业

现代企业制度最早可以追溯到 11 世纪前的中世纪欧洲，由于农业的进步和航海业的发展，地中海沿岸出现了一些经营实体从事陆上及海上贸易，其中以家族经营团体和康孟达组织影响最大。

家族经营团体是由多个家庭成员共同投资、经营的企业，后来家族的单一性由于外人的加入而破坏，家族经营团体的血缘要求被淡化，但是它的共同投资经营，共担风险责任的特征被保留，从而发展成了合伙制，后来成为无限公司、有限公司的雏形。

另一分支的康孟达实质上是一种契约组织。11 世纪的欧洲由于科技落后，海运业风险大，所需资金多。拥有资金者愿意出资，但不愿意冒险出海，而航海者愿意冒险，却无法筹集所需的巨资。于是两者便签订一种称为康孟达的契约。根据这种契约，一方合伙人将商品、金钱、船舶等转交于另一方合伙人经营。冒资金风险的合伙人通常获得 3/4 的利润，且仅以其投资为限承担风险责任。从事航行的另一方合伙人（类似于现在的企业家）则以双方投入的全部财产独立从事航海交易，并获得 1/4 的利润，且对外承担经营的无限责任。① 后来陆上贸易也开始采用康孟达这种契约形式，最终演变为两合公司。康孟达的最大贡献在于它首创了有限责任制，而这正是现代公司制度的重要内容。②

二　古典企业

（一）个人企业

个人企业是仅由一个要素所有者组成的企业。从分散谋生的原始人、中世纪独力生产的工匠、到市场经济初期的独立手工业者或自我雇佣者、以及现代的"个体户"和独立执业者等，都可以归入个人企业的范畴。个人企业是企业的最早形态，在这种企业中，个体业主同时投入人力资本和非人力资本，进行要素层次上的联合生产；个体业主集一切控制权于一身，并索取全部剩余收入；所有权、剩余索取权和剩余控制权是完全对应的，任何讨价还价问题都不存在。当然，这类企业在技术水平、规模经济等方面存在着很大的弱势，因此，它主要存在于前工业社会，在现代经济中，其存在的意义仅限于填补复杂社会分工的"空隙"。但这并不意味着这类企业的非效率；相反，在某些技术和市场环境中它是最有效率的。

（二）业主企业

业主企业产生于 14 世纪下半叶，而发展于整个古典资本主义时期（16 世纪中叶到 19 世纪中叶），因此也被称为古典企业。业主企业也称"独资企业"，即由个人出资经营的企业。出资者就是企业主，掌握企业的全部业务经营权力，独享企业的全部利润和独自承担所有的风险，并对企业的债务负无限责任。它不是法人，全凭企业主的个人资信对外进行业务往来。业主制企业的典型特征为：(1) 产权主体是单一的，企业所有权属于某一个人，承担民事责任的是自然人；(2) 由于业主往往兼有人力资本和非人力资本所有者的双重身份，最终决策权（包括生产什么、如何生产、是否生产以及选择与监督其他要素所有者的权利）都

---

① 另有些海上合伙则规定，从事航行的合伙人提供 1/3 的资金，不从事航行的合伙人提供 2/3 的资金，最后双方平分利润。

② 这种经营方式之所以不太公平，根本原因在于当时人的生命是廉价的，资金则非常短缺。所以，该契约一般为特定航行而设，航行完成即告终止。

由企业主个人作出；（3）企业主既是所有者又是管理者，承担其决策的所有后果，即拥有全部的剩余索取权并对债务承担无限责任，而除了一般人力资本之外"自由得一无所有"的工人则获得事前通过市场议定的工资，即"劳动力价格"。从产权角度看，业主制企业不存在所有权与经营权相分离所引起的委托代理问题，因而业主制企业的集权式治理结构也具有一定的效率优势，特别是在那些需要极为审慎且规模较小的经营活动中，所有者—管理者细致的监督可带来较高的收益，而由外部人员实施有关行为则成本较高。

但是，业主制企业也存在很多缺点：一是投资视野问题。通常当所有者从投资中获得净收入的时间与其渴望的消费过程之间存在冲突，就会产生投资视野问题。对于业主制企业主而言，如果企业主的时间偏好显示其更渴望现期消费而不能接受市场利率，则即使从市场标准看是很有利的较长期投资，也不会引起他的投资兴趣。二是投资风险过大，对于业主制企业来说，由于外部融资存在极高的交易费用，其经营一般受到企业主自身财富多少的约束。当企业主不得不将其大部分人力和财力投入其企业时，所出现的风险必然很高，从而限制了企业主向风险较大的部门或领域进行投资的活动。这对新兴产业的形成和发展极为不利。因此，业主制一般不适合那些通过规模经济来获得优势的经营活动。三是企业连续性差。由于业主制企业所有权和经营权高度统一，业主的生、老、病、死，他个人及家属知识和能力的缺乏，都可能导致企业破产。

（三）合伙企业

合伙企业指两个或两个以上的自然人共同投资并分享剩余、共同监督和管理的企业。合伙企业最大的优点是：扩大了资金来源和信用能力。能够分散经营风险，减轻业主制企业所面临的财务约束，获得某些生产规模上的优势。对于利用自我监督而不是使用雇主—雇员契约的合伙制，若每个合伙者的努力都达到最大，且可以毫无代价地加以观察，则合伙制的产权结构将是增进生产效率的理想制度。

但是，合伙制企业除了仍然存在业主制企业的无限责任、风险较大的缺点外，还存在合伙人之间的合作问题。由于每一位合伙者既是企业的剩余索取者也是企业主要的决策者，那么随着合伙者人数的增多，合伙者偷懒的动机将会逐渐增强。因为尽管全体合伙者作为团队整体承担了他们活动的全部财产后果，但每一位合伙者事实上只承担这种后果的 $1/N$（假设有 N 位平等的合伙人）。另外合伙人相互之间也容易产生分歧和矛盾使得企业内部管理的效率下降，不利于企业的发展。因此，在现实中合伙制企业以小规模企业居多，除了专业性合伙制企业外，很少存在具有大量合伙人的大型合伙制企业。

　　无论是在原始企业还是在古典企业中，由于企业规模有限，所有权和经营权基本上同为一人或几人，几乎不存在委托代理问题。因此，从企业治理结构的角度来看，这是一种高度集权式的所有者单边治理结构，治理的效率也是很高的。同时，这类企业的生存发展也反映了当时一个较为普遍的经济事实，那就是非人力资本和特质人力资本的相对稀缺与相互"缠绕"（为同一经济主体所拥有），而这一事实正是澄清企业治理问题上诸多模糊认识的关键。①

第二节　现代企业产生之初的企业治理结构

　　从私人业主制、合伙制、无限制到两合制都是一种所有权与控制权合而为一的一种企业治理形式，它们之间的演变很大程度上是一种自然过渡，并没有出现具有创造性的因素。同时，这一类企业还具有投资时间短，规模不大，组织结构不稳定等缺陷，这就使得企业必然要向更高一级，更能提高经济效率，节约交易费用的企业形式发展。股份公司在这种背景下产生，它具备两个以前的企业形式所不具备的特点：一是它使公司真正成为一个法人，从而脱离了业主或所有者的限制，增强了企业抵抗风险的能力和筹资能力。二是它实现了所有权与控制权的部分分离，形成了初步的委托—代理关系。

　　一般认为，1602 年建立的荷兰东印度公司是世界上第一个永久性的公司。但是此时的股份有限公司多采取由皇家或政府特许、专营的形式，加之受到社会经济条件的限制，没有得到普遍推广，因此许多学者认为，股份有限公司的制度框架是在 1840 年左右形成的，这其中有它产生、发展、演变的更深一层的原因。

---

　　① 杨瑞龙：《企业共同治理的经济学分析》，经济科学出版社 2001 年版，第 9、53、95、145 页。

一　现代企业制度的产生要求企业治理结构的变革

现代企业制度的产生必须具备两个基本条件，一是企业生产过程的机械化，二是比较发达的市场经济环境，现代企业制度正是在这两个基本条件具备的社会环境中产生出来的。[①]

18 世纪，一系列的技术进步的出现导致了一种新的生产组织——工厂制度的产生。这不仅改变了英国棉纺织业的面貌，而且也促使其他工业部门逐渐从手工作坊、手工工场向工厂制度转变。这些技术进步大致被分为三类：一是以机器代替人的技能和努力，与人相比，机器具有快速、规则、准确而且永不疲倦的优点。二是以无生命的动力如水力和蒸汽力代替有生命的动力如人力和动物。三是以新材料如矿物资源代替植物和动物资源。其中机器的发明至关重要，因为后两类都是在前者的基础上产生的。1790年，珍妮纺纱机在其发明 36 年后开始在工业生产中推广使用，蒸汽机也在其发明 19 年后开始投入工业生产。这两项科技成果的工业化应用，不仅大大提高了生产效率，而且引起了生产组织的一系列革命性变革。

与手工业时期相比，以机器化大生产为主要特点的工厂制度的不同在于：一是分工更加细致，在手工业生产时期，一个制鞋工人可以独立完成一双鞋的所有制作过程，但到了鞋业生产的机械化时期，制鞋过程被分解为若干个工序，制作一双鞋就要经过许多人的协作劳动。二是管理职能更加清晰，在手工业生产时期，企业主对工人的管理只是出于所有者身份的要求，但到了许多工人在机械条件下通过分工的协作劳动时期，资本家对工人的管理成为劳动过程本身所具有的必要条件。资本家对工人的管理，不仅需要不断地发布各种指令，而且还需要制定一些必要的规章制度，这些规章制度就形成了现代企业制度的萌芽。

与生产的机械化几乎同时出现的是市场的扩大和社会需求的增加。市场的类型不再仅仅是单独的商品市场了，还形成了大规模的生产资料市场和劳动力市场。市场的范围也不仅仅限于欧洲几个发达国家，而是通过这些国家把贸易的触角伸向了世界各地。以英国为例，早在 1819—1821 年间，英国生产的棉纱就有 2/3 销到国外市场，棉纱制品中几乎有 3/5 销往国外，60 年后，这一数字上升到 84.9% 和 81.6%。

[①]　杨正：《现代企业制度的产生和发展》，《社会工作研究》1995 年第 1 期。

随着市场发展而来的是商业的发展，适应于英国海外贸易的发展，商业和工业之间的社会分工是极为发达的。依托发达的航运业和通过国外的代理制或委托制建立起来的庞大的批发和零售商业组织体系，能够成功地销售英国工厂不断扩大的产出。市场的形成，为现代企业制度的产生和发展奠定了坚实的社会环境基础。因此，产业革命和世界市场的形成为现代企业制度的产生准备了基本条件。但是，这一时期的企业制度还仅仅是现代企业制度的萌芽，还存在着种种缺陷。

二　人力资本与非人力资本的初步分离

随着机器大工业和工厂制度的建立与发展，以及市场社会化程度的不断提高，传统的自然人企业制度开始逐步让位于以信用制度和日益深化的专业化分工为基础的法人企业——股份公司。这种企业形式自 19 世纪后半叶开始代替业主制企业成为首要的企业类型，它属于法人企业，是现代企业的前身。

公司制企业一般可分为两类：封闭公司和公开公司。封闭公司的股票不公开发售且不上市，为少数人掌握，除有限责任外，封闭公司在很多方面与合伙制较为类似。公开公司①在现代西方发达国家中占据着大规模生产的主导地位，股份公司就是一种公开公司。

近代股份公司虽然已经实现了人力资本与非人力资本的分离并出现了某种程度上的对立，但近代股份公司的要素投入、利益相关者结构、相应的生产函数、控制权分配等方面的基本特征仍可以归结为"单边治理"，即剩余索取权和剩余控制权都仅由所有者拥有。其基本特征可以归纳为：管理者拥有一般人力资本，即生产能力或日常管理能力；股东拥有特质人力资本和非人力资本，即决策能力和股权资本；债权人拥有非人力资本，即债权资本；股东群体享有剩余控制权，管理者、② 工人

---

①　公司法专家 R. Clark 指出，公开公司的四项基本特征：投资者的资本可以自由转让；股东的有限责任；股份公司是独立的法人实体；经营控制权高度集中。

②　需要说明的是，近代股份公司中虽然存在所谓"管理者"，但他们不过是企业常规管理事务的处理者，相当于现代公司中的中层管理者。处理这类事务基本不需要什么特别的才能。在企业经营的重大问题上，管理者只有发言权而没有决定权，而股东们在这类问题上保持着事必躬亲的"好习惯"，与传统企业的老板兼经理没有两样。因此，他们毋宁说是一群业主或合伙人，只是承担的责任较为有限罢了。事实上，在相当一部分近代股份公司里，企业创始者及其最亲密的合伙人（和家族）一直握有大部分股权，他们与经理人员维持紧密的私人关系，并且保留高层管理的主要决策权。

和债权人则获得合同控制权。

　　从逻辑上看，近代股份公司显然是一种股东主权模式，这种模式起源于两方面较为严格的理论假定。一个方面是，企业的所有特质生产要素完全归属股东（股权业主）所有，工人、管理者和债权人等其他利益相关者投入的要素都是非专用性的，不存在任何专用性资本积累。另一方面是，企业经营状况正常，即至少不亏损，所以一般要素所有者的合同收入完全有保障。①

　　与传统的自然人企业相比，这种企业的治理结构在进行大规模生产经营活动方面具有较明显的优势。但当公司为获得规模经济而变得非常庞大时，即使其成员都有明确的效用函数且不存在欺诈行为时，内部协调成本也会上升。所有权与控制权的分离所导致的外部所有者与内部职业经理之间的利益冲突也会产生一系列问题，如"疏忽与浪费"在管理阶层的蔓延。

三　所有者与经营者的共同治理

　　进入 20 世纪 20 年代，由于企业的规模不断扩大，企业股东的数目急剧增加。这直接导致了股份持有的极度分散，从而使得股东对企业的控制力被大大削弱，企业的控制权开始转移到经理人员手中，经理人员实际成为企业的控制者。此时人力资本所有者开始具有了与非人力资本所有者谈判并分割企业剩余控制权的能力。这种情况被称作"经理革命"，它直接带来了企业治理结构的变化：所有者单边治理的治理结构实际上已被打破，企业治理结构演变为所有者与经营者"共同治理"。②这种企业治理结构的特征主要表现在：

---

①　杨正：《现代企业制度的产生和发展》，《社会工作研究》1995 年第 1 期。
②　需要指出的是，大部分学者将这种企业治理模式称为股东单边治理，理由是在这种模式中，企业的利益就是股东的利益，即使存在经理人员掌握实际的经营管理权的现象，由于股东拥有经理人员的选聘权利，因此可以认为两者的决策取向是内在一致的，即企业追求利润最大化也就等同于追求股东的财产价值最大化。但是，书中认为，在企业治理实践中，经营者已经凭借其专用性人力资本和企业经营信息上的优势取得了部分实际的剩余控制权，并试图取得一部分剩余索取权。企业在对经理人员的激励制度上的不断创新可以看做实际是这种努力的结果。因此，严格地说，当股份公司发展到一定阶段之后，已不是纯粹的股东"单边治理"，而应称作所有者与经营者的"共同治理"。

（一）股东对公司的控制力度大大降低

由于公司所有权的日益分散，作为单个股东拥有的股份很少，以及存在"搭便车"的机会主义倾向，使得股东把对公司的控制让给了经营者。勒纳（1996）指出，从 1929 年到 1963 年，在最大的家族金融公司中，经营者控制公司资产的 85%，且富裕的家庭不再集中持有某一个公司的股份，而倾向于将财富分散投资。

（二）出现了经理忽视股东利益的趋势

随着经理主权的日益强大，以及现代公司中股东对经理监督和激励力度的下降，经理主权已经代替股东在西方企业中占据主导地位。但也有人持反对意见，认为股东因其拥有"用脚投票"的权力而仍然具有对企业的最终控制权。

其实，早在《国富论》中，亚当·斯密就曾注意到了经理阶层的"疏忽与浪费"。伯利和米恩斯（A. Berle and G. Means）在《现代公司与私有财产》（1932）一书中首次对委托—代理问题进行研究。他们指出在所有权分散和集体行动成本很高的情况下，从理论而非实证的角度看，职业型的公司经理多半是无法控制的代理人。

但是，实践中企业治理结构的巨大变化并没有改变经济理论中股东单边治理理论的统治地位。在经济理论中，作为出资者的股东仍然是企业天经地义的所有者，经理人员仍只被看做是股东的代理人。人们根深蒂固地认为，经理人员只应该对股东负责，企业必须以股东的利润最大化为根本目标，"股东单边治理"仍是企业治理理论的主流观点。

现代公司的根本特征是产权结构上实现了所有权与控制权相分离，因而现代公司本质上是"委托人与代理人之间的合约网络"。其中委托人是股东，代理人是经营者，由于信息不对称、环境的不确定性以及契约的不完全性，代理人可能会产生机会主义的道德风险和逆向选择，从而损害委托人的利益。因此，委托人必须建立一套有效的制衡机制来规范和约束代理人的行为，防止代理人权力的滥用，使代理人的目标与委托人的目标最大限度地保持一致，从而降低代理成本，提高公司经营绩效，更好地满足委托人的利益。这套有效的制衡机制就是公司治理结构。所以说，公司治理结构既是因为公司委托代理问题产生的，又是以解决公司委托代理问题为目的的。①②

第三节　现代企业制度完善时期的企业治理结构

第二次世界大战以后，西方主要工业化国家经历了 1929 年经济危机和战争的破坏，又开始了一个新的发展时期。这个时期同现代企业制度的产生时期相比，在管理体制、法律制度等方面又有了新的发展和许多重要补充。因此，可以把这一阶段看成是现代企业制度的完善阶段。与日渐完善的现代企业制度相适应，企业治理结构也呈现出多样化的发展态势，出现了人力资本单边治理、利益相关者共同治理、大股东治理等企业治理模式。

由于第二次世界大战之后的经济衰退导致市场需求持续下降，在这一时期企业的管理体制发生了重大变革。一是组织结构的变革。这一时期的经济衰退要求生产组织具备当需求变动时迅速调整工作流程的能力，而当时采用等级制职能组织机构的大多数企业不具备这样的能力。许多企业发生了危机，相当多的企业破产。通用汽车公司的斯隆首先发展出替代等级制职能式组织的分权型事业部制或 M 型组织结构：即把整个企业整合成五个部分，每一部分负责开发、生产、销售属于自己那一类的消费者的汽车，在各个部门中，各职能机构的协调和监督都是以所在部门为主进行的，因而大大提高了企业的协调能力。每个事业部可以独立对其产品、市场和地区的需求做出反应，当需求改变时也能迅速响应。这种组织结构为生产组织的规模进一步扩张创造了极大的空间。

二是管理职能的扩大和分解。事业部制使一些大型企业在管理体制上把政策管理权与日常事务管理权分开。随着企业规模的发展，管理活动的职能也相应扩大，不仅包括原有的协调、监督、设计、生产等职能，而且还产生了改变价值形式和实现价值的职能，这些职能被分解并以扩大的职能部门形式来进行。另一方面，管理工作出现了高层和中层管理部门的分工，前者主要从事抽象的构想功能如战略决策、长期计

---

① 谢富胜：《分工、技术与生产组织变迁——资本主义生产组织演变的马克思主义经济学阐释》，经济科学出版社 2005 年版，第 180 页。

② 刘珂：《企业治理综述》，《内蒙古师范大学学报（哲学社会科学版）》2003 年第 4 期。

划、资源分配和评价考核活动等，后者各自在职能范围内负责执行前者的决策并通过进一步分工实施具体的构想功能。这种分工为企业向超大型发展提供了重要的组织形式。

三是董事会的构成和职责的变化。过去董事会主要由投资股东组成，是一种代表股东利益的权力机构；随着事业部制管理体制的推行，董事会逐渐转变为主要由管理专家组成的政策管理机构，董事会董事在企业中的股份只占企业股份的一小部分。人员结构和职能上的这种变化，强化了董事会在企业大政方针、重大决策和总经理人选等重大问题上的管理能力。

四是企业经理人员的人选标准的改变。在前一时期，企业经理人选的标准忽视对于管理才能的要求，往往偏重于主要投资者或主要持股者的个人意见，把是否拥有股权或某一行业中的技术知识作为选择经理的标准。随着企业的发展和竞争日趋激烈，大多数企业则要求选择那些经过专业训练、善于利用公认的现代管理的各种原则和技术措施的人员来担任经理。

这一时期企业实践领域发展的另一方面是关于企业制度的立法也在逐步完善。

一是反映企业管理体制变革的公司立法逐步成熟。1948 年英国颁布公司法，习惯上称之为 1948 年公司法，这是一部对公司内外部关系进行全面规范的经济法律，这部法律一直到 1973 年英国加入西欧共同体时，才根据西欧共同体的有关公约作了部分更改。美国于 1950 年在各州有关公司立法的基础上制定了《美国标准公司法》，其后经过 5 次修改至今在美国被 35 个州所采用。法国在 20 世纪 60 年代分别颁布《工商业公司法》和《工商业公司条例》，使有关公司的法律从原来的民法和商法中独立出来。从上述公司法的颁布和实施看，第二次世界大战以后西方工业国家的公司法已经成熟。

二是西方工业化国家社会立法，尤其是对企业职工人身权利、福利待遇、劳动保护方面的保障性立法有了进一步的发展，构成了现代企业制度的一个重要的组成部分。这些法律对职工的工资、工作时间、福利待遇、安全保障、工作条件都作了比较明确和详尽的法律规定，使企业职工的基本权利有了一定的法律保障，从而使企业的投资者、管理者和雇员之间建立了一种比较稳定、规范的法律关系，这对于发展社会经济也起到了积极的推动作用。①

实践的巨大变化也推动了管理科学理论的发展，出现了梅奥、巴纳德、西蒙、孔茨这样一批现代管理理论家。梅奥通过霍桑实验提出了"社会人"观点，这一理论与传统的"经济人"观点相反，认为推动工人生产效率提高的因素，不仅仅是工资，工人的团体意识、归属感、安全感以及他们之间的相互关系，都会对生产发生影响。在这一理论的影响下，在 20 世纪四五十年代，欧美和日本的一些企业管理人员改变了以往对工人在生产活动中作用的认识，在企业管理中出现了一种竞相改善劳资关系，增加对工人的情感投入，吸收工人参与管理，从而推动企业发展的潮流。

一　人力资本单边治理模式

第二次世界大战以后，随着企业规模的扩大、企业组织形式的日益复杂和市场竞争愈演愈烈，逐步形成了不同的带有国家色彩的企业治理模式，并引起了经济理论上对于企业治理问题的重视和讨论。②

除了股东单边治理和所有者、经营者共同治理这两种企业治理结构之外，在 20 世纪 50 年代曾出现过人力资本单边治理的企业治理理论，即 LMF 理论。单边治理理论的主流是沃德—多马—瓦尼克学派，该学派提出的劳动管理型企业具有以下特征：(1)人均收入或人均福利最大化是其基本追求；(2)企业采用一人一票和少数服从多数原则，实行工人集体的民主管理；(3)劳动雇佣外部资本，对资本使用支付一定的租金；(4)企业劳动者享受剩余索取权，但此权利不可交易。这种工人雇佣资本的企业制度在现实中很难找到，只有南斯拉夫曾经出现过类似的企业。因此这种企业治理理论只能是一种纯理论的产物，它可以在理论上证明在一定的经济体制下，工人雇佣资本型企业也可获得最优资源配置，但是却无法说明工人掌握剩余权利的现实依据是什么，更无法说清资本来自于何处等问题。因此，这种企业只能作为一种理论上的可能存在，在现实中即使存在也只能是在某些特殊行业，而劳动雇佣资本的单

① 谢富胜：《分工、技术与生产组织变迁——资本主义生产组织演变的马克思主义经济学阐释》，经济科学出版社 2005 年版，第 180 页。
② 企业治理问题是与企业相伴而生的，但对于企业治理问题的理论关注则最早在 20 世纪 60 年代末 70 年代初才由美国学者提出，随后得到世界各国的普遍重视。

边治理理论也不为大多数人接受。

进入 20 世纪 90 年代后期，随着知识经济时代的到来，整个市场呈现出"快变"的特征。基于这种快变市场，涌现出一批以人力资本为核心资源的新型企业。在这种新型企业中，决定企业存在和发展的关键因素是具有不可让渡性的人力资本。物质资本不再是企业的核心资源，物质资本所有者不再居于企业的主导地位，因此企业不能再简单地用物质资本来定义，人力资本所有者开始要求分享企业所有权。如果说早期的单边治理理论带有强烈的政治色彩的话，后来的"劳动雇佣资本"的思想则是来自知识经济的兴起和人力资本理论的发展。

基于对人力资本自身特性的分析，"劳动雇佣资本"的企业治理结构又被提出和讨论。① 但总的来说，这种讨论和研究大部分是围绕人力资本的特性出发来论证人力资本能否获得企业所有权，重点强调"人力资本是企业财富的真正创造者"和"人力资本是企业风险的真正承担者"两点。从逻辑上看，这是关于合理性的讨论而不是关于可行性的讨论，对于一些更进一步的问题，"劳动雇佣资本"理论则无力回答。这些问题包括：人力资本概念的界定；人力资本的定价问题；人力资本的产权交易；"劳动雇佣资本"型企业的运作方式等。事实上，在经济现实中，除了个别行业或企业，还没有出现真正的"劳动雇佣资本"型企业。因此，大部分学者都承认，人力资本获得企业所有权仍然只是"一种趋势"或"一种可能"。但无论如何，"劳动雇佣资本"的企业治理理论是对传统的股东所有权的一种挑战。

二　所有者、经营者与其他利益相关者"共同治理"模式

19 世纪下半叶开始，随着运输与通信技术的革命性变化，以及人口和收入增长导致的市场规模的持续扩张，以大量生产和大量分配相结合为特征的现代股份公司蓬勃兴起，并在 20 世纪初期成为最重要的企业形态。此时，企业治理结构发生了以下的变化。②

（一）职业化经理阶层的兴起

企业规模的扩大造成了对管理协调的迫切要求，从而促成了职业化

---

① 见周其仁（1996）、方竹兰（1997）、牛德生（2000）等人的论述。
② 李传军：《利益相关者共同治理的理论基础与实践》，《管理科学》2003 年第 4 期。

的支薪经理阶层的兴起，他们逐渐取代股东成为企业经营决策的主体，这种现象在美国表现得甚为突出。学者们对此现象进行了充分的讨论和分析。钱德勒在细致的企业史考察的基础上，提出了所谓"经理式资本主义"。而伯利和米恩斯则提出了被称为"控制权与所有权分离"的命题，也就是后人常说的"两权分离"问题。经理阶层的出现和发展说明：作为特质人力资本所有者的经理人员开始和非人力资本所有者的股东分享剩余控制权；至于剩余控制权的分割比例和顺序，则根据企业具体技术特点和两类利益相关者各自的谈判能力的不同而不同。

（二）股东对剩余控制权逐渐失去兴趣

由于股权的日益分散，导致越来越多的股东对于"用手投票"，即行使剩余控制权不再感兴趣，而是更满足于当个"消极投资者"，即满足于享有水平较为稳定的（不低于基准利率）股利即"满意利润"。虽然满意利润难以事先合同化，但由于发达的"用脚投票"机制以及普及的投资组合理论，使得满意利润的概率是易于预期的。从而，股权投资逐渐具有部分债权投资的性质，而纯粹财务资本的相对重要性和专用性则趋于下降，即蜕化为"消极货币"。

（三）职工持股现象日益普遍

20 世纪后半叶尤其是 80 年代以来，股份公司中的经理人员和一般工人持有本企业股票的现象越来越多。据统计，20 世纪 90 年代初，在 400 家以上的美国大公司里，职工作为一个整体是本公司股票最大的拥有者，其中 250 家公司职工拥有的股票超过其公开发行总量的 20%。造成该现象的原因是多方面的，主要原因包括股票回购、职工股票所有权计划以及各公司收益重建计划等一系列措施。究其根本，职工的股权投资实质上是他们的特质人力资本报酬以非人力资本形式的再资本化，其目的则是为了更好地保护其特质人力资本免受不知情的和轻率的外部股东的损害。

（四）分享制度的发展

20 世纪 60 年代以后，分享制度在西方国家兴起并得到快速的发展。分享制度的核心是实行出资者、经营者和生产者共同分享企业所有权。实践中分享制度作为一种产权激励的制度安排，不仅明显地提高了企业组织效率，激发了劳动者的积极性，而且也促进了经济的发展和社会的进步。在理论上，人力资本理论的发展促使学者们开始对以委托—

代理理论为主流的企业治理理论进行反思。许多学者渐渐认识到，无论是资本管理型企业还是劳动者管理型企业都只是一种单边治理结构，而单边治理结构不一定是企业制度安排的最优选择。与之相比，共享型的"多边治理结构"却可能成为现实的"次优解"。因此，现代公司的治理模式开始由以前的"单边治理"转向由股东、经理人员和职工共同参与的"共同治理"。

在实践中，这种"共同治理"的企业治理结构主要体现为利益相关者企业治理模式，德国和日本的企业是其典型代表。在德国，由于工会力量的强大，解雇工人比在英国和美国要困难得多，企业必须同工会进行协商，有时是否解雇取决于工人的年龄和家庭状况，而不是竞争能力。同时，工人也直接参与企业管理，他们的代表依据法律组成监事会参与董事会，而股东代表只拥有与之相平衡的权利。股东进行决策时，考虑最多的也是银行、保险公司、工人和其他的利益相关者，而不会单纯为股东的利益做出决定。在日本，终身雇佣制比德国更为严格，一般而言，经过严格的选拔程序的工薪人员保证有终身工作。日本的企业中，购货方和供货方也常常被纳入到广泛的交叉持股的企业网络之中，其中的每一个企业都与这个群体的其他企业之间有某种制约关系，这里所谓的"关系"是一种能保证所有者和企业经理层之间产生长期互益的体制，因此，日本企业的主要参与者是经营网络与银行。

利益相关者治理模式有一系列的优点：首先，长期雇佣（典型的如日本的终身就业制度）能给予员工一种强烈的激励，加大其对企业的人力资本投入，有利于企业财富的创造。其次，员工参与决策的制度能缓和劳资双方的矛盾，有利于二者利益的平衡。再次，股东与其他利益相关者的共同治理会使企业得到长期稳定的支持，如供货方和购货方价差持股的方法有利于投资，并能使合作计划更容易实现；而与银行建立的长期关系能使得企业长期投资的能力增强，并在陷入困境时得到强有力的支持。但另一方面，利益相关者治理模式也不是一种完美的治理模式。主要表现为让高级经理们对所有的利益相关者负责相当于对谁都不负责任。多重目标可能使企业产生混乱，并使得经理们能够很容易找到掩盖其行为的借口。在实际中，德国和日本企业的利益相关者治理模式在战后的几十年里与以美国和英国为代表的股东治理模式相比确有上乘的表现，也引起了一股追逐"利益相关者"模式的热潮，但在近20年间，两种模式的差距正在显著地缩小。尤其是近几年来，德国和日本企业注重证券市场发展，降低企业负债率以及减少交叉持股数额等一系列举措，显示出这样的迹象：德国和日本企业传统的利益相关者模式也正在发生某种演变。[①]

三　大股东治理

20世纪70年代以后，现代公司的所有权结构呈现出越来越集中的趋势。拉波塔（La Porta，1998）等人对49个国家及地区最大10家公司股权结构集中度的横向研究表明，股权结构在世界范围内是相当集中的。在全球45个国家及地区的最大10家公司中的最大3个股东持股份额平均为46%（中位数为45%），最大3个股东持股60%以上的有斯里兰卡、哥伦比亚、希腊和墨西哥四国，其中最高的为希腊，达67%，50%以上的国家及地区有17个之多，占样本国家及地区数的34.7%。平均数低于30%的只有美国、澳大利亚、英国、中国台湾、日本、韩国和瑞典，最低的日本也高达18%。英美两国的股权结构也较一般的认识为高，美国的平均数为20%，英国为19%。实证研究虽然由于样本选择而可能产生细微偏差，但它的确说明了这样一个事实：集中已经取代分散成为现代公司所有权结构的主要特征。

机构投资者的出现也印证了公司所有权结构的变化。有资料显示，在美国，机构投资者的持股比例不断上升，而个人的持股比例却不断下降。1965年个人持有公司股份的84%，机构投资者的持股比例为16%，到1990年，个人的份额下降到54%，机构投资者则上升到46%。据对美国1000家最大市值的上市公司的股权结构的观察，1985年机构投资者的持股比例为44.5%，1994年上涨到54%，在观察期内每年上升一个百分点。[②]

与所有权结构从分散走向集中相适应，大股东的存在已经成为越来越清晰的现实。大股东出于对自身利益的追求，越来越倾向于在公司治理中扮演重要的角色，他们的主要方式是利用手中的大额投票权对公司

---

① 陈昆玉、陈昆琼：《利益相关者公司治理模式评介》，《北京邮电大学学报（社会科学版）》2002年第2期。

② 曹廷求、刘呼声：《大股东治理与公司治理效率》，《改革》2003年第1期。

施加影响。在 20 世纪 80 年代，大股东们主要利用企业并购来替换不满意的公司高层管理者。到了 90 年代，与此前较激烈的并购和代理权竞争不同，大股东更加倾向于采取参与公司治理一类的温和活动。经理人员也越来越采取与股东尤其是大股东合作的态度，在决策时注意倾听股东们的意见。许多证据表明，管理者阶层统治公司的时代已经过去，控制权似乎又回到大股东手中。

总的来说，大股东行使控制权的主要机制有直接控制、提交议案、向管理层施加压力、替换管理者以及制定或修改公司章程的相关条款。这种治理模式有利于解决因所有权与控制权相分离而引致的代理问题，有助于股东与管理者之间的信息交流，对管理者也能起到更好的监督作用。但是大股东治理也带来了很多问题，首先，由于股权结构过于集中，存在着大股东利用控制权侵占债权人、其他股东（尤其是小股东）利益的可能，大股东的股权优势越明显，这种可能性就越大。其次，大股东治理还有可能导致中小股东缺乏监督激励，这也不利于公司治理效率的提高。在大股东为政府的情况下，还会导致实际上的内部人控制而损害公司治理效率。

第四节　知识经济下的企业治理

从 20 世纪 70 年代末以来，知识经济概念的提出和知识经济的发展，使得西方国家股份公司的发展出现了许多新变化，主要表现在组织类型和内部治理结构两个方面。

一　新型组织类型的出现

根据经济合作与发展组织（OECD）对知识经济的定义，知识经济是建立在知识的生产、分配和使用之上的经济。知识作为一种独立的生产要素，作为一种动态的资本，必将引起作为各生产要素投入载体的企业的适应性反应。这种适应性反应的结果，表现为各种新型组织结构的出现。这些新型的组织模式要求理论界为其存在的合理性做出相应的解释，并由此对现代企业理论提出了挑战。

传统组织设计理论的出现最早可追溯到亚当·斯密在《国富论》中提出的劳动分工理论。但一般认为，传统组织设计理论正式产生于 19

世纪末 20 世纪初，其主要倡导者有泰勒（F. W. Taylor）、法约尔（H. Fayol）和韦伯（Max. Weber）等。20 世纪 50 年代，强调运用数学方法解决管理问题的管理科学理论进一步强化了以上三位学者的理论在组织设计上的运用。到 20 世纪 80 年代末期，形成了被理论分析和管理实践证实为最有效的组织类型——官僚体制。其特点是：以专业化为基础进行劳动分工；采取严格的层级结构；规模庞大；高度集权化、正规化、复杂化；职责固定而清晰；与外部环境竞争大于合作等。它们共同的前提条件是假设外部环境是稳定的。

20 世纪 90 年代初，随着市场竞争的日益激烈、信息技术的快速发展以及全球化的到来，传统的官僚体制的组织形式的外部环境发生了变化，由稳定的变为极具变化性和不可预测性。环境的变化使得无论是实业界和理论界都迫切需要新的组织形式。此时出现了许多新鲜的概念和尝试，如扁平化组织、多功能团队、流程再造、学习型组织、虚拟企业、战略联盟、网络组织等，它们从不同角度阐述新环境下组织的变革。但它们存在共同的特点，就是组织边界的模糊化和可渗透性。有些学者将这些组织统称为无边界组织。

对无边界组织的描述来自于生物学中的"隔膜"概念，组织存在各种"隔膜"①使之具有外形和界定，但并不妨碍信息、资源、构想及能量能够快捷便利地穿越企业的"隔膜"。因此组织更像是一种生物有机体而不是固定的堡垒，它的形式是不固定和动态的，从而更具有适应性和变化性。根据边界模糊化过程中边界的种类不同，无边界组织有以下几种典型的组织形式：扁平化组织是组织垂直边界模糊化的结果；多功能团队、流程再造跨越了组织的水平边界；学习型组织加强了组织垂直边界和水平边界的可渗透性；组织外部边界模糊化产生了网络组织、虚拟企业、战略联盟、供应链等多种跨组织的组织形式；地理边界模糊化一

---

① "隔膜"是来自生物学的概念，在生物有机体中，存在各种隔膜使之具有外形或界定。虽然生物体的这些隔膜有足够的结构强度，但是并不妨碍食物、血液、氧气、化学物质畅通无阻地穿过。得益于这一生物现象的启发，无边界组织将传统组织中的边界模糊化形成了"隔膜"，虽然"隔膜"能使组织具有外形和界定，但信息、资源、构想及能量能够快捷便利地穿越组织的"隔膜"，促进各项工作在组织中顺利展开和完成，组织作为一个整体的功能已远远超过各个组成部分的功能。

般存在于跨国公司里。①

（一）虚拟企业组织形式

虚拟（Virtual）的概念最初来自计算机的虚拟存储器。1991 年"虚拟"被移植到管理模式上，出现了"虚拟企业"一词。1992 年，达维多（Willam Davidowt）和迈克尔·S. 马隆（Michael S. Malone）对虚拟企业作出定义："虚拟企业是由一些独立的厂商、顾客以及同行的竞争对手，通过信息技术联成的临时网络组织，以达到共享技术、分摊费用以及满足市场需求的目的。它既没有中央办公室，也没有正式的组织图，更不像传统企业那样具有多层次的组织结构。"虚拟企业是由具有不同核心能力、具有共同目标和合作协议的企业之间，以市场为导向组建的动态联盟组织，成员之间可以是合作伙伴，也可以是竞争对手。其目的是以虚拟企业的形式，组成联合舰队，使各企业之间在资金筹集、技术开发、技术使用、产品更新换代、市场销售等方面形成的超级链接利益共同体，以弥补自身资源不足、缩短产品开发与上市时间、降低研发成本。通过"强强"联合降低研究开发风险，减少重复投资，且能在极短的时间达到规模效益，快速获得市场机遇。虚拟企业与传统企业相比较有以下显著特征：② 组织结构扁平化、企业组织界限模糊、企业核心功能要素与其执行部门相分离、企业经营活动无国界以及竞争观念的创新。

（二）团队组织形式

从人类社会形成以来，人们赖以生存的主要方式是群居。随着人类社会的发展和国家制度的产生，社会组织更是日趋国家化、大型化。工业革命以后，机器的应用促进社会化大生产，社会化大生产进一步促进了社会分工的发展。大规模生产的出现，形成规模化的组织。泰勒的科学管理理论应用后，更使这种现象极为迅速地扩张。"马太效应"非常明显，人类社会在短短一个世纪中，全球的财富逐渐集中到数百家企业之中。时至今日，后工业经济时代——信息经济或知识经济时代到来，从根本上改变了企业的内外部环境，传统的管理模式已无法适应信息革命

---

① 袁选民、殷志民：《无边界组织的产生、概念、内涵及其构建》，中国创新知识网，2005 年 9 月 5 日。

② 邓学芬：《虚拟企业：21 世纪企业组织形式发展的趋势》，《西南民族学院学报（哲学社会科学版）》2002 年第 12 期。

和社会市场环境的变化。环境的信息化、全球化、人本化要求企业必须能快速、准确地对千变万化的市场做出反应。而这就要求企业在内部建立合作、协调机制以提高效率，变大规模生产为灵活生产，变强调分工和等级制为强调合作与协调。因此，以团队为核心的组织结构重建思想也就应运而生，企业要分析内外环境、取得竞争优势、实现效率增长，解决现实问题，完成战略任务，都需要不同层级、不同部门之间的协调与合作。良好的团队建设被认为是实现企业内部合作的有效方法。任何期望在高度变化的环境中生存、发展与壮大的单位、组织或企业，都需要学习建立团队的技巧，所以如何进行团队建设是当代组织领导者不可或缺的技能。[①]

所谓团队，就是让员工适当打破原有的部门界限，直接面对顾客，为企业总体目标负责，以群体和协作优势赢得竞争主导地位的企业组织形式。团队是由可相互补充知识和技能的人组成的，以团队任务为导向，具有共同的绩效目标、相对独立的决策权和执行权的联合体或者工作单元。团队最大的优点是：团队成员由于具有共同信念和共同目标而组织起来，成员之间通过沟通与交流保持目标、方法、手段的高度一致，从而能够充分发挥各成员的主观能动性。团队通过运用集体智慧将整个团队的人力、物力、财力集中于某一方向，创造出惊人的业绩。团队一般可分为两类：一类是"项目团队"，成员主要是来自公司各单位的专业人员，为完成某一特定项目而组织在一起，他们要解决的项目可能是某一个技术改进小项目，也可能是提升企业综合竞争力的大项目，通常项目完成后，团队即告解散；另一类是"工作团队"，其中又包括"高效团队"，或"自我管理团队"，这些团队通常是长期性的，主要从事日常经营工作。

（三）企业网络组织形式

企业网络是当代企业组织形式的创新，起着连接中小企业，从而形成全球性、国际性大型企业的特殊功能，是大型企业合纵连横、纵横驰骋的基础"部件"。

现代企业理论认为，企业是一组契约，而且是一个关系契约而不是古典或新古典契约，它具有动态的长期重复性。与其相对应，在市场经

---

① 张向前：《试析新经济时代企业团队建设》，亚商，http：//www.asiaec.com，2005 年 8 月 5 日。

济环境下合约双方都是平等的主体，市场交易具有自愿性质，是一组完备的合约，是产品所有者交易的产物。但由于市场交易是有成本的，节约交易费用是企业替代市场的根本理由。① 另一方面，由于企业契约具有不完全性，从而等级制度就有其存在的必要性和存在的效率空间；权力不对称的等级制度合约，具有防范机会主义、间接定价和统一决策的功能；企业内部的管理协调和决策工作专业化，具有比市场机制更高的生产力和更低的单位产品成本。

企业网络区别于市场合约的双方的基本特性，包括都是平等主体，交易具有自愿性质，具有节约交易费用，"干预"、"指挥"和"协调"作用，分工和规模经济等。首先，企业网络是典型的中间适应型交易，能促进合作伙伴之间的"组织学习"，提高各方对不确定性环境的认知能力，抑制交易双方之间的机会主义行为，从而降低交易过程中谈判成本、监督成本等交易费用。其次，企业网络超越了市场主体之间平等、自愿关系的"本分"，有着科层所具有的"干预"、"指挥"和"协调"作用的性质。再次，企业网络是逐渐从传统的企业内部分工协作管理到跨企业分工管理的转变，实现了从"看不见的手"到"看得见的手"，再到"相互间握手"的分工效率上升逻辑，这一方面消除或减弱了市场协调企业组织之间分工的风险和不确定性，以及科斯意义上的其他交易成本，同时还可以发挥和利用企业组织间专业化分工所带来的潜在收益。与钱德勒意义上的"现代企业"的概念相比，这一组织结构的变化是向更高一层次分工的进化。从这一方面看，企业网络是一种新形式的分工，与现代企业组织形式的分工在本质上具有同一性。②

二　知识型企业的治理结构创新

以上所列出的三种企业组织形式都可称之为知识型企业。通过对知识型企业的研究，可以发现，在知识型企业中，存在着四种不同的参与者：拥有丰富管理才能的经营者、拥有技术创新能力的创新者、拥有资金的资本家、从事生产劳动的工人。在知识型企业中，其产品的生产并

① 王朝云：《企业网络：当代企业组织形式的创新——兼论中小企业发展对形成大型企业的支撑作用》，《特区经济》2004 年 12 月。

② 王朝云：《企业网络：当代企业组织形式的创新——兼论中小企业发展对形成大型企业的支撑作用》，《特区经济》2004 年 12 月。

不必然在企业内部完成，可借由外包的方式实现。这在一定程度上削弱了工人的谈判能力和竞争能力。因此，对企业经营权的争夺集中在经营者、创新者和资本家之间。①

因此，影响知识型企业的外部因素按照其主要参与者也可分为三类市场：经理人才市场、技术创新人才市场和资本市场。知识型企业中各方参与者的相对重要性取决于这三类市场的发达程度，或者说是这三种资源的稀缺程度。在知识型企业中，创新是其核心能力和日常活动，也是其竞争优势的主要来源。对于知识型企业而言，重要的不是资金，而是知识的创新能力。由于对于个人创新能力的检测还没有更好的标准，因此只能假设拥有更多知识的人比拥有较少知识的人更可能具有创新能力。因为知识总量的增加会扩大个人面临的机会集合，所以知识的拥有量可作为具有创新能力的显示信号。因此，拥有知识的技术创新型人才与经理人才就更可能通过谈判和竞争来分享企业的剩余。

知识型企业的另一个特点是高风险。知识型企业价值的实现是以新知识对整个社会潜在需求的满足为基础的。由于从创意到收益实现将会经历一个较长的过程，因此也带有较大的风险。这种高风险的特点给知识型企业带来了所有权安排的变化。在创业初期，知识所有者的创新能力并未得到承认，因此缺乏对等的抵押物，此时的风险则更多的是由向知识型企业投入资本的资本家承担的。尽管资本市场的发达可以使得资本所有者通过在市场上出售股票而退出以规避风险，但这种规避措施的效果是有限的。所以此时的资本所有者成为当之无愧的企业剩余的占有者。伴随着企业的成长，知识所有者的创新能力逐渐得到承认，在资本市场上就表现为其股票价格的上升，其知识作为无形资产对企业的产出也越来越重要，而此时资本所有者则会逐渐放弃对企业剩余的分享，退出企业，转而向新的赢利点流去。因此，知识型企业的所有权安排必然是随着企业经营风险的变化而变化的，也即是一种"状态依存所有权"（state – contingent ownership）安排。这种状态依存所有权不但体现在知识所有者和资本所有者之间，而且也体现在创新型知识所有者和管理型知识所有者之间。

---

① 王俊娜、付英：《知识型企业的组织治理——用企业理论对知识型企业治理结构发展所做的探索》，《科研管理》2001 年第 3 期。

知识型企业的成长也离不开创业资本家的作用。因为即使在资本市场充分发达的情况下，知识型企业的高风险与高收益的特点与资本追逐利润、规避风险的特征也是不能自然地结合的。在它们之间搭起桥梁，承担起为知识型企业融通资金、为资本所有者规避风险的便是所谓的创业资本家：真正的管理型人才。在知识型企业创业初期，产业资本家是代表资本所有者在企业中占控制地位的。同时，为了更好地规避风险，创业资本家往往投资数十家创业企业以最大化分散风险。而知识型企业为了再次获得资本，则需要与其他知识型企业相互博弈，通过残酷的竞争实现自身目标。其中有生存能力的企业得到资金，没有生存能力的企业则被淘汰。这个过程体现的不是单个企业的所有权安排，而是一系列企业所有权安排的组合。

通过以上分析，知识型企业所有权安排有三个特点：一是知识型企业的所有权安排是与资本市场、技术创新人才市场以及经理人才市场的发展程度密不可分的。二是知识型企业的所有权安排是一个动态的所有权安排，是随着企业经营风险的变化而变化的，也即是一种"状态依存所有权"安排。三是知识型企业的所有权安排不是单个企业的所有权安排，而是一系列企业所有权安排的组合。

第五节   企业治理结构变迁的历史逻辑与发展线索

一   企业治理结构产生的历史逻辑

从企业治理结构变迁的历史轨迹上看，股份有限公司这一真正异于以前，具有现代企业制度显著特征的组织形式的出现，是企业治理结构产生的逻辑起点。股份公司使企业真正成为一个法人组织，脱离了业主、所有者的限制而独具生命力，增强了抵抗风险能力与筹资能力；在企业治理结构上实现了所有权与控制权的部分分离，初步形成了委托—代理关系，引发了人们对于企业治理结构问题的关注。到了20世纪随着企业规模的扩大、信用制度以及证券市场的发展，企业经营者从所有者中分离出来，并随着经理人市场的形成，使股份公司成为业主制与合伙制的替代性制度安排，成为了最具有竞争力的制度形式。20世纪20—30年代股份公司开始在世界主要资本主义国家占据主导地位，企业所有权分散达到了一个新的高度。所有权与控制权的分离变得日益明

显，企业治理结构发展到此时已经趋于完善，并随着企业制度的发展而
出现了多样化的企业治理结构。到 20 世纪 70 年代，知识型企业的出现
和发展推动了企业治理结构的再一次创新。纵观企业治理结构的变迁历
史（见图 2-1），其整个过程是依以下历史逻辑而进行的：第一，企业
治理结构的变迁是在技术进步、市场成熟和竞争加剧以及现代企业制度
发展的作用下不断推进的，其中股份有限公司的出现导致的委托代理问
题是企业治理结构产生的逻辑起点；第二，随着委托代理问题的凸显，
如何在企业所有权与经营权相分离的条件下降低代理成本并提高企业经
营绩效就成为企业治理结构所要解决的核心问题，企业治理结构的变迁
始终围绕这一问题开展；第三，企业治理结构随着企业所有权与经营权
高度集中发展至所有权与经营权逐步趋向分离，在此过程中多类主体逐
步参与到企业治理中来，对各类企业治理主体的分析是把握企业治理结
构变迁的主要线索。

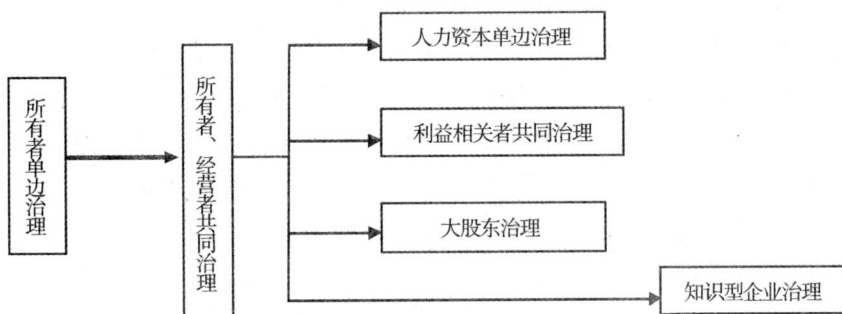

图 2-1 企业治理结构变迁的历史

二 企业治理结构变迁的发展线索

企业治理结构就是关于企业所有权配置的制度安排。就中小企业来
说，这似乎不成问题，因为这些企业的所有权完全归企业主或股东拥
有，所以争论主要集中在大企业，特别是股份公司。在现代企业理论
中，企业所有权安排无非是企业剩余索取权和剩余控制权安排的一个简
化说法。而企业治理结构乃是其具体化，即"一种法律、文化和制度性
安排的有机整合"，这一整合决定企业"可以做什么，谁来控制他们，
这种控制是如何进行的，他们从事的活动所产生的风险和回报是如何分

配的"①。在企业契约理论中，企业是一组由不同市场主体组成的契约的联合，因而，企业治理结构变迁的线索可以看做是各类企业治理主体围绕着企业所有权安排而发生的变更。

什么是企业治理主体？企业治理主体就是参与分享企业剩余索取权（residual claim）和剩余控制权（residual rights of control）的个体或群体。剩余索取权是指获得企业的总收入减所有固定契约报酬后剩余的权利，而剩余控制权是指决定那些初始合同明确规定之外的任何使用相关财产的权利，或"可以按任何不与先前的合同、惯例或法律相违背的方式决定资产所有用法的权力"。②许多学者都认同这样的观点：企业的剩余索取权和剩余控制权是识别企业所有权的关键。

在企业发展历史上，有许多个体或群体都曾经有可能掌握全部或部分的剩余索取权和剩余控制权。这些主体包括：物质资本所有者、人力资本所有者、经营网络、金融机构、政府等。但是，逻辑上的可能性并不一定等于现实中的可行性。要成为企业治理主体，不仅要在经济理论上具有逻辑合理性，还要在经济现实中具备可行性。并不是上述每个主体都能够成为治理主体，而且，即使同为治理主体，在不同的经济发展阶段和不同的国家地区，其在企业治理中的作用和地位也不相同。回顾历史，企业治理主体的更替构成了企业治理结构变迁的一条主要线索。

回顾企业制度的变迁历史，可以看出，企业治理主体的每一次变更，都会引发企业治理结构的一次变革，并引发企业制度的一次创新。具体的过程见表 2 - 1。

从表 2 - 1 可以看出，在企业治理结构变迁的过程中，企业治理主体的变更是一条主要的线索。这种变更表现为三种形式：一是新的治理主体的介入。如经营者随着自身人力资本的积累和专用性的增强开始逐步参与剩余索取权与剩余控制权的分配，成为主要的治理主体。再如其他利益相关者在新的社会经济条件下开始参与剩余控制权和索取权的分配。第二种情况是旧的治理主体的分化。最典型的例子就是物质资本所有者，即股东分化为大股东与中小股东，也就是说在股东这一群体内部

---

① ［美］玛格丽特·M. 布莱尔：《所有权与控制：面向 21 世纪的公司治理探索》，中国社会科学出版社 1999 年版。

② ［美］奥利弗·合特：《企业、合同与财务结构》，上海三联书店、上海人民出版社 1995 年版，第 35 页。

发生了利益的冲突，大股东与中小股东之间的利益冲突不仅逐步升级，而且成为企业治理中的主要矛盾，大股东和中小股东也就成为两类治理主体。第三种情况是旧的治理主体在剩余索取权和剩余控制权的分配中利益的变化。如股东与经营者，股东从独占剩余索取权和剩余控制权变为与经营者及其他利益相关者共同分享。

表2－1　　企业治理主体的更替与企业制度、企业治理结构的变迁

企业制度的变迁	企业治理结构的变迁	企业治理主体	企业治理目标	剩余索取权和剩余控制权的分配
现代企业制度的萌芽时期	所有者单边治理	所有者	股东利益最大化	股东独占
现代企业制度的正式确立时期	所有者、经营者共同治理	所有者与经营者	股东利益最大化	经营者占有了部分剩余控制权，并开始要求剩余索取权
现代企业制度的发展时期	人力资本单边治理	人力资本	人力资本利益最大化	人力资本独占
	所有者、经营者与其他利益相关者共同治理	所有者、经营者与其他利益相关者	各利益相关者之间的利益平衡	各利益相关者共同占有剩余索取权和剩余控制权
	大股东治理	大股东	所有投资者利益最大化	大股东从经营者手中夺回剩余控制权
现代企业制度的创新时期	知识型企业治理	经营者、创新者、资本家、工人	各企业治理主体对企业剩余的合理分享	既是共同治理又是动态治理

第三章

企业治理模式的国际比较

从企业诞生之日起，在不同国家和地区已经形成了多样化的企业治理模式。在从历史纵向发展的角度对企业治理结构变迁进行了回顾并分析其历史逻辑和发展线索之后，本章从空间比较的角度对存在于不同国家和地区的企业治理模式再做一比较分析。

企业治理模式是社会制度环境的函数，不同的社会制度环境决定了不同的企业治理模式。由于世界各国经济发展水平、文化传统、法律制度、政治体制及经济制度的差异，因而演化出多样化的产权结构、融资模式和资本市场，最终形成了不同的企业治理模式。由于不同学者的分析角度不同，对企业治理模式的划分也不尽相同。有的学者按照国别把企业治理分为英美模式、德国模式和日本模式；有的学者按照监督形式把企业治理分为外部控制模式、内部控制模式和家族控制模式；还有的学者把企业治理分为英美市场导向模式、日德银行导向模式、东亚家族控制模式和转轨经济模式等。[①] 本书将企业治理模式分为三种类型进行分析：以美国为代表的外部控制型、以日本为代表的内部控制型以及东亚家族控制型治理模式。虽然东亚家族控制型企业治理模式从理论分析而言仍属于内部控制的一种，但是这种模式具有强烈的地域特征和文化色彩使得其有别于以日本为代表的企业治理模式。本章将对这三种治理模式进行比较分析。

---

① 刘人怀、叶向阳：《公司治理：理论演进与实践发展的分析框架》，《经济体制改革》2003 年第 4 期。

第一节 外部控制型企业治理模式

外部控制型企业治理模式，又称为市场导向型或者市场控制型企业治理模式。这种治理模式的基本特征是股东主权，"股东财富最大化"是其主要信条，而其外部环境则以竞争型的资本市场为其主要特点。这种模式广泛存在于英国、美国、加拿大以及澳大利亚等国家，其中英国和美国发展得最为典型，所以又被称为英美模式。

一 企业所有权结构高度分散

（一）股权高度分散，而且流动性强

美国是现代市场经济发展最为成熟的国家，在其200多年的历史上，企业发展的历史就有150多年。作为一个移民国家，美国历来奉行自由市场经济和个人本位主义，强调"看不见的手"的作用。股权的高度分散是美国企业的最大特点。这种高度分散的股权结构与美国崇尚自由和个体的价值观及民族精神是分不开的。首先，这使得美国宪法和法律严格限制金融中介机构在美国企业股权中地位的扩张。其次，严厉的反托拉斯法和反垄断法也抑制了大型持股法人的出现。如1863年的国家银行法以及稍后的迈克法顿法案（Mcfaden 法），都限制银行持股并把银行业务限制在州范围内。在1933年，美国通过格拉斯—斯梯哥尔法，将商业银行与投资银行分离，并对它们所持的股份数额进行了限制。1906年，曾经涉足企业治理的人寿保险企业被禁止持股。1940年，投资企业法要求互助基金所持有的股票必须分散化。因此，美国通过制定一系列法律法规成功地抑制了银行、保险企业、互助基金等机构投资者的势力膨胀，从而造成了美国企业高度分散的股权结构。在1929年，在美国最大的200家非金融企业中，有47%（94家）的企业股东在2万人以下，只有1.5%（3家）的企业股东人数在20万人至50万人。到1974年，最大的200家非金融企业中只有4.5%的企业股东在2万人以下，而10.5%（21家）的企业股东人数在20万人至50万人。

第二次世界大战之后，机构投资在美国有了长足的发展，但这种股权高度分散的结构仍然没有改变。到1996年，在美国的股权结构中，个人股仍占65.49%。这主要是因为两个方面的原因：一是机构投资者出于"谨慎原则"分散投资，通过一定的投资组合来降低其投资风险，避免因其投资过分集中于某些企业或行业而使自身遭受系统性风险。二是法律严格禁止银行和非银行金融机构持有工业和商业企业的足够起控制作用的大宗股票，并在信息披露上对机构投资者的股票买卖增加了新的要求。因此，从整体看机构投资者拥有的美国企业股权超过了 40%，但是在单个企业中，单个机构拥有的股份比例仍然是很有限的。①

　　股权的高度分散带来了一系列的问题，首先是小股东监督激励缺乏的问题。零散力薄的小股东一般都只是要求证券市场管理者（如证券交易委员会）制定规则来确保证券交易的公平公正，而较少有动机要求企业经营层提供详尽的财务数据。这一是因为小股东根本不具备控制甚至影响董事会的能力；二是出于对个人成本收益的考虑，个人股东对企业监督投入太多精力是不经济的；三是由于股权过于分散，单个的小股东联合起来极为困难，因而不能形成一股与经营管理者对抗的合力。对此，罗伯特（Robert，1986）归纳了三个方面的原因：（1）理性的冷漠。即当股东在投票决定对企业决策赞成与否之前，为作出理性的判断而获得信息的成本要大于因投票而获得的利益。（2）"免费搭车"问题。即在股权分散的情况下，每一个股东都希望其他股东积极行使监督权而使自己获利，其结果是无人行使监督权。（3）公平问题。通常大股东比较有积极性行使自身的股东权利，保护股东利益，因此而获利的却是全体股东，作为小股东往往选择不作为而不劳而获，这种不公平也妨碍了中小股东积极行使投票权。②

　　高度分散与流动的股权结构带来的另一个负面效应是内部人控制问题。与股东们相比，企业的经理层对企业的管理、生产、销售和利润了如指掌，具有信息上的优势，而股东们则存在着信息上的劣势。股东和经理层之间存在的严重的"信息不对称"必然导致企业的控制权从股东中游离出来，而经理层则实际拥有企业的控制权。在股权高度分散的状态下这种情况更为突出。单个股东的利益对控制着企业的经理人来说，更加是微不足道的。同时，这些小股东也缺乏应有的知识、精力、能力

---

①　于潇：《美日公司治理结构比较研究》，中国社会科学出版社 2003 年版。

②　虞磊珉：《宏智科技事件法律启示：股权分散抑或一股独大?》，经法网，http://www.economiclaws.net/，2004 年 4 月 14 日。

和时间对企业实施有效的监督。最终形成了美国企业股东大会"空壳化"的现象，股东大会变成了一个"一点实际意义也没有、唯命是从的机关"。"投资者资本主义"变成了"管理者资本主义"，从而导致"弱势股东，强势管理层"，因此而带来的内部控制现象便不可避免。

（二）机构投资者的战略转变

20 世纪 80 年代以来，美国企业治理模式出现了一个明显的趋势，就是机构投资者（包括养老基金、保险企业、投资企业等）在企业治理中发挥着越来越重要的作用。在此之前，机构投资者在企业治理中往往扮演着"消极投资者"的角色。它们以"用脚投票"的方式规避投资风险而不介入企业内部治理：当企业经营业绩欠佳使持股者受益率下降时，它们就迅速抛售股票，改变自己的投资组合，因而被称为"消极投资者"（passive investors）。80 年代以来，随着政府规制的放松，以及养老基金、共同基金与银行信托等机构投资者实力的增强，机构投资者开始挑战其所投资的企业管理层，提出了保证股东权利、股东平等、股东参与决策和修改必要的规则等要求，形成了"资本革命"的"股东行动主义"。在企业治理战略上，机构投资者逐渐由消极投资者向积极投资者转变。

美国机构投资者战略由消极转向积极的最主要的原因是机构投资者资产的迅速增长带来了其持股比例的不断上升。有资料显示，1995 年，机构股东在美国 100 家最大企业的持股总额从 1987 年的 46.6% 上升到 57.2%，美国机构投资者拥有 10.2 亿美元的资产，相当于整个美国金融资产的 22%，持股总额占整个股票市场的 50% 左右。1997 年，标准普尔 500 家企业的股票有 57% 集中在机构股东手中，美国股票市场 55% 的股票掌握在机构股东手中。持股比例的增长，一方面为机构投资者提供了参与企业治理的经济动机，另一方面使其参与企业治理具有了现实性。因为机构投资者大量持股以后，如果随意抛售不良业绩的股票，一是一时难以找到合适的买主，二是将导致股票市场的巨大波动，使机构投资者的利益受到损害。因而他们不得不放弃传统的"用脚投票"的华尔街法则，积极参与企业治理，改变企业管理机构策略，提升股票价值。[①]

机构投资者对企业治理发挥作用通常通过下列方法。一般情况下，他们与企业发展长期合作的关系，充当"耐心"的投资者；当对企业的

---

① 楚金桥：《美国公司治理模式的变迁及启示》，《经济经纬》2003 年第 1 期。

经营业绩或企业治理问题不满时，他们则与企业的管理层和决策层进行有效沟通，要求企业提供真实详尽的信息，或者向企业施压要求企业与其合作；在最极端情况下，他们还有可能与现有管理层展开代理权争夺战，干预企业的经理人选以更好地体现他们的意志。近十几年来，从90年代初迫使世界级大企业如IBM、通用和西屋电器等更换最高首脑，到新世纪初揭发世界通信等大企业的财务丑闻，机构投资者在企业治理领域颇有建树，在该领域发挥着越来越重要的作用，成为一支不可忽视的重要的力量。

（三）金融机构的作用十分有限

与机构投资者相反的是，金融机构在美国的企业治理中发挥的作用十分有限。这主要是由于美国法律禁止商业银行经营资本市场业务。在美国，一般是由银行设立独立的信托部门，通过受托理财持有非金融公司的股票。同时，银行也可以用自有资金购买非金融企业的股票，但是分业经营的金融体制使得储蓄直接转化为股票市场投资的机制被割断。在这种金融制度下，美国企业的融资方式以直接融资为主，即企业主要是通过发行股票和债券的方式从资本市场上直接筹措长期资本。

从表3-1中可以看出，1991年美国的个人持股数达53.5%；包括各种基金、保险公司、投资信托等非银行金融机构持股比例为39.5%。而银行持股较少，仅为0.3%。日本的情况刚好相反，银行持股比例达到25.2%，个人持股只占23.1%。

表3-1　　　　　　　　　1991年美日两国上市公司股权结构

单位:%

投资者	美　国	日　本
金融机构	39.8	47.0
银行	0.3	25.2
保险公司	5.2	17.3
养老基金	24.8	0.9
共同基金及其他	9.5	3.6
非金融机构	60.2	53.0
企业	–	25.1
个人	53.5	23.1
政府	–	0.6
国外投资者	6.7	4.2

资料来源：黄运成：《产权模式与法人治理结构》，《南开经济研究》1997年第1期。

二 外部控制型企业治理模式的外部治理机制

外部控制型企业由于股权的高度分散性和流动性，众多的中小股东对企业经理层的影响力较弱，企业治理机制的发挥更多地依赖于外部市场的力量。因而外部控制型企业治理模式要求有一个庞大、发达、有效的外部市场，有一套完善的财务制度和信息披露制度。这种外部治理机制主要来自三个方面。

（一）资本市场的规制

资本市场规制，包括信息披露规制、内部交易规制、市场操纵规制、接管规制、证券分散规制以及银行规制等。美国对资本市场的规制是按照这样的思路构建的：在完全竞争的资本市场上，资本配置效率最高，通过资本配置实现企业治理效率和对经营者的监督。因为在这样的市场上，股价最能反映企业的价值。如果经营者由于不努力而使企业的经营绩效（利润）下降，股价就会下跌，企业就有可能被接管。因此，美国的资本市场规制的目标是提高资本市场的配置效率和企业治理效率。

首先，美国一直将商业银行与投资银行的业务严格分开，并限制银行跨州设立分支机构，禁止商业银行持有非金融企业的股票和从事证券经营业务，银行所属的控股企业也不能持有任何非金融企业5%以上的股票。这导致在金融市场上，美国银行部门资产占GDP的比重仅为62%，远低于日、德两国。其次，美国为了鼓励企业直接进入融资市场，对企业发行股票、债券的管理相对于日、德两国较松。因此美国的上市企业数、上市企业资本总额占GDP的比重、调整交叉持股后的资本总额占GDP的比重均高于日、德两国。再次，在会计信息披露方面，美国对于信息披露的要求更为严格和仔细，如要求上市企业公布的信息除了年度会计报表及其他有关会计资料外，还包括在每季度公布会计报表及有关会计资料，并必须经过审计。这种及时的会计信息披露加之采用公认的会计准则，使得投资者能较容易地从公布的会计资料中寻找有关投资信息。最后，对于内部交易和市场操纵，美国的限制也更为严格。如美国严格限制内部人（如经理、董事及持有企业发行股票10%以上的大股东等）利用未公开信息从事企业证券交易，一经查出，就要没收非法所得、加倍处罚，以致受到监禁。证券法还要求内部人必须定期向证券管理部门汇报其拥有和交易企业股票的情况。对于制造虚假信息、欺诈等市场操纵行为，也做了很明确的规定，并通过法律严加制裁。[①] 种种严格的资本市场规制都是为了保证资本市场的公平公正和透明，以实现企业外部治理的有效性。

（二）企业控制权市场

企业控制权市场是指在资本市场上，通过对"廉价"股票的收购，达到接管企业的目的。所以，有人把企业控制权市场又称为"企业接管市场"（Takeover Market）。企业接管又分为"敌意接管"（Hostile Take-over）和"善意接管"（Goodwill Takeover）两种形式。"敌意接管"是指利用公开市场的股票收购或直接向企业董事会提出接管计划、收购委托书以取得董事会席位。"善意接管"通常是通过双方协商，达成一致的收购协议。

企业控制权市场的存在，是外部控制型企业十分重要的外部治理机制。其运行原理是：当企业经营不善时，就有可能在控制权市场上被敌意接管，而这往往导致代理人即企业经营者的解职。一旦经营者被解职，其作为企业经营者的人力资本就会贬值，甚至退出经理市场。这是对企业经营者一种强有力的制约力量和压力。在这种压力下，企业经理人员不得不通过自己的努力工作，用企业良好的经营业绩来维持企业股票价格的稳定。因而，经理人员在保护自身利益的同时，也必然把股东利益作为企业目标。所以，在股东利益最大化的目标前提下，企业控制权市场就成为实现股东控制、监督和制约经营者的有力工具。因而1992年的新帕尔格雷夫词典在定义企业治理结构时，就简单地概括为：企业的接管市场即为企业治理结构。

控制权市场作为一种外部市场治理机制，在发挥其作用的同时，也带来了一些负面效应。控制权市场使英、美国家，特别是美国企业收购活动尤其是敌意收购活动愈演愈烈。仅在1985—1990年，通过敌意接管易主的美国企业股票价值便达1400亿美元。企业收购在20世纪80年代中后期逐渐成为一种财富掠夺的方式，金融"大鳄"横行于市，大量经营者被解雇，大批工人被解雇，甚至出现小企业收购大企业、绩

---

① 张义忠：《对美国公司治理中股权分散与流动的辩证思考》，《经济问题》2003年第1期。

差企业收购绩优企业的现象。过度收购的不利影响使其遭到了企业经营者们的反对。

在美国，企业经理设计的反抗恶意收购的方法包括绿色邮件、焦土政策、白马王子、皇冠上的宝石、毒药丸计划等。除此以外，他们还通过院外活动，游说各州立法机构限制恶意接管。1968—1982 年，美国以伊利诺斯州为代表的 35 个州曾先后颁布了"第一代"反收购法，这些法律虽然被美国联邦最高法院裁定为无效，但各州反收购的立法活动从来没有停止过。到 1987 年，以俄亥俄州、宾夕法尼亚州、特拉华州为代表的 35 个州，不顾联邦最高法院的裁令，再次纷纷颁布"第二代"反收购法。同年 3 月，美国联邦最高法院在关于印第安纳州动力收购 CTS 企业一案的裁决中，第一次肯定了印第安纳州反收购立法符合宪法精神。于是各州掀起了风起云涌的反收购运动。进入 20 世纪 90 年代后，美国的恶意收购案件几乎停止，使企业控制权争夺在企业治理结构模式中所特有的"竞争可能性"失去了有力的作用杠杆。这意味着美国企业治理制度安排将进入一个创新阶段。①

（三）经理人市场

经理人市场是激励约束企业经营者的重要的外部治理机制。在完善的经理人市场上，众多的经理人之间的竞争对企业经营者形成自我约束、自我监督的作用。在市场主导型的英美模式之下，外部资本市场与经理人市场的作用机制同样有利于促进经理人积极开展经营活动而实现股东财富最大化。外部经理人市场与企业控制权市场机制一样，都是通过竞争机制对企业治理进行市场监督，所不同的只是发挥作用的途径不同。企业控制权市场是通过资本市场发挥作用的，而经理人市场是通过人才市场来发挥作用的。

三　外部控制型企业治理模式的内部治理机制

美国的企业法人治理结构呈新古典企业治理模式的特征，由股东大会和董事会组成，不设监事会，实行一元制的董事会制度，通常称为"一会制"（the Unitary Board System）。其显著特征是，企业在股东大会

---

① 孙音：《美日德三国公司治理结构比较及对我国的启示》，《社会科学辑刊》2003 年第 3 期。

的终极控制下，在董事会体制下设立多个委员会，实行各委员会分工负责制。不设专门的监督机构，业务执行机构和监督机构合二为一，董事会既具有业务执行的职能，也具有监督机构的职能。

（一）股东大会

股东大会是企业的最高权力机构，决定企业的重大决策和人事任免等事项。在美国，股东大会的权力包括修改公司章程、选举董事、决定公司兼并重组等重大事项，但是美国企业的股东大会由于股权的高度分散，导致其在企业治理中的作用受到削弱。由于股权分散，中小股东实施治理权的成本很高，股东们都有偏好市场监管的特点。股东出于自身的利益，大都采取"理性的无知"行为，一般不关心企业的控制问题。因而股东大会不可能作为企业的常设机构，或经常就企业发展的重大事宜召开股东大会做出决策，也根本不可能行使其权力。实际上，美国企业的股东大会大都将其决策权委托给由部分大股东或由权威人士组成的董事会来行使。

（二）董事会

董事会是由股东大会选出的董事组成的企业生产经营管理的决策机构。董事会接受股东大会的委托，实际掌握着企业控制权，在企业治理结构中具有极其重要的地位。在美国董事会内部，企业往往根据自身的特点和需要设立若干不同的委员会，负责企业重大决策的制定和实施，其目的是保持董事会的独立性和客观性。美国大企业的董事会都设有四个职能委员会：（1）审计委员会（audit committees）：审计委员会主要由独立董事组成，其主要职能是监督企业财务状况及收集各方面的信息，从而为监督和检查企业高级经理人员经营活动提供制度保障。按照美国的法律，设立审计委员会是企业获得上市资格的一个前提条件。（2）薪酬委员会（compensation committees）：薪酬委员会的主要职能是制定企业的薪酬政策和方针，协调经理人员与股东之间的利益关系。其成员也主要由独立董事组成。（3）提名委员会（nominating committees）：提名委员会的主要职能是确定企业人事变动，尤其是挑选董事人选的方针和政策，对董事会的现有人员进行考核并制定提名新董事的计划。（4）执行委员会（executive committees）：执行委员会的职能主要是处理企业董事会休会期间出现的紧急事务，一般情况下执行董事在其中发挥着较为重要的作用，并占据委员会约 1/3 的席位。在上述四个委员会中，审计委员会、薪酬委员会、提名委员会无疑是董事会发挥治理作用的重要机构。

美国企业在机构设置上没有独立的监督机构，这使得董事会既承担决策职能，也承担监督职能。这种单层治理结构使得董事会不可能成为有力的监督者和批评者。因此，美国企业通过引入独立董事改善这一状况，通过加强董事的独立性增强董事会对于企业经营者的监督。

（三）独立董事制度

独立董事（Independent Director）制度首创于美国，是指与企业无任何实质性联系、不受经营者控制的外部董事。但不同的机构对独立董事有着不同的定义。[①] 综合各种标准，作为独立董事，应该达到以下最低限度的条件：不是企业当前和以前的高级职员或雇员（必须界定时间，如过去 2 年或 3 年之内）；必须与企业没有职业上的关系（如代表企业的会计师事务所或律师事务所，或咨询企业、商业银行和投资银行的一个成员）；不是企业的一个重要的供应商或消费者（必须界定交易额度，如直接或间接与企业发生 10 万美元或 20 万美元以上的交易）；不是以个人关系为基础而被推荐或任命，必须通过正式的过程被甄选；拥有商业、法律或财务等方面一定年限的工作经验；不是任何执行董事或企业

---

①　根据美国法学研究所公布的《公司治理原则》，独立董事（Independent Director）被界定为与企业没有"重要关系"的董事。所谓"重要关系"是指董事在过去两年内是企业的雇员、董事是企业业务主管的直系亲属、董事与企业有直接或间接的超过 20 万美元的交易关系、董事是为企业服务的律师事务所或投资银行的职员等。其含义基本与外部董事（Outside Director）相同。英国和英联邦国家则将此称作非执行董事（Non‑executive Director）。

著名的养老基金——加州公务员系统（CalPERS）对独立董事的定义是这样的：（1）在过去五年内未曾受聘担任企业的经理人员；（2）本人在其原隶属企业未曾担任企业或其高层经理人员的顾问或为其提供咨询；（3）未曾隶属于企业的某个重要客户或供应商；（4）未曾与企业或企业的高层经理签订任何个人服务合同；（5）未曾隶属于任何接受过企业实质性资助的非营利性机构；（6）在过去五年里，未曾与企业有任何依 SEC 的 S—K 条款规定应予披露的商业性联系（担任企业董事除外）；（7）未曾受聘于企业执行官担任董事的公众企业；（8）未曾与企业的分支机构有任何上述关系；（9）不是上述人员的任何直系亲属。

美国的证券交易委员会（SEC）则将独立董事界定为与企业没有"重要关系"的董事，其中的"重要关系"意味着，在年度股东大会召开的那一天：（1）他是企业的雇员，或者在此前的两年内曾是企业的雇员；（2）他是此前两年在企业内曾担任过首席执行官或高级管理人员的某一个人的直系亲属；（3）他在此前的两个财务年度内，曾因商业关系而向企业支付过或收到过超过 20 万美元的金额；或者，他在某一个商业机构中拥有股权或代表某一股权而有投票权，而该企业曾在此前两个财务年度内向企业支付或收到过一定的金额，并且该金额乘以他所拥有的股权比例后其值大于 20 万美元；（4）他是某一商业机构的重要管理人员，而该商业机构曾因商业关系而向企业支付或从企业收到过超过该机构年度总收入5%金额的款项，或者超过 20 万美元金额的款项；（5）他与过去两年内曾经担任过企业法律顾问的法律企业具有职业关系。

高级管理人员的关联人或潜在关联人；不持有企业的股份或不代表任何重要的股东利益。总之，独立董事首要的条件是必须足够独立，不回避任何有争议性的问题。其次，考虑到担任董事所需要的知识和经验，独立董事实际上就是经济、商业、法律和财务等方面的专家。①

在董事会组成中引入独立董事，意在发挥独立董事的客观和独立，在董事会中对内部董事形成有效的制衡机制。具体来说，独立董事并不仅仅就是发挥监督功能，检讨和评估董事会和执行董事的表现及业绩；作为董事会成员，独立董事还必须就制定企业战略、企业政策进行独立判断，以确定企业的使命和前景。总之，独立董事的责任既要求董事勤勉忠诚地为企业服务，处理企业事务、管理企业财产，又要求独立董事在监督管理人员方面发挥一定的作用。

为了更好地显示董事会的独立性，美国上市企业的三个关键的委员会——审计委员会、提名委员会和薪酬委员会大多由独立董事担任。如通用电气企业的审计委员会、提名委员会和经理人员发展与薪酬委员会全部由独立董事组成。

与执行董事相比，独立董事，尤其是具有专家特色以及丰富的实践经验的独立董事，毫无疑问将给企业带来更广的视角。但从另一个方面来说，独立董事制度也存在一些问题。

第一，信息的不充分、不完全可能导致独立董事的效用偏差。独立董事因为来自不同于上市企业的行业和企业，他们花费在了解企业具体情况、处理企业事务方面的时间是很有限的，因而独立董事实际上对企业的大部分情况是监控不到的。另一方面，独立董事并不参与企业的日常管理，他所了解的信息大都来源于经营管理层的介绍和相关记录，可能使独立董事的判断面临着歪曲真相的极大危险。所以，为了稳妥起见，独立董事在执行监督职责时往往本能地选择谨慎和保守，以免在执行职责过程中出现偏差。

第二，独立董事是风险的规避者。独立董事由于报酬通常与企业的利润无关或关系不大，在一些有风险的项目成功时并不能得到直接的利益，在项目失败时却可能名誉受损或承担法律责任，因此决定了他对风险的规

---

① 吴雪梅、肖梁：《独立董事与公司治理》，《西南民族学院学报（哲学社会科学版）》2002 年第 12 期。

避倾向。因此，如何保证独立董事尽心尽职是一个非常困难的问题。

第三，独立董事缺乏独立性。独立董事往往是由总经理提名的，总经理可以通过提名选择有利于自己的独立董事，这使得独立董事并没有为股东利益最大化服务的动机。

（四）激励机制

在美国，经营者的薪酬一般由三部分组成：工资（salary）、短期激励（如奖金，bonus）和长期激励（以期权为主，stock option）。这三者的比例在许多企业大致是 1:1:X。也就是说，工资与短期激励在数量上大体相当，但对长期激励不做限制。因此，经理们的大部分收入都来自奖金和股票期权，而且近年来股票期权的比重越来越大。设计这种激励机制的理论基础是：股东的收益来自分红和股票增值，而分红的数量又影响到股票的增值，同时，证券市场上股票价格的波动在一定程度上反映着管理者的经营绩效。如果管理者经营有方，企业绩效就会显著改善，企业股票也会随之明显增值，拥有股票期权的管理者便可以从中获得丰厚的报酬。这种来自证券市场的收益，很自然地激励着管理者坚持股东利益即企业利润最大化的企业目标。

除此以外，美国企业还采取了一些方法完善激励机制。一是薪酬前提，其关键是依靠对经营班子业绩真假的确认。年度的经营业绩主要靠审计委员会、独立审计人来确认；3—5 年的经营业绩主要靠资本市场上企业股价的变化来衡量。二是薪酬差别。经营班子的薪酬比独立董事要高得多，而 CEO 的薪酬又显著高于经营班子其他成员，但差别不是来自工资、短期激励，而是长期激励。三是薪酬披露。美国是最早实行薪酬披露的国家，1992 年又进一步修改了薪酬披露制度，加大了披露的力度。其具体内容包括：一是逐个披露薪酬最高的 5 名经营班子成员前 3 年的薪酬；二是详细披露 5 人每人的薪酬构成；三是披露过去 5 年本企业的股东回报率与同行业同类企业比较。在全球投资人看来，建立披露制度（disclosure），提高透明度（transparency），是提高治理效率的一项重要举措。特别是披露经营班子薪酬，对于评估他们的经营行为和业绩具有重大意义。①

---

① 何家成：《公司治理结构、机制与效率——治理案例的国际比较》，经济科学出版社2004 年版。

美国式股票与股票期权激励制度确实对经理层起到了一定的积极作用，但这种作用并不像理论上设计的那样理想。据考察，美国企业经理人员的薪酬与普通员工相差悬殊，也远远高过其他市场经济国家的同行。另一方面，美国企业经理人员的薪酬与公司业绩的相关性较弱。即使企业绩效下降，经理们的薪酬也不会减少甚至照样增加。比如在陷入经济衰退的 1990 年，美国公司的利润下降了 7%，最高执行人员的薪酬却提高了 7%。① 造成这一情况的原因有三：一是美国企业分散的所有权使得来自企业内部的监督机制不足，董事会不能有效地控制经理们的薪酬分配，不能有效地对经营者进行监督，这是造成美国经理人员薪酬过高的根本原因；二是经理人员能够充分利用自己的地位在企业内部准确获得各种影响股市行情的信息，从而灵活机动地行使自己的期权；三是经理人员可以通过短期化的经营行为实现企业短期财务绩效的上升，从而促使股价提高而得到期权收益。

除了经理人员薪酬过高及与企业绩效相关性较弱的问题外，美国企业的薪酬激励机制使得经理层在企业中普遍持有相当数量的股份。在美国企业股权分散的背景下，经理人员较大数量的持股使其对于企业的控制力大大增强。加之股东大会和董事会的无力，美国企业的内部治理由于过于强调激励而忽视约束，总体来说效果不佳。广大股东只得转而依靠"用脚投票"的外部治理机制，借助于发达的股票市场和控制权市场来实现外部治理。

四　对美国企业治理模式的评价

美国企业治理模式的最大优点是效率高，这一方面是由于企业的权力向 CEO 集中，企业的战略决策和执行较少受到董事会干预；另一方面则得益于对 CEO 的考核取决于企业在市场的实际业绩和股东资本收益，企业的进退、高级管理人员的待遇和变动都随着市场的变动而变动，接受市场优胜劣汰法则的调整。

美国企业治理模式的另一个优点是企业财务对市场的透明度高。由于股权分散，直接治理的外部效应很大，企业的外部资源提供者主要依赖于资本市场以"用脚投票"的方式（股东）和破产接管机制（银行等债

---

① 吴敬琏：《现代公司与企业改革》，天津人民出版社 1994 年版。

权人)进行治理。因此在美国，企业外部的利益相关者依赖财务报告做出决策，他们利用各种方式对会计准则制定机构实施影响。美国通过对会计制度的改革，发展出了强大的独立审计制度来监督和管理会计师事务所。另外，美国还通过信息披露制度和控制内幕交易来提高资本市场的有效性。

但这一治理模式的弊端也很明显。

第一，内部治理失衡，权力过多地向 CEO 集中。为了解决这一问题，美国创立了独立董事制度。但是独立董事的独立性只是理论上的，一般都是由 CEO 提名推荐，很难做到真正的"独立"。而且由于独立董事对企业的情况往往不甚了解，也使得独立董事经常沦为一种虚设的闲职。1991 年的一项研究证明，董事作为代表股东意志的监督和决策机构，约 80% 的董事是由 CEO 推荐的；董事作为外部人士实际很少了解企业的业务情况，更多是通过 CEO 的眼睛看问题，不能完全做到"懂事"。内部的制衡机制的失衡和薄弱就要求通过提高外部监督和制衡的力度来弥补。但由于内部人控制、信息不对称以及外部监督成本高昂等问题，实际上美国企业的外部监督和制衡并不能做到及时有效，实践中很多企业的破产倒闭也证明了这一点。因此，美国企业中 CEO 的权力容易变得绝对化和被滥用，而绝对的权力意味着绝对的腐败。

第二，股权高度分散化。股权的分散化带来了两个方面的弊端。一方面弱化了股东对公司经营的监控。现代公司的经营管理日趋复杂和专业化，个人股东往往由于缺乏专业知识以及相关信息而很难对经营者进行监督和控制；股权的分散化又使得数目众多的个人股东的一致行动变得很困难，股东们要取得相互联系并且达成协议需要付出高昂的成本；另外，对于单个股东而言，选择"免费乘车"显然是更经济的；因此，大多数个人股东不得不通过证券市场上的股票交易活动来表达自身意愿，实现对企业的监督和控制。另一方面，在股东主要依赖证券市场获取信息、判断决策以及"用脚投票"时，股票价格就成为判断公司经营情况的晴雨表，经营者不得不将主要力量集中在短期利润上以实现公司股价的稳定和上升，这种做法往往会损害公司的长期发展。

第三，股东追求短期利益，将企业的长期发展寄托给从经理市场雇来的 CEO。美国企业股权高度分散，这使得股东很少真正关心企业

的长期发展。股东们主要从股票的交易中赚钱，对相互之间作为一个
整体的关系并不看重。美国企业就通过高年薪制和股票期权机制给予
CEO 以剩余索取权，使经营者有自我监督和努力工作的动力，试图使
经理人当好股东的忠诚看门人，并能够延长经理人的时间眼界，为经
理人创造长期股东价值提供动力。但是，CEO 们既然有股票期权，本
身又有生命和职业周期，作为理性经济人，他们在行权期内追求的是
自身利益最大化，追求高薪酬、维持控制权和在职消费，不一定追求
或者始终追求企业的长期稳定发展，①②因此经理们的行为也很难避免
短期化。

第二节　内部控制型企业治理模式

内部控制型企业治理模式又称网络导向型或组织控制型企业治理模
式。这种治理模式来自"日耳曼"式的资本主义，在德国、瑞士、奥地
利、荷兰等欧洲大陆国家及东亚的日本盛行，尤其是德国和日本发展得
最为典型，所以有的学者又把这种治理模式称为"日德模式"或"大
陆模式"。这些国家的企业治理模式体现出如下的显著特征：相对集中、
稳定的法人股东相互持股为主的所有制结构，全能银行在企业融资和企
业监控中发挥重要作用，外部市场制约不如英美市场等国家重要。此
外，有学者认为日德等国企业治理模式是利益相关人参与企业治理的典
型，员工的利益得到了充分的考虑。

一　日本企业的股权结构

（一）集中的企业所有权

企业所有权或股权集中度是指企业最大股东的持股比例，这是考察
企业治理结构的一个重要指标。企业股权的集中度越高，表明大股东对
企业经营者的约束力越强。

通常在研究中，一般选择前几位大股东（如最大的前 3—5 位股东）
的持股比例作为衡量指标。普劳斯（Prowse，1992）对 20 世纪 80 年代中

---

① 王大勇：《美国公司治理模式面临挑战》，《世界经济与政治论坛》2002 年第 6 期。

② 张松、刘雨萌：《美国公司治理模式失效的诠释》，《管理现代化》2003 年第 1 期。

期东京股票市场市值大于 50 亿日元的 734 家样本企业的研究结果显示：用最大的五家持股率（S5）来衡量，日本企业的股权集中度在不同企业之间差异较大，最低的为 10.9%，最高的达到 85%，平均水平为 33.1%。这一水平比美国企业高 30% 以上。在大股东中，金融机构股东占据主导地位，随后依次是非金融股东、个人股东和其他事业法人。普劳斯的研究结果表明：与美国分散的企业所有权结构不同，日本企业拥有相互控制的大股东，而且金融机构是企业最大的股东之一。

普劳斯把样本企业划分为集团企业和独立企业两大类，分析结果如下：（1）无论是在集团企业还是在独立企业中，股权集中度都没有明显的差异。但是在集团企业中，金融机构作为大股东的地位更为重要，金融机构与集团内企业的联系也更为紧密，在独立企业中，个人股东则占有更重要的地位。（2）在独立企业中，大股东对经营者实施控制的收益越大，股权集中度越高，而在集团企业中则缺乏这种机制。（3）在这两类企业中，没有发现股权集中度和利润率之间的相关性。[①]

（二）法人股东持股

第二次世界大战之前，日本企业的股权结构是以财阀家庭或者个人所有为核心的"金字塔形"的结构。第二次世界大战之后，日本所实行的"经济民主化"改革解散了财阀，对日本企业的股权结构也形成了毁灭式的冲击。随后日本企业逐渐形成了以分散的个人持股为主体的多元股权结构。1949 年，日本企业个人股东的持股比例为 69.1%，法人股东的持股比例仅为 28.1%。然而进入 50 年代以后，随着日本经济的恢复和发展，政府开始放松金融机构和事业法人持股的限制，股票逐渐向法人集中，法人股东取代个人股东而成为大企业股份的主要持有者。日本企业股权结构由以个人股东为中心逐渐向以法人股东为中心转变，法人持股比例不断提高。1960 年为 53.2%，1970 年为 59.6%，1980 年为 70.5%。进入 90 年代，法人持股仍然占主体地位，1990 年法人持股高达 72.1%。在 1990 年的法人持股中，金融机构和事业法人的持股比例为 46.9% 和 25.2%；而金融机构持股的 41.6% 为银行持有。

在日本，参与持股的法人可以分为两大类：第一类是以银行为核心的

金融法人，包括城市银行、保险企业、信托服务企业等；第二类是事业法人，也就是生产性企业、流通企业和服务性企业。这两种法人参与企业治理的方式以及发挥的作用是不同的。金融法人是以主银行为核心参与企业治理，银行往往既是企业最大的股东，又是企业的主要债权人。事业法人是以企业集团相互持股的方式对企业经营活动和经营者产生影响。所谓相互持股，就是企业集团各成员企业相互持有对方股份的资本结合方式，如在 A 企业、B 企业、C 企业……Z 企业之间形成一个相互持股的网络。日本商事法务研究会的一项调查表明，在日本实业法人中，存在相互持股关系的企业占 92%，其中相互持股率达 10% 以上的企业占 70.3%。日本法人相互持股主要有三种形式：(1)"一对一"相互持股，这方式较为简单，即 A 企业与 B 企业相互持有对方股份。(2)放射性相互持股，也称作"一对多"相互持股，即以一家大型独立企业 A 为核心，由 A 分别与 B、C、D 形成相互持股关系，但企业 B、C、D 之间不形成持股关系。(3)环转矩阵形相互持股，也叫"多对多"相互持股，即由一批企业共同结成相互持股网络。不仅企业 A 与企业 B、C、D 互为股东，而且企业 B 与企业 A、C、D 以及企业 C 与企业 A、B、D 也互为股东。这样形成的企业群在日本被称为企业集团。1992 年，日本 6 家最大的企业集团——三井集团、住友集团、三菱集团、芙蓉集团、三和集团和第一劝业银行集团内部的相互持股率为21.06%、29.57%、31.68%、17.92%、18.83% 和 13.71%。

在日本，法人持股具有很强的稳定性。在相互持股的条件下，各个持股法人的目标是为了取得企业的控制权，建立彼此之间长期稳定的交易关系和分工合作关系，着眼于企业的长期利益，以保证自己的投资安全和长期发展。因此持股法人往往不太关注股票分红收益而更关注"资本收益"。他们的持股行为往往趋于长期化，不会因为股市行情的变动而轻易抛售股票，股票的流动性往往很弱。另一方面，股东分红虽少但是长期收益却很高。有关学者对美国和日本有代表性的行业中 21 个企业的比较发现，日本企业股票升幅超过美国，而股息红利却低于美国。从股东的收益来看，日本股东从股息中得到的收入，只占总收益的11%，美国股东要占到 85%，但从股票升值中所得到的税前收益，日本却是美国的 40 多倍。[①]

---

① 李红霞：《美、日、德企业融资模式比较与借鉴》，《财经问题研究》2003 年第 12 期。

二 日本企业治理模式的法人治理特征

（一）形同虚设的股东大会

根据日本商法的规定，选举产生董事会、支付股息和董事的报酬等重大决策都必须由股东大会讨论通过，但是日本企业的股东大会实际上形同虚设，对企业经营决策的影响很小。造成这种现象的原因是由于法人之间的相互持股形成了相互控制的局面。法人股东相互持股的目的往往是为了建立长期稳定的交易关系，在正常情况下干预对方企业的内部事务并不利于建立长期稳定的合作关系，也容易导致双方的不信任和对立。因此，法人股东之间形成默契，互不干涉，在正常的情况下，大股东特别是金融大股东很少直接干预企业的经营活动。而个人股东由于持股比例小根本无法在股东大会上对企业的经营决策产生影响。日本企业的经营者由此获得了很大的控制权。一个证明就是在日本，出席股东大会的股东人数很少，开会时间短。1989 年度，在日本被调查的 2089 家企业中，股东大会在 20—30 分钟结束的占 54.2%，在 10—20 分钟内结束的占 29.3%。只有 18 家企业的股东大会超过 2 小时，仅占样本的0.9%。如此短暂的股东大会从另一个侧面说明，股东大会只是一种形式。

日本企业股东大会形同虚设，使得股东失去了合法的或正式的监督与控制渠道。但仍然存在一些非正式的渠道，可以帮助股东以一些特殊方式影响股东大会，对经营者造成一定的压力和监督。其中最具有日本特色的监督方式就是"股东大会的专职出席者"。这些专职出席者只持有企业的很少的一部分股票，他们通过各种渠道收集企业的信息，特别是一些企业丑闻或者经营者的私生活信息。由于企业一般都不希望这些丑闻被公之于众，为保持企业或者经营者自己的声誉，便贿赂收买这些"专职出席者"。为了限制股东大会的专职出席者，1982 年的商法修正案引入了单位股份制度和禁止对股东无偿赠与的规定。在商法修改之后，全国的企业几乎都在同一天召开股东大会，这种方式限制了专职出席者，也限制了个人股东出席股东大会。①

---

① 于潇：《美日公司治理结构比较研究》，中国社会科学出版社 2003 年版。

（二）董事和董事会

从功能上看，日本企业的董事会是企业的决策机关，董事代表是执行机关，决策和执行合为一体，因此董事会的权利很大。但是董事会的监督功能很弱，这主要是因为社长能够控制董事会。从构成上看，日本企业中外部董事的比例很低，而且外部董事几乎都来自相互持股的企业、银行和关联企业或者综合商社，真正具有独立性的、与企业没有任何联系的外部董事很少。外部董事一般不会被任命为董事代表，这说明外部董事并没有介入企业的管理权，企业真正的管理权掌握在内部董事手中。从董事的产生机制上看，日本企业的董事往往是由社长提名的，这几乎已经成为一种传统。一般情况下，董事候选人是由社长与董事会成员、大股东协商之后提出的，然后象征性地提交给股东大会批准，很少有提名不被通过的现象。这样，就形成了由社长选举董事、董事会选举社长的循环选举，实际上相当于社长选自己。这是日本企业内部权力结构的一大特色。

（三）对经营者的激励机制

日本企业经营者的选聘是在企业内部产生的，社长要由前任社长推荐产生。而前任社长则是经过长期反复考核，从企业管理人员中进行挑选再推荐，这实际上是企业内部长期而充分竞争的结果。

与之相适应，日本经营者的激励有两大特点，即终身雇佣制与年功序列制。终身雇佣制是指这样一种惯例，即企业即使在面临经营困难的情况下，也绝不随意解雇或临时解雇其正式录用的员工。正式员工是指在高中、大学应届毕业生中招收的长期员工。作为暂时录用的临时工、合同工、计时工及外单位派来的外来人员均不在正式职工之列。年功序列制是指正式职工每隔一定时间工资提高一次，职位也每隔一定的时间晋升一次的惯例。但是，新入社的职工在经过一段时间的工资、奖金、职位同步提高之后，就要根据工作成绩和能力考核逐渐拉开工资、奖金和职位的差距，职工之间展开十分激烈的晋升竞争。

加护野忠男和小林孝雄（1995）从抵押资源与退出障碍的角度，对日本企业与员工的关系给予解释。他们认为，日本企业与职工间的关系，并不局限于短期的雇佣契约，而是建立在长期一体化关系基础上的雇佣关系。其原因在于，企业扣押了职工的资源，即职工向企业抵押资源。这种抵押可以分为两个方面：一是职工的隐含出资；隐含出资是指在年功序列工资制度下，职工在年轻时领取的工资低于劳动生产率，未支付给他的工资积累起来形成对企业的投资。工龄达到一定年限后，职工领取的工资超过其劳动生产率，超出的部分是这种投资的回报。这部分未支付工资及其投资收益，也称之为工资"人质"（hostage）。二是职工对企业特殊技能的投资，即人力资本投资。[①] 企业特殊技能是指职工积累的特殊人力资本。特殊人力资本抵押是企业普遍存在的问题，但在日本企业更为突出，因为日本企业更加强调企业特殊技能。

日本企业的职工在向企业抵押这两种资源之后，由于其要求回报的权利不能在市场上自由买卖，职工要想得到投资回报，只能持续地在企业中工作。这实际上造成了职工和经营者退出企业的障碍，如果中途退职就必须放弃隐含出资所带来的回报，即抵押具有提高中途退职难度的功能。另一方面，为获得适用于专门企业的特殊技能而进行的人力资本投资，在其他企业也得不到充分的估价。如果退出就意味着放弃抵押的资源回报，退出者将蒙受损失。而且，职工在企业中越是为提高能力而努力工作，在年轻时对企业的贡献越大，退出的损失也越大，退出障碍就越大。

三　日本企业治理模式的主银行治理

主银行制是日本企业制度的一个重要的组成部分，对日本的企业治理具有极大的影响作用。主银行制起源于第二次世界大战时期的"军需企业指定金融机关"，发展至今，已经成为日本金融界和企业界的一种惯例。在日本，银行大量持有企业股权，一家企业通常由一家或者几家具有影响力的银行持有其最大股权，其中的一家就被称为"主银行"。因此，"主银行"指的就是该企业的贷款银行，或者是对该企业贷款最多的银行，或者是贷款银团的牵头人。但青木昌彦、帕德里克和谢尔德则认为：主银行除了是企业最大的贷款银行，还应该是企业最大的结算银行、前五位大股东之一、企业债券的主要承接机构和企业经营的主要参与者。青木昌彦（1999）把主银行定义为与企业具有专属、持续以及综合交易的银行，它一般具备三个条件：一是该银行应是为企业提供最多贷款额的银行（一般要求占到企业总贷款的15%—25%）；二是该银

---

① ［日］加护忠野男、小林孝雄：《资源抵押与退出障碍》，今井贤一主编《现代日本企业制度》，经济科学出版社1995年版。

行应是企业的主要股东（日本反垄断法规定银行最多持有 5% 的股份，1987 年修改为 10%）；三是该银行还为企业提供人员、金融及信息服务，与企业建立广泛、长期、持续的交易关系。①

作为企业的大股东和主要债权人，主银行与企业之间存在着广泛而密切的利益联系。因此，主银行很难像中小股东那样通过"搭便车"来规避监督责任。主银行对于企业治理的参与方式是"相机治理"（contingent governance）：也就是说，在正常情况下，主银行不会主动操纵或者控制企业，经营者享有充分的自主权；但如果企业出现困难或危机时，主银行将介入企业管理。主银行干预企业内部事务的方法包括：债务展期、减免利息、注入资金等金融援助措施；在更为严重的情况下，主银行会派遣管理人员接管企业。②

四　企业集团内部控制

日本企业治理的核心机制是主银行的监督，除此之外，来自企业集团的监督也是其内部治理的一种方式。日本的企业集团类型很多，大体上可以分为两大类：一类以大银行或金融机构为中心，兼有融资、生产、销售和投资功能的财团型企业集团。另一类以一个独立大企业为核心，以控股、生产和销售等为纽带将一批企业纳入自己的生产体系。企业集团的建立和发展都是以所有权为纽带的，因此企业集团内部企业之间持股的比例较高。作为大股东的事业法人，企业集团也可以在企业监督方面发挥一定的作用。从企业治理的角度来看，企业集团对企业的监督主要有三种方式，分别是派遣人员、关联交易和经理会。其中，经理会的作用比较突出。经理会是日本企业集团内部的最高决策机构，它由核心成员企业的总经理组成。经理会的主要职责是：确定集团发展的重大方针和战略，交流信息，协调成员企业的利益，约束成员企业的经营行为。从另一个角度看，企业集团的经理会实质上是大股东会，它也是银行和其他主要法人股东真正行使股东权力的场所。通过经理会，相互持股企业的总经理们可以通过定期或不定期的聚会，一起讨论企业的投资决策、经营方针及经理人选等事宜。另外，如果相互持股的企业集团

---

① ［日］青木昌彦：《比较制度分析》，周黎安译，上海远东出版社 2001 年版。
② 刘昌黎：《论日本的主银行制度及其变化与改革》，《日本学刊》2000 年第 4 期。

中一家企业经营业绩较差或经营者缺乏经营才干，经理会就要对其进行批评，责令改进，直至罢免不称职的经营者。因此，经理会也是直接针对企业经营权的一种控制机制。

五 对日本企业治理模式的评价

（一）日本企业治理模式的优点

日本企业治理模式的主要特点是强调集中的所有权结构和企业集团内部各种隐含的合约；通过主银行制和企业集团，减少了企业主要利益相关人之间的信息不对称；这种治理模式的主要目标是建立和维持商业伙伴间长期的稳定的关系。商业伙伴间长期的稳定关系带来下面三个结果：纵向一体化很少，对高效率的专门化资产的积极投资，不太活跃的企业控制权市场。另外，日本企业治理模式还表现出其他特别的优越性，例如可以克服分散的小股东对于企业经营缺乏监督能力和动力的问题，以及解决由于敏感的股票市场可能造成的企业投资不足等问题。因此，由于日本企业治理模式的上述优越性，使得日本企业更注重企业的长远发展，获得更好的交易效率。

（二）日本企业治理模式的缺点

主要缺陷有以下几点：一是企业间的交叉持股扭曲了日本国内的产品市场，企业集团在维护共同利益的同时扼杀了优胜劣汰的竞争机制，在一定程度上保护了低效率的企业。同时这种机制也给新的市场竞争者，尤其是国外竞争者筑起很高的进入壁垒。企业间相互持股的最终结果是将日本的市场经济扭曲为大财阀垄断的畸形市场经济，造成一种不完全竞争的市场结构。二是"主银行制"导致"泡沫经济"的产生。20 世纪 80 年代以来，日本中央银行以扩张性的货币政策支持经济增长，使证券市场和房地产市场出现了轮番上涨的震荡。与此同时，银行为了招揽生意，不但向公司进行大量的贷款，而且还为自己的关联公司寻求发行外债的途径，这样就助长了公司的过度扩张。所以，主银行制被看做是日本"泡沫经济"形成的一个重要原因。三是扭曲了股票价格的调节机制。由于股东持有股票的目的不是获得较高的股息和红利，而是为了使企业股权稳定，彼此相互支持和相互控制。这在很大程度上导致股票价格不能及时、准确地反映企业的经营绩效。加之法人或银行控股的企业没有规范的信息披露制度，缺少股东的严格监督，以致企业的经理和普通员工可以联合起来结成内部人同盟，利用信息不对称和产权不清晰的制度缺陷侵蚀银行存款和法人的资产。[①]

第三节　家族控制型企业治理模式

家族控制型企业主要存在于东亚的韩国、东南亚的新加坡、马来西亚、泰国、印度尼西亚、菲律宾等国家。这种治理模式的主要内容是：企业与所有者家族几乎合二为一，企业所有权与经营权不分离，企业的主要控制权在家族成员中配置。这种模式的特点是具有血缘、亲缘和姻缘关系的家族成员掌握着企业的所有权，同时绝大部分的企业经营权也由家族成员把持，企业重大事务的决策程序按家族事务的决策程序进行。究其实质，家族控制型企业治理模式也属于内部人控制体系的一种，家族控制型企业的创立家族为了保证对于企业的占有和控制，通过复杂的交叉持股实现对企业的所有权和经营权，国家则通过控制金融系统在微观经济运行中发挥重要作用，政府官员以国家名义对企业事务直接干预。这种模式最大的弊端是企业的大股东也就是控股家族"一股独大"，经理人很容易通过串通部分大股东控制企业的重要决策，为了谋取私利而侵犯小股东和其他利益相关者的利益，最终形成对"内部人控制"的失控。因此，虽然这种企业治理模式曾经一度被广泛认为是东亚经济增长的"发动机"。然而在东亚经济危机以后，大量的研究表明，这种企业治理模式同时是导致东亚经济危机的一个重要原因。

一　高度集中的所有权与控制权结构——家族控制

股权集中是内部控制型企业治理结构的特点，而家族控制型企业的所有权更是高度集中。同时在企业中，处于绝对控股地位的是企业主或其家族成员，形成了一种股权高度集中于家族成员或家族性的私人企业。另外，为了保证家族对企业的控制权不丧失，家族控制型企业往往采取很多措施使企业的股权结构呈现超稳定状态，他们往往不愿意采取任何使控制权分散的股权融资形式。甚至，家族企业不把企业财产所有

---

① 刘豪晔：《日本经济持续低迷的制度分析》，《中国软科学》2001 年第 11 期。

权与企业所有权进行区分，因而也就不可能实现企业产权的公开化、社会化和多元化。即使有些家族控制型企业由于某种原因愿意上市，将部分股权让渡给社会公众持有，但是家族本身仍然会采取相应措施来确保家族对企业最大股权的控制。总而言之，家族控制型企业的股权高度稳定且高度集中于控股家族及家族成员手中，是这种类型企业所有权结构的重要特点，也是理解这种类型企业治理结构的关键。见表 3－2。

表 3－2　东亚地区家族控制型上市企业的股权结构（以股票市值加权计算）

国家和地区	被观察企业数（家）	公众持股（％）	家族持股（％）	政府持股（％）	分散型投资机构持股(％)	分散型企业持股（％）
中国香港	330	7.0	71.5	4.8	5.9	10.8
印度尼西亚	178	6.6	67.3	15.2	2.5	8.4
马来西亚	238	16.2	42.6	34.8	1.1	5.3
菲律宾	120	28.5	46.4	3.2	8.4	13.7
新加坡	221	7.6	44.8	40.1	2.7	4.8
中国台湾	141	28.0	45.5	3.3	5.4	17.8
泰国	167	8.2	51.9	24.1	6.3	9.5

资料来源：Claessene，Djannkov & Lang（1999）"Who Controls East Asian Corporations？" World Bank 1999。

　　另一方面，在家族控制型企业中，家族不仅处于绝对控股地位，而且也牢牢掌握企业的经营管理权，因此东亚企业的所有权一般与控制权基本保持一致。家族对于企业经营管理权的控制一般分为两种情况。一种情况是企业经营管理权主要由有血缘关系的家族成员所控制，另一种情况是企业经营管理权由有血缘关系的家族成员和有亲缘、姻缘关系的家族成员共同控制。在实践中，家族控制型企业实现企业控制权的方法多种多样。[①]但无论是哪一种情况，家族企业的治理结构一般都不可能摆脱家长制作风，这在某种程度上也影响了企业的效率。同时，为了使家族企业的企业控制权牢牢地掌握在控股家族手中，控股家族会将控制权在家族内世世代代相传。如 1994 年评选出的 1000 家最大华人企业中，董事长和经理之间

---

　　① 如李锦记独创的"家族宪法"和家族委员会，以及提出的"家族利益而非企业利益至上"的理念，就是家族企业的一个典型范本。

有亲属关系的占82%，只有18%的企业雇佣没有亲属关系的职业经理。台湾最大家族企业中有95%的总裁都是让自己的儿子作为直接接班人。[①]

二　企业集团与金字塔式结构

在东亚，家族控制型企业逐渐形成了规模巨大的家族企业集团，而这些家族集团往往掌控多家上市企业。其中如印度尼西亚、菲律宾和韩国的大多数企业都归属某个企业集团，中国香港、马来西亚和泰国归属集团的企业占40%以上，只有新加坡和中国台湾归属集团的企业比例低于20%。

东亚家族集团为了实现对旗下众多企业的终极控制，采取了一种金字塔式结构的企业组织系统：位居金字塔顶层的终极控制人通过层层持股以较小比例的股权投资实现对底层成员公司的有效控制。同时，集团成员企业不仅与顶层控制人之间具有金字塔式结构，成员企业之间往往也具有复杂的交叉持股关系。这种金字塔结构大大提高了控制者的控制能力，可以起到四两拨千斤的功效。因此，这种企业组织形式在东亚比较普遍。比如，如果以20%作为控制标准，东亚各国和地区平均共有40.8%的企业的控制者采取金字塔式结构控制企业，其中印度尼西亚最高，为66.9%，泰国最低，仅为12.7%。

这种金字塔式结构的企业集团组织形式导致了市场的垄断。在东亚绝大多数国家和地区，众多企业的最终控制权往往被少数几个家族掌握。最终甚至导致少数几个家族掌握了东亚绝大多数国家和地区的经济命脉。印度尼西亚和菲律宾全部市场资本额的1/6都在一家最大的家族企业控制之下，而有超过一半以上的上市公司资本额都由10个家族企业所掌管。中国香港的经济是由一个强大的家庭网络所支撑，15个大家族控制了35%的股市总市值，相当于GDP的84%。另外，74%的上市银行是由家族所控股。[②] 在中国香港最大的企业集团——李嘉诚财团中，李嘉诚家族控制25家企业，其中和记黄埔企业的市场融资量居香港第2位、长江实业企业居第6位、香港电气企业居第13位、道亨银行居第22位，以致欧洲议会的一份报告将香港称为"李家之城"。

---

　　① 石劲磊：《公司治理：理论、模式与中国上市公司实践》，博士论文，厦门大学，2003年。

　　② 栗战书：《中国家族企业发展中面临的问题与对策建议》，《中国企业管理报》2002年第8期。

三　外部约束机制

东亚国家外部治理主要依赖于强有力的政府干预，这一方面是由东亚企业的股权结构所致，另一方面与东亚各国的历史背景有着密不可分的关系。第二次世界大战之后，东亚各国摆脱殖民统治，为经济发展提供了前提条件，发展经济成为各国发展战略的重中之重。为了能在最短的时期内赶上发达国家的经济发展水平，各国均不同程度地采用了赶超型的经济发展战略。这种发展战略最显著的特色是强有力的政府具有强烈的经济建设意识和强大的导向作用。其主要方法是确定一些重点产业加以扶持，而扶持的主要方式是干预银行按政府的意图提供贷款，从而使银行成为政府政策的工具。因此在这些国家中普遍存在金融压抑的现象。如韩国，在整个所谓的"汉江奇迹"①期间，银行一直扮演的是"提款机"的角色。政府以自身信用为国内金融机构提供无限担保，从而保护和扶持金融机构的发展壮大。企业的生产经营活动只要符合政府的宏观经济政策和产业政策的要求，不管其资产质量如何，投资前景如何，都会得到银行源源不断的贷款。但另一方面，对于那些非重点支持产业，银行则给予较少支持，它们很难从银行获得融资，不得不依靠内源融资。由于政府在很大程度上直接控制企业融资，因而这种企业融资制度被称为政府主导型融资，韩国经济也被称为政府主导型经济结构。在韩国，金融监管作为政府宏观调控的手段，主要是为短期的政府宏观经济政策目标服务。

由于股权高度集中于家族手中，虽然东亚某些地区如中国香港、中国台湾和新加坡的股票市场较为发达，但是对控制权市场仍难以发挥作用。在东亚企业中，企业股东与经营者的身份经常合二为一，东亚企业经理的经营权是基于其作为家族成员的身份获得的，与其专业管理才能并没有直接联系。东亚企业既不能像美国企业那样通过外部经理市场实现对企业经营者的竞争约束，也不可能像日本企业那样通过内部经理市场实现对经营者的竞争约束。虽然随着企业的上市以及企业规模和业务范围的不断扩张，东亚国家的家族企业也在不同层面成功地吸收了职业经理人进入企业，但是他们这种做法从来不会也不可能以削弱家族对企业的控制力为代

---

① 这是韩国经济今天成功的一种说法，如韩国从 1962—1994 年经济实现年均 9% 的增长，人均 GNP 从 87 美元增至 10548 美元。

价。另一方面，由于东亚企业这种强有力的家族控制，也使得银行、员工、客户等利益相关者不可能参与企业治理。

四   对东亚企业治理模式的评价

东亚企业治理模式最大的优势是企业利益和个人利益几乎同步。东亚家族企业的管理者和经理人员都有不小的持股比例，根据统计，中国香港股市中有 67% 的上市公司是由家族所控股，而 53% 的上市公司的高级经理人与控股股东有着亲戚关系。[①] 这使得企业所有权、控制权与经营权高度统一，实现了双重激励和约束机制，这是东亚家族治理模式的主要特征。这种治理结构具有多种优势：一方面，所有权、控制权与经营权高度统一的家族治理结构能够有效降低内部的交易成本，另一方面，双重激励可以最大限度地提高内部管理的效率，实现资源的优化配置。东亚家族治理模式的这一优势，在东亚地区创造令世人瞩目的经济奇迹的过程中，可谓功不可没。

但是，东亚家族治理模式的缺陷也是显而易见的。东亚企业的治理模式直接导致企业信息披露不充分，企业缺乏诚信和问责机制，从而使得家族股东"剥削"小股东利益的现象屡见不鲜。在所有权与控制权分离（东亚企业主要体现为小股东的）的现代企业中，当控制者获得的控制权达到一定的临界点时，控制者就会获得全面控制权。其后由于责任不对称和激励不兼容，就存在控制者利用控制权获取私人利益的激励，出现损害小股东利益的现象。由于企业缺乏透明度，许多家族控制者在企业中一手遮天，更有可能通过"暗箱"操作，侵害小股东利益，从而谋取私人利益。世界银行有关专家曾对东亚 2658 家公司进行研究发现，所有权集中度与公司绩效呈正相关关系，而控制权集中度与公司价值呈负相关关系。通常在上市公司中，公司控制权集中度越高，所有权与控制权分离度越高，负相关关系越突出。[②]

其次，东亚企业这种家族的继承方式也使得董事会在选择接班的代理人时缺乏有效的市场约束。家族继承的方式固然保证了家族对于企业的绝

---

① 栗战书：《中国家族企业发展中面临的问题与对策建议》，《中国企业管理报》2002 年第8 期。

② 郭富青：《从中小股东的视角看股权集中与分散两类公司治理模式》，《公司法评论》2008 年第 1 期。

对控制，但是却使得高素质的外部经理人难以进入，为企业所用，从而降低了企业的竞争力。

再次，有研究表明，东亚企业高度集中的家族控制对所在国家或地区的司法效率和法制水平也存在负面影响。由于东亚国家和地区的经济控制在少数家族手中，受这些企业的影响甚至支配，政府难以建立高透明度的市场体系，更无法强化对小股东的法律保护。因此，东亚企业对于经济的控制力影响到这些国家和地区的法治建设，如在家族控制集中度高的印度尼西亚、菲律宾和泰国，其司法效率普遍不高，印度尼西亚和菲律宾还表现为腐败严重。

关于东亚企业所有权的高度集中的家族控制特征对企业治理的影响，理论界存在两种不同的观点：内部市场理论和控股股东压榨小股东理论。这两种观点从不同角度对东亚企业治理模式进行解读。在经济欠发达国家，由于市场不完善，企业通过集团化进而实现多样化之后，并不损害企业绩效。相反，在经济发达国家，有证据显示企业多样化之后，其绩效会下降。这表明多样化具有内部市场的功能。内部市场理论认为，究其原因，在经济欠发达国家，外部市场不完善导致了资源配置的无效率。内部市场的存在为加入集团的企业提供净收益，而且这可能是在欠发达国家降低交易费用的最佳方法。在经济发达国家，由于外部市场发达，集体化实际上徒增了企业多样化的成本，因而会降低企业的价值。控股股东压榨小股东理论认为，如果控股股东所有权与控制权不相称，在控制权高于所有权的情况下，就会出现责任不对称、激励不兼容问题。因此控股股东就会具有压榨小股东的激励，容易从事机会主义行为。通过集团化实现多样化之后，大股东往往牺牲小股东的利益，获取私人利益。

第四节　经济全球化背景下企业治理模式的演进趋势分析

不同的企业治理模式体现出企业治理模式多样性的特点。从企业治理模式的发展趋势来看，随着经济全球化的发展，不少学者认为：全球化正在使得各国企业治理模式日益趋同。在 1999 年，世界银行和 OECD 联合许多机构创办了全球公司治理论坛，以推进全球企业治理实践。这在无形中似乎给各国企业指出了一个企业治理模式的趋势，没有跟上这种趋势的国家或者企业甚至被认为是国际竞争力在衰减。但是，也有一些学者认

为，各国企业治理模式可能会做出一些微调，但仍会保持其多样性的
特点。

一　企业治理模式趋同论的观点

随着全球化进程不断向深化的方向发展，各国之间的经济、贸易、文
化、政治等的交流与合作日益增多，跨国界的物流、资金流和信息流带来
不同的非正式约束（如习俗等）也开始跨越国界发挥作用。这些与全球
化相伴而生的新变化无疑将对各国制度的变迁产生深远影响，自然也会波
及公司治理领域。政界、业界与学术界已经开始关注全球化背景下公司治
理制度的动态演进问题。目前，对于全球化作用下各国公司治理制度的演
进方向产生了两种截然不同的观点：一种观点认为全球化将迫使各国的治
理制度走向趋同；另一种观点则强调制度变迁的路径依赖效应与制度的互
补性，认为各国将继续保持各自的企业治理特色。①

趋同论的观点又分为四种：趋同于英美模式的观点；趋同于德日
模式的观点；趋同于混合模式的观点；趋同于某种未知模式的观点。
其中，趋同于混合模式的观点最有代表性。这种观点认为：一种结合
英美模式和德日模式的混合模式将会在全球竞争中最具有生命力和优
势。1998 年，由来自美国、英国、法国、德国和日本的六位著名管理
人员及董事撰写的《OECD 全球公司治理报告》认为，全球公司治理模
式趋同的结果不是英美模式，也不是德日模式，而是这两种模式的一
种调和与折中。这种观点实际上隐含了这样一个前提：没有任何一种
模式在企业治理的每一方面都是最优的，相互之间的取长补短才可能
使治理效率得以提高。同时，持这种观点的学者都普遍认同以下两
点：一方面，一个国家或企业选择哪种治理结构是由市场力量来决定
的；另一方面，这种选择具有路径专用性。

趋同论观点举出的主要论据是各国企业治理模式都出现了新的
变化。

（1）英美模式的股权结构由分散向集中转变，其"用手投票"的
内部监控的力度逐步加强，主要表现在：机构法人股东持股比例上升，

---

① Guillén M. F., 2000, Corporate Governance and Globalization: Is There Convergence Across
Countries, Working Paper, The Wharton School.

而且具有稳定性；政府开始放松对金融系统的管制，使银行在监控企业方面的作用有所提高；企业开始重视长期激励，改变企业经营者短期行为和企业员工的短期雇佣方式，更加重视调动职工的积极性。

（2）德日模式的股权结构开始由集中趋于分散，吸收"用脚投票"的合理内核，逐步开始重视"外部监控"的作用。主要表现在：重视个人股东的角色，加强证券市场的发展；弱化银行对企业的直接控制；企业负债率呈下降趋势；交叉持股的数额减少。

（3）家族控制模式的股权结构中对家族外股东的限制开始放宽，同时吸取"外部监控"和"内部监控"的合理因素。主要表现在：放松政府对企业的直接干预，强调银行和其他机构投资者的作用；重视中小股东和外部股东的作用；股权开始分散化。

趋同论认为，各国治理模式趋同的主要驱动力是全球化的推动和各国企业治理模式在竞争中表现出的缺陷。首先，随着经济全球化和经济自由化的发展，全球市场的逐渐形成，企业面临的竞争压力越来越大，这一切都推动了企业治理结构的变革。其次，产品市场的全球化和金融市场的全球化要求扫除由于各国公司法律不同而带来的法律障碍，协调各国在企业治理结构方面的法律原则。可以说，企业治理模式的国际趋同和协调也是经济一体化的内在需要。最后，各国企业治理模式在各自的发展过程和相互竞争中，既发挥出彼此不可替代的效率和作用，也表现出各自的弊端。这促使各国企业取长补短，相互学习和模仿，从而导致了各国企业治理模式的趋同。①

二　反对趋同论的观点

尽管许多学者都认同趋同论的观点，但是，仍有一部分学者认为，企业治理模式在长期内仍将保持多样化的状态，趋同于某种治理模式的观点不仅在理论上存在着逻辑上的漏洞，在实践中也是不可行的。②

（一）法律观点

这种观点从法律的角度指出，某国的公司法不仅仅与社会习俗密

---

① 马连福：《公司治理模式趋同化初探》，《南开经济研究》2000 年第 2 期。

② 贾生华、陈宏辉：《全球化背景下公司治理模式的演进趋势分析》，《中国工业经济》2003 年第 1 期。

切有关，而且与其他的法律如银行法、劳工法、税法、竞争法紧密相关。世界上不同国家的复杂的法律和管制体系各有千秋，它们演进的方式有路径依赖性，具有抵制变革的天性。在不同的法律背景下形成的企业治理模式必然呈现出不同的形式和特点，因此，认为各国企业治理模式将趋同的观点在实践中必将遇到来自不同法律规制和传统的抵制，因而不可能成为现实。LLSV ①在他们的一系列有影响的论文中认为，世界上公司治理模式的多样性从根本上来讲是源自于股东试图克服法律对投资者保护的不足。相对于普通法系国家而言，那些法律传统对投资者保护相对较弱的国家和地区（如德国、斯堪的纳维亚地区、法国等）就拥有较高的股权集中度。哥伦比亚大学法律学教授M. Roe 的研究也表明，美国的立法传统一向有一种倾向：限制银行的活动、给予管理层对工人的控制特权、对交叉持股所获得的分红进行征税、对同一产业中企业之间的合谋制定严格的限制条件。凡此种种必然鼓励企业外部治理的形成和发展。与此相反，德国和日本却拥有一套不同的法律体系和管制方法，它们更加支持各个层次之间广泛的合作关系，因而企业更加依赖于内部治理。因此，从法律的角度反对趋同论的学者认为，各国公司治理模式的形成并非是偶然的，而是与各国的法律规制密切相关，并不存在着趋同，选择公司治理模式必须考虑现有的法律传统。②③

（二）制度观点

有一些学者从制度的生成与演化规律出发，认为一个国家的企业治理制度并不会脱离其他的制度特征而孤立存在，试图从理论上抽象地确定出最佳的企业治理实践或模式是徒劳无益的。这种观点最基本的分析思路是将企业治理看成是一种制度性安排，认为在一个国家实行的企业治理结构必然会有利于这个国家及其企业形成特定的竞争优势，否则这

---

① 20 世纪 90 年代中后期，拉波塔、洛配兹·西拉内斯、安德烈·施莱弗和罗伯特·维什尼四位学者，通过整理多国的政治、法律、宗教、文化和经济等方方面面的量化数据，第一次明确将法律因素引入到解释金融发展和经济增长的具体研究中。由于他们经常一起署名发表文章，学界简称 LLSV 组合。他们的理论成就体现在两大领域：一是法与金融宏观理论，二是法与金融微观理论。

② 拉波塔（La Porta），R.，F Lopez‑de‑Silanes, A. Shleifer and R. Vishny, 1998, Law and Finance, Journal of Political Economy 106, pp. 1113 – 1155。

③ Ibid.，pp. 471 – 517.

种制度将不能应对激烈的全球竞争从而难以长久生存。事实上，不同的企业治理模式的确使得许多国家与企业在全球经济活动中脱颖而出。例如，德国的教育和产业制度的主要特征包括二元学徒体系、管理层与工会的充分合作、二元董事会结构安排、注重实践过程，这使得德国企业在高质量、技术密集型产业中出类拔萃。法国的精英工程教育制度以及公私混合经营模式也已经使其企业在需要规模效应的技术领域，如高速列车、卫星发射火箭、核电生产中表现优异。日本企业的治理依赖于由会社组织（Keiretsu）所提供的紧密稳定的多层次联系，从而在世界范围内赢得了广泛的竞争优势。而美国文化则注重个人主义、创新精神，其产品和服务在员工技能、知识运用或者风险资本方面具有很高的密集度，而由资本市场驱动、以股东利益为中心的企业治理模式无疑最适于这种文化和制度背景。对亚洲、拉丁美洲及南欧的新兴工业化国家和地区的研究也同样会发现，由于其文化、习惯、风俗、制度的差异，这些国家和地区之间企业治理模式的多样化分布随着时间的推移日渐增长，从未曾减少。① 可以说，各国多姿多彩的企业治理模式与各国的制度安排息息相关，在长期发展中形成了具有各个国家和地区自身特色的竞争优势，因此，各种不同的企业治理模式很难"趋同"。

（三）政治观点

第三种观点认为，各种不同类型的企业治理模式的形成也与各国政治团体利益斗争息息相关。历史证据表明，20 世纪 50 年代，德国与法国面临着马歇尔计划者及其顾问们施加的压力，但是德国与法国的政客、实业家与工人领袖通过有效的政治活动抵制了美国企业治理模式。即使是在美国，企业治理的演变也往往伴随着政治斗争。20 世纪 90 年代，尽管许多管理学家、经济学家、法律专家赞美英美模式中所有权与控制权分离所产生的高效率，但仍有许多机构投资者与经济学家又认为这种体制存在很大的问题。持这两种观点的专家学者发生了激烈的争论，并上升到政治斗争的高度。同时，对于既定企业治理模式的调整往往会引发一系列连锁反应，最后不得不陷入一种政治僵局。例如克林顿

① Ziegler J. N. 1995, Institutions, Elites, and Technological Change in France and Germany, World Politics, 47: pp. 341–372.

政府在 1993 年曾经发起过一次旨在调整工人与管理人员关系的会议，但最终归于失败。那次会议本来是要推进劳工政策的现代化，以允许更多的员工参与企业活动，克服既有治理模式所产生的越来越多的利益冲突。但是，与会的员工代表、工会组织、管理人员、法律专家都反对对现有企业治理体系进行激烈的变更，最后只形成了一些妥协性的推荐意见，政治僵局仍在继续。

三　对企业治理模式的发展趋势预测及解释

笔者认为，随着经济全球化的发展，各国企业治理模式之间确实出现了一定的趋同趋势。究其原因，主要是因为企业治理结构作为一种制度安排，有其自身的形成和发展规律，这导致了企业治理模式发展过程中出现趋同性。在企业治理结构变迁的历史进程中，制度本身是自我实施的对行为的非技术决定的约束，具有自发产生和自我实施的性质。它是参加者各方(物质资本所有者、人力资本所有者以及其他利益相关者)经过协商、谈判、讨价还价后自愿达成一致的结果，是特定历史条件下制度博弈的一种均衡状态。随着知识经济的发展，人力资本所有者在谈判中力量的壮大，企业治理模式将逐渐远离物质资本单边治理，而逐渐趋同于物质资本和人力资本共同治理的模式。

在经济全球化的大环境下，全球对外直接投资的不断增长以及财富积累越来越惊人的跨国企业被认为是全球化的主要象征。企业治理理论的比较研究专家认为，随着跨国企业直接投资和跨国并购的增多，跨国企业会把母国的企业治理模式更多地植入其分布在世界各地的子企业，并带动子企业所在国的模仿与学习。这种模仿和学习也会导致各国企业治理模式的"趋同"。

从长期来看，各国企业治理模式不可能完全趋同，而仍将保持各自的特性，也就是说，企业治理模式的发展趋势仍是多样化并存。

首先，制度的多重均衡特性决定了企业治理模式的多样化存在。按照比较制度分析的观点，在一个完整的制度体系中，各相关制度之间具有一定的一致性和互补性，进而形成了制度之间的多重均衡。也就是说，各种制度之间能够形成相互配合，而不是相互冲突和矛盾。制度的形成是一个选择的过程，一种行为能够转变成为另一种制度安排，取决于选择这种行为所带来的激励，选择的人越多，来自其他制度安排的支持越多，激励也就越大，这就是"进化博弈论"的观点。因此，具有多重均衡制度的形成是一个历史的过程，依赖于固有的历史路径。而制度之间的差异正是由于历史路径的不同造成的。从现实中看，各国企业治理模式存在着显著的甚至是对立的差异，但是这些治理模式在它们所处的经济环境中却是合乎逻辑的和合理的，是处于制度均衡之中的。因此，各国企业治理模式之间差异的原因之一，是经济制度形成过程中的路径差异，进而形成了具有不同特征的制度均衡。

其次，制度的相互学习与模仿并不意味着制度的趋同。各国企业在治理结构上会出现相互学习、相互借鉴，甚至呈现出一定的趋同趋势，这并不能说明企业治理结构必将趋同于某种模式。在企业治理模式的相互竞争过程之中，必然会出现各国企业相互学习和相互模仿，跨国企业的发展更会加快这一过程。但是，这种学习和模仿是建立在各国的国情基础之上的，那些适应当地制度环境和文化特质的企业制度会与当地的企业治理模式相结合，而不适应的企业制度则会被逐渐淘汰。因此，跨国企业在进入一个国家或地区时在给当地带来新鲜的治理模式和企业文化的同时，自身也往往需要调整和变革以适应当地的实际情况。在全球化的背景之下，各国企业要想在激烈的竞争中脱颖而出，在发挥自身治理模式的优势的同时，更需要与当地的政治制度、经济环境、传统文化相结合，不断创新。

再次，目前各国出现的治理模式趋同的种种迹象往往是各国政府主观引导的产物。如近年来英美等国逐渐放松对银行的限制，而德日两国则开始重视"外部监控"的作用。但这种"趋同"仅是政府在面对激烈的市场竞争时，对政府干预政策的一种被动的借鉴和模仿。事实上，在全球的企业竞争中，各种治理模式都曾取得过辉煌的成就，也都曾"各领风骚几十年"。如日德模式曾经引起人们对英美模式的反思，而英美模式在近年来的突出表现又促使日德两国进行改革。这种现象恰好说明：各种治理模式都有其优势和劣势，没有一种"放之四海而皆准"的治理模式，更不可能通过人为的努力去"复制"企业治理模式。

最后，从实践情况看，虽然各种类型的企业治理模式呈现出一些相同的发展趋势，但并不明显，也不足以支持趋同论的观点。贾生华和陈宏辉选择了六个指标来研究20世纪80年代初期至90年代末期全球企业治理模式的演进趋势。这六个指标是：各国对外直接投资占全世界总量的比重、机构投资者的影响力、长期激励手段在 CEO 薪酬结构中所占比重、各国敌意接管交易额占全世界总量的比重、不同类型股东所持有的上市公司股票的比例和银行对企业融资方式的影响。他们得出的结论是：各种企业治理模式在所选定的六个指标上并没有显示出趋同迹象。

　　总体而言，可以得出的结论是：面对全球化日益高涨的浪潮，各国在企业治理的某些维度上进行微调是极有可能的；但在可以看得见的未来时间里，各种类型的企业治理模式的总体趋同是不可能的。虽然全球化的浪潮使国家与国家之间的联系越来越紧密，但这并不意味着各种不同类型的公司治理模式将会趋同。从本质上来讲，任何制度安排，包括企业治理结构，都是特定国家的政治、法律、经济、历史、文化等环境因素的产物。各种类型的公司治理模式之所以能够长期共存，其原因恰好是它们能够最好地适应各自的环境特征，与其制度环境达到了"均衡"。

第四章

企业治理结构变迁的要件

在对企业治理结构变迁的历史进程进行分析总结和对目前世界上主要的企业治理模式进行比较研究之后，就可以在此基础之上建立企业治理结构变迁的分析框架。企业治理结构是以企业所有权安排为核心内容的一整套制度安排，因此它的变迁也将是复杂而且难以把握的。为了更好地理解企业治理结构变迁，首先应对其变迁的基本要件进行分析。

第一节　企业治理结构变迁的主体

关于制度变迁的主体，有两种不同的看法。一种观点认为，制度变迁是一个自然演进的过程，因而制度变迁是无主体的，而且人本身也是受某些制度因素决定，与制度一起变迁的。这种观点可称为社会达尔文主义的变迁观或演进主义的变迁观，最著名的代表人物是哈耶克（Hayek）。哈耶克（Hayek）曾经说过："在各种人际关系中，一系列具有明确目的制度的生成，是极其复杂但又条理井然的，然而，这既不是设计的结果，也不是发明的结果，而是产生于诸多未明确意识到其所作所为会有如此结果的人的各自行动。"① 也就是说，哈耶克（Hayek）认为，社会制度是人们在相互交往的行动过程中，经由"试错过程"和"适者生存"实践而逐渐生成的，并经由一个演进过程而自发扩展的。在哈耶克（Hayek）看来，这种在人们的社会交往的行动过程中经由"试错过程"和"适者生存"的实践以及"积累性发展"的方式而逐渐形成的社会制度就是"自发秩序"。那种"任何个人试图凭据理性而成功地构建出比经由社

---

① ［奥］哈耶克：《自由秩序原理》，中译本，上海三联书店1997年版。

会逐渐演化出来的规则更具效力的规则，都是不可能的"，其结果只能是"致命的自负"。①这种观点来自于对于人类理性有限性的认知。从苏格兰启蒙思想家、斯密、门格尔到哈耶克（Hayek）所承传下来的演进理性主义的思想认为，个人理性在理解它自身的能力方面有一种逻辑上的局限，因为它永远无法离开它自身而检视它自身的运作。同时，个人理性在认识社会生活方面也存在极大的限度，因为个人理性是根植于由行为规则所构成的社会制度之中的，因而人的理性无法摆脱生成和发展它的传统与社会而清醒地、无偏颇地审视和评估那种理性人身在其中的传统与社会。哈耶克（Hayek，1997）认为，人类的最高理性，也就是人们能够清楚地认识到自己理性的有限性。

另一种观点认为，制度变迁完全是由人的意志决定的，是人们设计、选择的结果。因而，制度变迁不仅有主体，而且取决于主体。这种观点可称为建构理性主义的变迁观，最有影响的人物是诺斯（North）。在1990年出版的《制度、制度变迁与经济绩效》一书中，诺斯（North）明确指出，制度是人们创造出来的东西，制度演进着，亦为人们改变着。也就是说，在诺斯（North）看来，制度是人发明、设计和创造出来的，亦是能为人们有意识的行动所任意改变的约束人们行为的规则。

在诺斯（North）那里，制度变迁的主体不一定是制度变革运动特别是大规模运动的领导者，也未必是某种制度的直接设计者或摧毁者。在诺斯（North）看来，只要是有意识地推动制度变迁或者对制度变迁施加影响的单位，都是制度变迁的主体。它可以是政府、一个阶级、一个企业或别的组织，也可以是一个自愿组成的或紧密或松散的团体，当然也可以是个人。一般地，诺斯（North）借鉴熊彼特的企业家创新理论，认为"广义企业家"是制度变迁的主体。他认为，在稀缺经济下的竞争导致企业家和组织加紧学习以求生存，并在学习过程中，发现潜在利润，创新现有制度。这里所说的制度既包括经济组织也包括政治组织。诺斯（North）认为，制度变迁有个人、团体和政府三个层次的变迁主体，这三个层次的制度变迁主体都是追求利润最大化的企业家，这样，诺斯（North）把政府也等同于其他主体，将政府在制度变迁方式、动力、组

---

① ［奥］哈耶克：《致命的自负》，中译本，中国社会科学出版社2002年版。

织实施方面的复杂性、差异性高度简化为企业家的经济行为。①在《经济史中的结构与变迁》(1991)中,诺斯进一步表明,正是国家或政府为这种有效的产权制度提供了必要的制度安排。照诺斯看来,私有产权结构是统治者为满足自己利益最大化的欲望而刻意设计、建构和界定的结果。而意识形态,诺斯(1991)认为,是达成交易的节约成本的工具,其功能在于能够有效克服"搭便车"行为。我们认为,在诺斯的工具理性主义逻辑中,所谓的意识形态实际上是作为制度决定者的统治者在建构和推行其制度安排时,需要社会公众提供共同支持的被大众化的官方价值认知体系。

应该说,哈耶克(Hayek)和诺斯(North)的观点都有一定的道理,但又都不完全符合实际。首先,任何制度都是由人设计或者选择的,无论这种选择是主动抑或被动。即使非正式规则,也是由人加以选择并内化到人们的意识中的。制度变迁就是人否定、扬弃某些规则,肯定、选择或制定新的规则的过程,因此,制度变迁是有主体的。其次,任何制度都不可能仅仅涉及单个主体的利益,因此,制度变迁需要多个主体的参与和认同。制度创新是多个主体力量在各自利益驱动下共同作用的结果,单个主体的意志不可能决定制度变迁的结果。再次,制度变迁的方向和速度取决于各个主体力量的对比,而各个主体力量的对比是由客观条件决定的。随着客观条件的变化,各个主体的力量对比也会此消彼长,力量对比的变化将最终引起新的制度变迁。因此,客观地说,制度变迁既是有主体的但又不完全取决于主体的偏好,而是取决于客观因素。②

按照诺斯(North)对于制度变迁主体三个层次的划分,企业治理结构的变迁主体有政府、企业和各类利益相关者。

一　政府

(一) 政府行为

诺斯(North)对国家行为进行了考察,他所考察的国家具有以下特征:第一,国家为获取收入,以一组服务——诺斯(North)称之为保护

---

① [美]诺斯:《制度、制度变迁与经济绩效》,上海三联书店1990年版。
② 程恩富、胡乐明主编:《新制度主义经济学》,经济日报出版社2005年版。

和公正——与"选民"作"交换"。第二，国家像一个带有歧视性的垄断者那样活动，为使国家收入最大化，它将选民分为各个集团，并为每个集团设计产权。第三，由于同时存在着能提供同样服务的潜在竞争对手，国家受制于其选民的机会成本。诺斯（North）认为，国家的存在是经济增长的关键，然而国家又是人为的经济衰退的根源。这就是所谓的"诺斯悖论"。

他进一步解释，国家对经济增长有着双重作用：如果国家界定和行使有效率的产权，将对经济起促进作用，这种观念源自于"国家契约论"；如果国家界定一套产权，使得权力集团收益最大化而无视它对社会整体福利的影响，这就是有关国家理论的"掠夺论"。因此，国家提供的基本服务是博弈的基本规则，其目的一是为了界定竞争和合作的基本规则（在要素和产品市场上界定所有权结构）；二是在第一个目的的框架中建立有效率的产权，降低交易费用以使社会产出最大化，从而使国家税收增加。

诺斯（North）在肯定国家降低交易费用的同时，还提出了国家身份的矛盾性，即国家是由不同的利益集团所组成的集合体，是不同利益的"均衡者"。制度的变迁或创新会引起利益的重新调整，所以经济政策的选择往往具有政治上的意义。一般来讲，国家是在社会范围内调和社会生产与社会组织之间关系的特殊组织，政府则是国家职能的具体实施机构，国家职能必须由全部国家机构，包括立法、行政、司法等机构协同行使才能完整实现。因此，研究政府行为所指的政府是全部国家意义上的政府。①

政府行为指的是政府作为国家的代表所进行的一切活动。由于政府体现的是国家意志，是行使国家职能的全部国家机构的总和，因此，它在特定经济关系中完全代表了国家，市场主体——国家即政府。因此，政府行为可被概述为在特定市场经济制度下，政府作为市场主体，设立、变更、终止权利和义务的合乎制度规定的行为。

（二）政府在制度变迁中的作用

制度经济学认为，制度变迁方式有强制型和诱致型之分，政府在这

---

① 李纯：《制度变迁过程中政府行为及其对家族企业的影响》，《北京工商大学学报（社会科学版）》2004 年第 6 期。

两种变迁方式中都发挥着不可替代的作用。强制型制度变迁是由政府法令引致的变迁，而诱致型制度变迁则是一群人、一个利益集团（企业家或其他独立利益主体）或一个社会在响应由制度而引致的获利机会不均时所进行的自发性变迁。后者又可以分为正式的制度安排和非正式的制度安排，其中，正式的制度安排中，规则的变动和修改需要得到它所管束的群体的准许或授权，因此，这种变迁需要创新者花费时间与精力去与其他人谈判，以达成一致意见。

在企业治理结构的变迁过程中，诱致型变迁是指企业或者其他变迁主体为适应新的市场竞争或获取更大的利润，而自发组织的制度变迁，其最大特点在于"自发"二字。但即使如此，政府制度供给仍十分重要。原因在于，首先，企业自发组织的诱致型制度变迁需要政府的制度保护和认可，企业作为市场的微观主体，为获取更高的效率而进行的诱致型制度变迁，在许多环节上需要政府法律法规的保护和认可。其次，企业的制度变迁也需要政府从国民经济运行效率的角度进行促进和推广。再次，企业的诱致型制度变迁在全社会的推广也需要借助于政府的统一规范。例如，资本市场中的信息披露制度就是这样。随着委托—代理制的盛行，内部人控制问题日渐突出。内部人控制造成对于股东利益的损害，其主要原因在于内部人拥有比股东更多的关于企业生产经营的信息。市场经济要求股份制企业实行规范的信息披露制度，股东要求内部人披露足够的信息，但这种要求只有在政府法律法规的强制型介入下才更有可能得到满足。这说明，在竞争日趋加剧的情况下，"有效率的组织是经济增长的关键"。而在"有效率的组织"形成的过程中，政府的制度供给至关重要。在诱致型制度变迁过程中，政府的制度供给功能应合理定位于：（1）提供使企业现有制度安排合理运行的宏观制度框架；（2）注重比较制度分析，引导和推广符合国家长远利益的企业制度变迁。

在强制型的制度变迁中更是离不开政府的制度供给。从企业治理结构的强制型变迁的特点来看，其变迁的许多环节都是在政府通过强制型的制度供给下推动和实施的。在这种方式下，开明政府进行的制度供给所秉承的原则是根据国民经济当前及长远利益，有针对性地进行。与诱致型制度变迁方式相比，强制型制度变迁可以在较短的时间内推动制度变迁，并具有较少的制度变迁成本。①

以我国为例，在我国渐进式改革的初始阶段，中央政府是改革的"第一行动集团"，中央政府的制度创新意愿和制度创新能力决定着制度变迁的内容和方向，因此，改革之初我国实施的是供给主导型的制度变迁方式。其特征是：(1)中央政府凭借行政命令、法律规范和利益刺激，在行政系统内自上而下地规划、组织和推行制度创新。(2)制度创新的目标函数是中央的制度创新收益。即只有当权力中心所获得的制度收益大于其成本时，实际的制度变迁才发生。在比较制度创新的成本收益时，由中央政府在国家和中央的角度研判制度创新的得失利弊，更多地考虑宏观因素。这种情况下，尽管潜在的制度创新的收益会诱发微观主体如地方政府和企业的制度需求，但微观主体的收益大小并不能成为制度创新的目标函数。(3)中央政府对制度创新设置严格的进入壁垒。其他利益主体，包括地方政府和企业没有中央的授权不能进行制度创新。

（三）政府推行制度变迁的困难

政府在市场经济条件下以强制型制度变迁的方式实施制度创新存在着诸多困难。首先，政府双重目标的矛盾。在这种制度变迁方式下，中央政府提供和保证新制度供给具有双重目的：一方面要通过新制度的实施降低社会交易费用，实现社会总产出的最大化；另一方面又要保持中央政府对包括政策供给在内的经济资源的控制，并力图在制度创新过程中获得最大化的垄断租金。前者要求放松政府尤其是中央政府管制，刺激地方政府和微观主体的创新意愿和创新机制，从而建立促进经济增长的有效率的体制；后者则要求设置制度创新壁垒，寻求中央政府垄断租金最大化，为此不得不容忍低效率产权结构和相应体制的长期存在。这种相互矛盾的双重性与中央政府力图减小体制变革带来的社会震荡，保持经济与政治的协调稳定具有密切关系。实际上，中国之所以选择渐进式的改革道路，也正是基于这种考虑。

其次，政府在强制推行制度创新的过程中可能会缺乏激励。假定政府纯粹从国民总产出角度出发，那么，只要是有利于国民财富增进的制

---

① 周明生、梁浩：《我国企业制度变迁中的政府制度供给研究》，《南京大学学报（哲学·人文科学·社会科学)》2003 年第 6 期。

度创新就必将实施，但事实上中央政府并非如此。作为权力中心，它必须要保证强制型制度变迁的预期收益高于成本，才有动机去消除某种制度的不均衡。更进一步说，如果制度变迁虽然能够增进政府的收益，但这种变迁将导致自己的潜在竞争集团的收益更大，或者将降低自己的权威，则原有的制度仍将保存下来。正如林毅夫指出："统治者只有在下面这种情况下才会采取行为来弥补制度创新的供给不足，即按税收净收入、政治支持以及其他进入统治者效用函数的商品来衡量，强制推行一种新制度安排的预计边际收益要等于统治者预计的边际费用。"[①] 因此，在某些情况下，中央政府可能缺乏推行制度创新、提供制度供给的动机。[②]

（四）我国政府在制度变迁中的行为转变

在我国企业治理结构的变迁中，尤其是在国有企业治理结构的变迁过程中，政府起着重要的作用，是一种政府主导型的制度创新。而政府主导型变革的特点主要是通过政策来实现变革目的的，是一种政策治国。政策治国指的是在处理社会、经济、政治及公共事务时以政策而不是以法律和制度为主要的施政手段。这种方法的优点是能够做出灵活的反应，并且执行起来迅速、有效。缺陷在于：法治薄弱、机构庞杂，政策随意更改，行政裁量权过度。更为严重的后果是，如果使用过度会造成人们对政策的厌烦，导致政策失效。另外，政策治国缺少制度上的纠错机制，且直接成本和间接成本过高。在我国向市场经济的过渡过程中，要求政府发挥更大的组织、指导和协调作用，但这并不意味着一味扩大政府的权力，而是应尽力缩小政府的干预范围，从行政手段转向通过宪法、法律和公平的司法来保障公民的财产权利和经济自由。在现代市场经济下的政府行为中，要由政策治国向法制治国转变，法制治国主要是依靠制度和法律治理。法制治国并不意味着排斥政策治国，法制治国能使权力受到制度和法律的制约，保持政策的协调性和连续性。可以讲，法制治国是市场经济的必然

---

① 林毅夫（1994）认为，国家维持一种无效率的制度安排和不能采取行动来消除制度不均衡的原因有五点：统治者的偏好和有效理性；意识形态刚性；官僚机构；集体利益冲突；社会科学知识的局限性。

② 薛纲：《地方政府在制度变迁中的作用》，《湖北财税（理论版）》2001 年第 9 期。

要求。①

　　自从江泽民同志于 2002 年 5 月 31 日在中央党校省部级干部进修班毕业典礼上发表讲话以来，各地掀起了学习贯彻"发展社会主义民主政治，建设社会主义政治文明，是社会主义现代化建设的重要目标"的重要精神。许多学者认为，社会主义政治文明建设主要包括坚持和完善社会主义民主制度、加强和改善党的领导、健全社会主义法制并实行依法治国等。因此，依法治国将成为我国政府推动改革、全面建设小康社会的重要方略和内容。

二　企业

　　在企业治理结构变迁中，企业必然成为一个有效的经济组织，是制度变迁最重要的推动和实施主体。这表现在：

（一）企业的治理观决定了企业治理结构变迁的方向和内容

　　企业治理观指的是对于企业治理结构的根本认识，如回答什么是企业治理结构，它是怎样运作的等。传统上有两种企业治理观：股东治理观（shareholder – governance perspective）和利益相关者治理观（stakeholder – governance perspective）。股东治理观认为，企业治理的主要目标是解决所有者与经营者之间的关系，使所有者与经营者的利益保持一致。其核心问题是如何降低代理成本，确保所有者的利益。从这种观点出发，股东治理观将企业治理目标确定为股东价值最大化。利益相关者治理观认为，企业治理是指有关企业剩余控制权或剩余索取权分配的一整套法律、文化和制度性安排，这些安排决定包括企业目标是什么等一系列问题——谁拥有企业，如何控制企业风险和收益，如何在企业的一系列组成人员包括股东、债权人、职工、用户、供应商以及企业所在的社区之间分配等。从这种观点出发，利益相关者治理观认为应把社会财富最大化作为企业治理的目标。在企业治理结构的变迁过程中始终贯穿着这两种治理观的斗争。从历史的角度来看，所有者单边治理、所有者经营者共同治理都是股东治理观影响之下的治理结构；而所有者、经营者与其他利益相关者"共同治理"则是在利益相关者治理观影响之下诞生的治理结构；大股东治理

---

　　①　刘军宁：《市场经济与制度治国》，九鼎公共事务研究所，http：//www. jiuding. org。

的企业治理结构则可以看做是对股东治理观的回归。因此，企业对于治理结构的看法极大地影响了企业治理结构的变迁。从世界各国不同的企业治理模式来看，各国企业对于企业治理的不同观点更是决定了本国的企业治理模式。

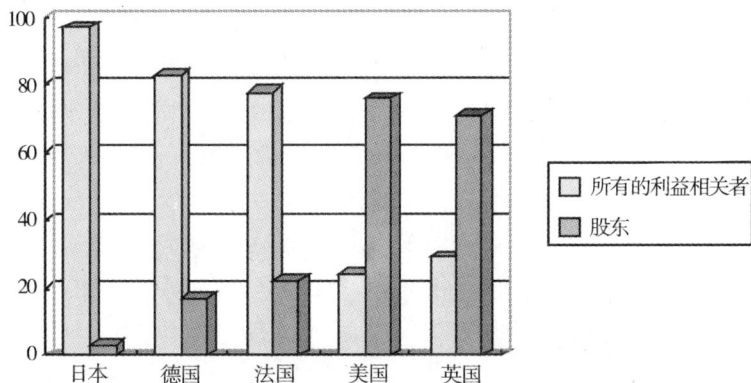

图 4 - 1　它是谁的公司

注：所调查的公司数量：日本，68；美国，82；英国，78；德国，100；法国，50。

资料来源：Masaru Yoshimori，"Whose Company Is It? The Concept of the Corporation in Japan and the West"．长期计划杂志 Long Range Planning，Vol. 28，No. 4，pp. 33—44，1995。

摘自 Institute of Fiscal and Monetary Policy（1996），图Ⅲ—2，p. 57。

转引自胡鞍钢、胡光宇编《公司治理中外比较》，新华出版社 2004 年版。

图 4 - 1 显示了在 5 个国家中选取主要公司为样本，在下列两个备选项中高层经理们选择的结果。

（1）一个公司是为了所有利益相关者的利益而存在的（浅色柱）。

（2）股东利益应该具有第一优先权（深色柱）。

在这项对于公司经理的调查问卷中显示，在日本，97% 的压倒性意见认为所有利益相关者是重要的，而只有 3% 的人认为股东利益应该放在首位。德国和法国同日本相似，分别有 83% 和 78% 的人认为公司是为所有利益相关者而存在的。而另一方面，美国和英国的经理们中的76% 和 71% 的大多数人认为股东利益应该是被放在首位的。虽然这只是高层经理们的意见，但也足以说明，一国企业的治理观与该国企业治理模式之间具有直接的关系，这也可以从另一个方面解释各国在企业治理结构变迁中的巨大差异。①

（二）企业治理结构的变迁往往从少数企业的创新开始

企业作为市场经济中的微观经济主体，其主要目标是利润最大化，为了追求利润最大化，企业不断地进行着技术和制度两个方面的创新。从企业制度的发展历史上看，每一次企业制度的变革往往都是从少数企业的创新开始的。任何制度变迁都是成本—收益分析的结果，而由企业发起的治理结构的变迁更体现了这一点。当一种新的制度在市场竞争中表现出巨大的效率和竞争力后，就会被其他企业竞相效仿，从而带动新一轮的企业制度创新。相反，如果一种对现有治理结构的改革或创新不能带来应有的效率或者成本太高，那么就会在市场竞争中被迅速淘汰。因此，历史上企业治理结构的多次变迁都是由企业自身发起并实施的。在国际市场的竞争中，企业的相互学习和模仿表现得尤为明显。曾经一度，日德企业的稳定发展促使英美等国开始反思本国的企业治理结构，而近年来英美企业的高速发展又推动日德等国开始对本国的企业治理结构进行调整和改革。

（三）即使由政府发起的强制型制度变迁也离不开企业的作用

在政府主导的强制型制度变迁中，企业也发挥着不可或缺的作用。首先，企业对制度的需求也会促使政府进行制度创新。其次，由政府主导的制度变迁需要企业的信息反馈和支持，没有企业提供的信息，政府不可能做出科学合理的决策。最后，政府提供的制度供给需要企业的认可和支持。如果政府制定的制度不合理，企业就会以各种方式进行对抗或扭曲，即出现"上有政策，下有对策"的情况。这种情况在国有企业改革中表现得尤为明显。因此，强制型的制度变迁最终还要靠企业的支持才能真正完成。

企业作为企业治理结构变迁的主体，其作用的发挥也经历了一个从被动到主动，从次要主体到主要主体的过程。最初，企业的制度创新往往是对外在的市场竞争和制度环境变化的被动反应，因而在治理结构的创新上表现出企业间的盲目模仿和对外在环境的被动反应。企业作为治理结构变迁主体的地位不够突出，其影响力也不明显。随着企业治理理论的发展和全球化对企业竞争的推动，企业开始主动地进行制度创新，

---

① 胡鞍钢、胡光宇编：《公司治理中外比较》，新华出版社2004年版。

并开始对制度环境进行主动改造。许多国家的企业对本国的政治制度、金融管制、市场环境开始发挥不小的影响力。

三 各类利益相关者

除了政府与企业这两类企业治理结构变迁主体而外，各类利益相关者也是推动企业治理结构变迁的重要主体。关于利益相关者的概念界定一直存在争议。笼统地说，利益相关者指的是与企业有利害关系的人（包括自然人与法人），他们因参与企业活动而承担不同程度的风险，其中包括股东、经理人、员工、债权人、雇员、客户、供应商、社区等。但是另一方面，有的学者将利益相关者的范围无限放大以至于将自然界等都纳入其中，反而导致研究中的障碍。因此，"利益相关者"概念的范围不宜过大。大部分学者认为，与企业具有企业契约关系的个人或团体才是利益相关者。

利益相关者由于其与企业的紧密关系而成为企业治理结构变迁的主要推动者。根据企业契约理论，企业就是一组连接各类利益相关者的契约。在这一组契约中，各类利益相关者的目的是自身收益最大化；由于不同主体的效用函数和约束条件的差异，他们对同一制度安排的收益和成本会产生不同的评价，要求全体行为主体对每一制度安排作出一致协议或一致同意是不可能的；因此，各类利益相关者就会竭力争取对自身有利的制度安排。这种争取既可以表现为与其他利益相关者的斗争、谈判，也可以表现为改变自身参与企业治理的方式方法。无论采取何种方式，都会在不同程度上推动企业治理结构的变迁。

利益相关者对企业治理结构变迁的参与是一个渐进的过程。在20世纪初，利益相关者还只是作为企业的外在影响因素存在，不参与企业内部治理活动；在20世纪60—80年代，利益相关者作为与企业相互依存的群体开始被人们关注，但仍然只是对企业的经营决策产生一些微弱的影响；20世纪80—90年代，在企业战略分析、规划和实施中开始重视利益相关者的作用，并影响到企业的行为目标，利益相关者治理模式也逐渐为人们认识；到今天，利益相关者已经成为一个成熟的企业治理主体，开始参与企业所有权的分配。

举例来说，近年来，在各类利益相关者中，机构投资者在企业治理中的作用日益增强，对企业治理结构的变迁起到了重要的推动作用。就美国目前的股权结构而言，机构投资者（退休基金、养老基金、投资基金等）在美国企业资产中的比重不断上升。美国机构投资者占美国总股本的比重由 1950 年的 7.2% 上升到 2001 年三季度末的 46.7%。其中，养老基金从 1990 年至 2000 年 10 年间持股规模增长了 2.1 倍，成为美国股票市场最大的机构投资者。而个人投资者持股比例明显呈逐年下降趋势，由 1950 年的 90.2% 下降为 2001 年三季度末的 40.2%。传统意义上的机构投资者并不关心所投资企业的治理问题，20 世纪 80 年代以前，机构投资者在他们所投资企业的治理问题上，一般都扮演着消极的角色，一旦公司出了问题，就出售股票来规避风险，这就是所谓的"华尔街准则"。20 世纪 80 年代以后，大多数机构投资者都放弃了"华尔街准则"，开始采取谨慎的态度参与企业治理。90 年代初，美国 5 家大公司的董事会（IBM、通用汽车、康柏、AT&I、美国捷达）在机构投资者的压力下，解雇了 CEO，并迫使公司管理层从根本上改变了经营策略。机构投资者参与公司治理加强了股东对公司的监督，在一定程度上解决了因股权过度分散导致的经营者激励不足及"搭便车"等问题。在日本，机构投资者在企业中也发挥了类似的作用。目前日本的生命保险、投资信托公司、养老金信托公司等机构投资者在整个上市公司中持股比率约为 29.1%。随着日本进入老龄化社会，以年金基金为中心的机构投资者在股票市场上的份额将会不断增大。机构投资者将代替法人相互持股的股东地位，在日本的公司治理结构中发挥越来越重要的股东作用。

第二节 企业治理结构变迁的客体

企业治理结构变迁的客体就是企业治理结构。但是，关于企业治理结构的定义繁多庞杂，在一些问题上还存在模糊不清的界定。概括来说，所谓的企业治理结构，就是基于企业所有权与控制权分离而形成的企业所有者、董事会和高级经理人员及企业相关利益者之间的一种权力和利益分配与制衡关系的制度安排。

企业治理结构有狭义和广义之分。狭义的企业治理结构解决的是因所有权和控制权相分离而产生的委托代理问题，它要处理的是企业股东与企业高层管理人员之间的关系问题。张维迎认为：企业所有权安排和企业治理结构是同一个意思，企业治理结构是企业所有权安排的具体化，企业所有权安排是企业治理结构的一个抽象概括，企业治理结构的核心是，在两权分离的情况下，所有者对经营者的监督和激励问题。杨瑞龙和周业安也认为：企业治理结构本质上就是一个关于企业所有权安排的契约。拉波塔（La Porta，2000）等从保护外部投资人的角度理解企业治理制度，他们认为，企业治理结构在很大程度上就是指外部投资者用以防止内部人侵蚀的一系列机制。

广义的企业治理结构可以理解为关于企业组织方式、控制机制、利益分配的一系列法律、机构、文化和制度安排，它界定的不仅仅是企业与其所有者之间的关系，而且包括企业与其所有利益相关者之间的关系。实际上，按照企业的契约理论，企业可以看做是企业各类利益相关者之间达成的一系列实际与隐含契约，这些契约规定了他们在各种情况下的权利、责任以及报酬。企业的契约性意味着利益相关者的多元性。为了实现效率和价值的最大化，必须把他们的利益协调起来。总之，狭义的企业治理结构强调解决两权分离情况下股东和经营者之间的代理问题，而广义的企业治理结构强调企业利益相关者之间的关系问题。①

对企业治理结构概念上的认识分歧，决定了企业治理结构变迁的客体的内涵、范围和意义，而这种分歧主要来自于企业治理观的差异。

一　企业的治理观

理解企业治理结构的一个首要内容是企业治理观，即对于企业治理的概念、意义以及目标的根本看法。在不同的价值观下，会形成对于企业治理的不同视角，并影响到企业的治理结构的实际运作。

企业治理问题与企业形态演进以及社会经济发展密切相关。从企业治理的起源来说，企业治理理论与实践起源于现代企业所有权与控制权"两权分离"存在的事实。传统主流经济学认为，企业剩余索取权与控制权应全部归所有者（股东、出资者）所有，企业"剩余"应按"股东主权"的逻辑分配。企业理论遵循着股东价值观（Shareholder - value perspective）的逻辑，一个必然的推论就是有效率的治理机制只能是"资本雇佣劳动"或"股东主权"型的单边治理。根据美国《长期计划杂志》1995

---

① 参见张维迎（1996）、杨瑞龙、周业安（1997）、周其仁（1996）等人的论述。

年发表的一份调查报告，在英国和美国，70% 以上的企业经理认为股东的利益是第一位的（Masaru Yoshi – mori，1995）。所谓"股东至上主义"逻辑，就是指衡量企业制度效率的质量标准在于所有者或股东利益的最大化，获得授权的经理人员只有按照股东的利益行使控制权才是企业有效率的保证。如果经理人员的自由处置行为以及企业的运行结果损害了股东的利益，即意味着企业的治理机制失效。因此，公司治理机制就简化为对单层的委托代理关系的运行和处理。

从历史的角度看，形成"股东价值观"的原因至少有以下几点：一是由于业主制企业的长期普遍存在，传统上的"资本家拥有企业"之类的模糊认识仍有极大市场；二是专业化分工从而生产社会化程度虽有提高，但仍未使得特质型人力资本完全走出非人力资本的"影子"，使得人力资本所有者在与非人力资本所有者的谈判博弈中处于不利地位；三是股权的专用性和集中度较高，从而给股东提供了足够的动机和能力干预企业治理。①

然而，随着经济的发展，一个无可争辩的事实是，现代企业几乎成了"社会企业"。现实中大量的企业，尤其是随着企业股权的日益分散，企业成为"公众企业"，而这恰恰是偏离"股权至上"逻辑的。"股东至上主义"越来越受到人们的质疑和诘责，因为它既漠视现代企业所应承担的社会责任，也忽视了企业其他利益相关者的利益要求。因此，许多学者和企业家也不再坚持股东财富最大化是企业经营的最终目标，而是从更广泛意义上理解企业的存在、经营目标以及企业控制权的来源和基础，"利益相关者"共同治理开始为人们所重视。这种利益相关者价值观（stakeholder – society perspective）的企业治理试图通过一套制度来协调企业与所有利益相关者（股东、债权人、供应商、雇员、政府、社区等）之间的关系。正如 OECD 公布的《公司治理准则》中所明确指出的："企业的竞争力和最终成功是集体力量的结果，体现各类资源所做出的贡献，企业治理框架应当确认利益相关者的合法权利……包括投资者、雇员、债权人和供应商。"本书认为，企业治理是有关企业控制权的一系列制度安排，涉及企业内部各利益主体、企业外部的债权人、政府等相关者，单纯从企业内部讨论企业治理结构已不能完全解释企业治理的

①　杨瑞龙主编：《企业共同治理的经济学分析》，经济科学出版社 2001 年版。

诸多问题。因此，书中对企业治理的讨论是基于企业利益相关者价值观的基础上展开的。

二　企业所有权安排

现代企业理论的要义可归纳为三个基本命题：其一是企业是一系列合约的组合；其二是企业合约是一种不完备的合约；其三是由上述两点引致的企业剩余索取权和剩余控制权即企业所有权的安排将影响企业的效率。现代企业可理解为由一组支薪的中高层管理人员所管理的多单位企业。企业治理结构的本质就是一组关于企业剩余索取权和剩余控制权分配的合约，或者说是企业所有权安排的表现形式。因此，可以认为企业所有权安排是企业治理结构的抽象概括。

（一）不完全契约与企业所有权安排

按照新制度经济学的理论，可以将企业视作一个人力资本和非人力资本签订的特别合约。如果这个企业合约是完全的，各要素所有者就可以通过合约将各方的责任权利、利益规定得清楚明白，毫无遗漏，然后执行合约就行了，企业也就没有出现的必要。事实上，交易各方签订一个完全合约的愿望是不可能达到的。这是由于外在世界的不确定性和复杂性，合约当事人不可能完全预见到与合约相关的可能事件出现的所有情况；同时由于经济人的有限理性，当事人不可能完全了解到与合约相关的全部信息；即使可以做到以上两点，也由于每一个合约行为都要花费成本，以至于签订和执行完全合约的交易费用远远超出合约行为本身的收益，使之成为非理性选择。因此企业合约不可能是一种完备合约，合约内容不可能完全和确切地规定未来可能出现的所有状态以及每种状态下各方相应所做的事情，而只能对相关状态做出部分的规定或描述。

企业是一种不完备合约的内在特征，是企业所有权——包括剩余索取权和剩余控制权的存在。当人力资本所有者，如经营者、职工等，和非人力资本所有者，如出资人、债权人等作为签约人组成企业时，由于未来是不确定的，因此合约执行过程中可供全体签约人分配的总收益是一个变量，记为 M，设：X_i（$i = 1, 2, \cdots, n$）为每个签约人得到的收入，则 $\sum X_i = M$。如果每个签约人的收益可以肯定的话，那么 X_i 就是一个常量。显然 n 个常量之和不可能等于一个变量，所以在 X_i 中至少存在一个数值是变量，也可能是全部。这就意味着企业合约中的所有企业成员不可能都是固定收入索取者，肯定会存在一个或者多个剩余索取者，相应地也会存在剩余控制权的拥有者。这就产生了企业所有权在签约各方之间如何分配的问题，也就是剩余索取权和剩余控制权在签约各方之间如何分配的问题。不仅如此，当意外状态出现时，谁拥有企业所有权分配的支配权也是至关重要的。这两点能够影响到每个签约人事后讨价还价的既得利益状态，最终影响企业治理结构的效率。

（二）企业所有权安排的内容

企业所有权安排的核心内容是关于剩余索取权和剩余控制权的安排。所谓剩余索取权，是指对于合同收入以外的剩余收入的索取权。所谓控制权，是指关于生产经营和收入分配等问题的决策权，即"当一个信号被显示时决定选择什么的权威"（张维迎，1996）。控制权通常包括监督权、投票权等，它可以是明确规定的，也可以是隐含的。其中，部分控制权可以在事先通过合同方式予以明确规定，现代契约理论可称之为合同控制权；而其余的控制权则只能说个大概，其具体细节需要在执行过程中得到体现，现代契约理论称之为剩余控制权。在现代企业理论中，企业所有权安排就是企业剩余索取权和剩余控制权安排的一个简化说法。在剩余索取权和剩余控制权之间，剩余控制权更为重要。这是因为：只要利益相关者的控制权得到了充分保证，则就等于他具备了足够的行为能力来索取他的应得的收入。① 因此，剩余控制权的分配对于企业治理来说至关重要。

（三）企业所有权安排的原则

怎样安排企业所有权才是公平而且合理的？主流企业理论认为："剩余索取权和剩余控制权的对应"或者说"风险承担者（risk - taker）和风险制造者（risk - maker）的对应"是分配的基本原则。因为只有使拥有剩余控制权的人拥有相应的剩余索取权，或真正承担相应风险，他才能有积极性做出好的决策，这也是通常所说的"权责一致"。所以，只有使剩余索取权和剩余控制权对称分配才能实现最优的企业所有权安排，实现有效的企业治理。② 因为剩余索取权和剩余控制权是高度互补的权

---

① 参见杨瑞龙主编《企业共同治理的经济学分析》，经济科学出版社 2001 年版。

② 杨继国：《不完全合约理论的逻辑悖论与企业理论的创新》，《中国工业经济》2003 年第 3 期。

力，若不将它们合适匹配，对称分布，就会扭曲各签约方的激励约束机制。有收益权而无控制权时，人们会仅仅追求个人的收入最大化而不考虑资源配置效率的最优从而损害企业利益；相反，有控制权而无收益权时，人们没有激励去做出最佳决策从而也会损害企业利益。因此，剩余索取权和剩余控制权的对称分配是企业所有权安排的决定因素。

在这个基本原则之下，考虑到不同企业生产本身的具体特征和历史背景，最优所有权安排并不是唯一的，而是随着企业生产的技术特点和市场环境的变化而变化的。从这个意义上说，并不存在一个一般的、普适的最优企业治理结构。在经济现实中，存在着多姿多彩甚至大相径庭的多样化的企业治理模式，究其原因，这些多样化的企业治理模式的背后又有着共同的决定因素和发展规律。

（四）企业所有权安排的决定因素

企业所有权只是一种状态依存所有权，即在不同状态下不同主体拥有剩余索取权和剩余控制权。由此可见，从事后的利益状态看，企业所有权的安排是动态的、相机的，在事前，它要取决于签约人所处的制度环境及其谈判力。在这里，通过企业契约参与者之间的谈判博弈形成了企业所有权安排的初始合约，初始合约决定了一个时期内各方的既得利益状态。但是这并非是一个一劳永逸的状态，谈判各方在企业所有权安排达成后会进行再次博弈，从而不断修正上一期的合约。而且，只要利益相关者之间存在长期合约关系，那么，企业治理结构就会在不断谈判中不断进行边际调整，逐渐趋近于企业所有权安排的最优状态。

在这个动态过程中，起决定因素的是制度环境和各方的谈判力。假如给定制度环境是充分合约自由状态，那么，谈判力的力量对比决定了每个产权主体所拥有企业所有权的份额。正如布莱尔所说："租金的划分实际上是一种谈判问题，在这一谈判过程中，免费搭车规则、讨价还价技巧以及其他一些'非经济性'因素将发挥着十分重要的作用。"[①] 通常情况下，谈判力可以理解为签约人拥有的财富和知识，但是对于企业来说，谈判力则由多种因素决定，其中较为重要的是谈判人拥有资产的专用性或非流动性。由于各方在企业中投入的资产专用性是不对称的，

---

① ［美］玛格丽特·M. 布莱尔：《所有权与控制：面向 21 世纪的公司治理探索》，中国社会科学出版社 1999 年版。

专用性强的一方事实上不得不承担了专用性低的一方，或无专用性的一方的机会主义行为所带来的全部成本。因此，确保合约效率的企业所有权安排只能是赋予资产专用性较强的一方，并由其监督专用性低或无的一方。在人力资本所有者与非人力资本所有者的谈判中，人力资本所具有的价值不断累积的特征使人力资本的专用性程度不断提高，加上它团队生产的特征，都使人力资本所有者的谈判力在不断提高，从而不断改变着企业治理的面貌。

三　企业的股权结构

对于现代企业而言，股权结构与企业所有权结构是不完全相同的两个概念。自从伯利和米恩斯(A. Berle and Means)在《现代公司与私有财产》中最早明确提出了现代公司的股权结构分散化的特征并系统论述所有权与控制权相分离的问题后，对公司股权结构的讨论就从来没有停止过。这些讨论主要集中在三个方面：一是公司的股权集中度问题；二是公司股权结构与公司价值、公司绩效之间的关系；三是公司的股权结构与经理人的激励制度安排的关系。股权结构是公司治理结构中最重要的因素：公司的股权分布直接决定了公司控制权和索取权在不同股东之间的分配；不同股东因在公司拥有股权的不同而导致在公司内部话语权的差异；股权结构直接影响公司的治理绩效。

股权结构与企业治理之间的关系涉及两个问题：一个是企业的股权集中度的集中与分散特征。关于股权集中和分散也有不同的界定。[①] 英美企业股权多分散，而亚洲企业则相对集中。在股权相对分散的英美企业，委托—代理问题主要存在于企业股东与经营层之间。而在股权相对集中的亚洲企业，企业的控股股东与企业经营层往往重合，成为企业内部的关键人。关键人控制了企业的大部分权力，委托—代理问题从外部投资人与企业经理层的利益冲突演变为企业大股东与中小股东之间的利益冲突。

另一个问题是股权性质，即大股东的身份。一般而言，除了某个个人或者家族外，金融机构、其他企业、政府等利益相关者都有可能成为

---

① 按照美国的规定，股权分散型企业，指不存在持股比例超过5%的股东；股权集中型企业，指存在持股比例超过5%的股东。

企业的大股东。这些利益相关者除了企业股东的身份之外，它们各自与企业又有着其他的联系，如金融机构与企业的债权债务关系，企业之间的业务联系，政府对企业的宏观经济管制等。在我国国有企业中，股权性质的问题对于企业来说更具有特殊的意义。在国有股一股独大的情况下，委托代理问题变得更为复杂，不仅有经营层损害股东利益和大股东损害中小股东利益的问题，还有大股东代表损害大股东利益的问题，这在我国国有企业中非常典型，而最后一个问题其实更为严重。因此，国有企业需要调整股权结构，或者加强对国有企业股东代表、出资人代表包括国有资产监管机构自身的监管，以此来强化激励与约束机制，希望可以解决大股东代表损害大股东利益的问题。

企业股权结构还与很多其他因素相关。LLSV（见前文注）在 20 世纪 90 年代末期通过对公司股权、投资者保护与公司价值进行的研究，认为企业股权结构与法律对投资者的保护程度有关，这是他们从法律上对投资者保护差的国家股权结构集中度高这一实证研究结果得出的结论。这可能是基于以下理由：法律就是对契约不完备的替代，在法律对投资者保护较差的情况下，股权集中就成了法律保护的替代，因为只有大股东才有获得预期投资收益的监督激励。除此之外，股权结构还与以下因素有关：公司规模、[1] 公司成立时间的长短、[2] 公司上市与否。公司所处的经济大环境、国家的政治历史、现实、文化传统也会影响股权结构。[3]

四　企业治理机构设置与权力安排

与企业治理观、企业所有权安排以及企业股权结构相比，企业治理机构的设置与权力安排在企业治理结构中属于基础运作方面的内容。

首先，企业治理机构的设置可以分为英美模式和德国模式两种类型。在英美模式的治理结构中，设有股东大会、董事会、经营班子，股东大会领导董事会，董事会领导经营班子。董事会是企业的核心，同时

---

[1]　与股权结构的集中度成反比，公司规模越小股权结构越集中，公司规模越大股权结构越分散。其中的主要原因是公司的规模小，往往需要的资金量也小，一定量的资金能拥有较大的股权；而对于投资规模大的大公司来说则只能占较少比例的股份。

[2]　因为新成立的公司往往被少数所有者所支配，公司的股权结构一般比较集中，而老公司的所有权可能更加分散，即股权结构集中度与公司年龄成反比。

[3]　曹廷求、于建霞：《股权结构集中度与公司治理目标——公司治理理论研究的历史演进》，《山西财经大学学报》2004 年第 6 期。

具有经营决策和监督经营班子的双重职责。在德国模式的治理结构中，设有股东大会、董事会、监事会、经营班子。股东大会领导董事会、监事会，董事会领导经营班子，董事会、监事会之间并不存在领导与被领导的关系。董事会更多扮演经营者的角色，监事会是企业的核心，具有做出重大决策、任免和监督董事会的职责（见图4－2）。而日本模式则兼容了德美模式的一些特点，使董事会和监事会成为平行的结构。但20世纪90年代后期，日本监事会协会认为，监事会很难发挥作用。于是在1998年颁布的《日本公司治理原则》中提出新的治理机构设置类型，不再同时设有董事会、监事会，并靠监事会进行监督，而是取消监事会，通过强化以独立董事为主体的董事会来进行监督。2002年，日本又颁布新的《日本商法》，允许企业自主选择，或者继续保留监事会、或者取消监事会，改为在董事会中设审计委员会。①

其次，是董事会的结构调整。这主要包括三个方面的内容，一是企业董事会中执行董事和非执行董事的比例；二是企业董事会内部各委员会的构成和运转；三是董事会的独立性。第一个问题，若企业的执行董事比例过高，无疑会强化企业的内部人控制，损害企业董事会的独立性；反之，若企业有足够多的非执行董事，则董事会就可以对企业的经理层进行监督，能够确保企业股东的利益得到切实的维护，所有股东利益都能得到公平的对待。关于第二个问题，主要包括：企业是否设有提名委员会、薪酬委员会和审计委员会这三大主要委员会；这些委员会的职责与权限如何；独立董事在这些委员会中的比例是多少等。第三个问题指的是独立董事制度的建立和完善。独立董事制度始于美国，从20世纪90年代开始席卷全球，掀起了全球企业董事会改良的热潮。近年来由于现代企业中的董事会越来越成为企业经理人的附庸，其独立性受到普遍怀疑。但总的来说，独立董事制度建立以来，在以下三个方面都进行了不断的努力。一是提高独立董事的比例；一般而言，独立董事要在企业董事会中至少占到一半以上。2002年美国标准普尔500家独立董事的比例平均为72%。二是提高独立董事的独立性标准。越来越多的美国企业都规定，除了作为该企业董事外，不得与本企业有任何"material"的关系，也就是说不得有任何"物质的"、"重要的"、"实质性

①   于潇：《美日公司治理结构比较研究》，中国社会科学出版社2003年版。

的"关系。具体来讲：身份上，本人及其亲属不在也未曾在本企业担任过高级管理职务；经济利益上，本人及其亲属不能与本企业有关联交易；企业运作上，不能参与企业日常的经营管理活动。三是通过各种措施赋予独立董事更广泛的监督权力。具体来说，有改善独立董事的薪酬、延长独立董事的退休年龄、建立独立董事的执行会议等。

虽然独立董事对改善企业治理结构的正面效果是明显的，但是"安然"事件的出现仍使独立董事的作用受到质疑，早就存在的一些问题被重新提了出来。从表面上看，"安然"的董事会是美国企业的楷模。"安然"持续高速增长，加入美国50强行列，14名董事中，除CEO兼董事长外，其他13人都是独立董事，审计委员会主席是斯坦福大学退休的会计学教授和商学院院长，但是"安然"仍然发生了令全美甚至全球震惊的财务丑闻。由此可见，独立董事制度的完善仍将是企业治理的一个重要课题。

需要说明的是，独立董事制度盛行于美国，但并没有涵盖所有的企业治理模式。如在日本企业中，几乎不存在真正意义上的"独立董事"。据调查，日本上市公司的董事中，由内部产生的占76%，外部产生的占24%，而外部产生的董事中有4/5是来自关联公司和银行。而依照欧洲许多国家的公司法，工人代表可以在监事会中占1/3左右，有时能占到一半（这种监事会相当于我们通常所说的董事会），如早在1920年德国法律就规定监事会中必须要有员工代表。以西门子公司为例，在20名监事中，10人代表股东，10人代表员工。

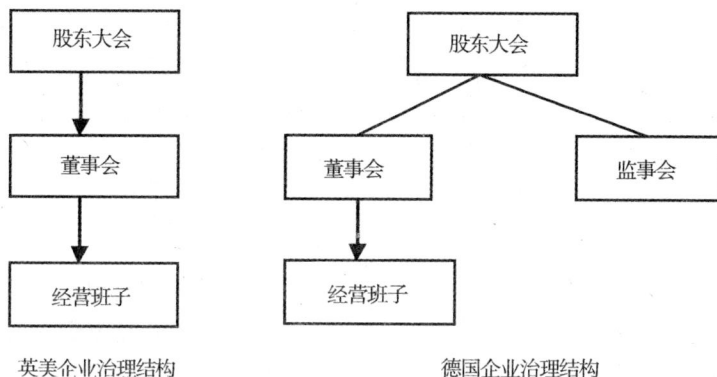

图4-2　治理机构的设置

再次，是监事会的设置。目前国际上只有德国企业常设监事会。德国的监事会充任股东在企业中的利益代表，是常设的决策和监督机构，相当于一个常设的小型股东会。监事会有权任命和解雇董事，并有权对企业的经营管理和财会等各种事项进行全面监督。监事会不直接干预企业的经营管理，但可以规定某项决策只能在监事会同意后才能实施。我国企业也设置监事会，但是在许多方面与德国存在差异。

表 4-1 德、中两国企业监事会的比较

治理机构	德国监事会	中国上市企业监事会
工作定位	主要监督经营班子的经营业绩	监督董事会、经营班子遵守法规的情况
主要权力	经营班子成员的任免权、薪酬决定权、重大事项的审批权、检查及聘请专业人士检查权	列席会议权、自己进行检查权、要求纠正权
专门委员会	监事会内设审计委员会、战略委员会等	无
规模	3—20 人	不少于 3 人
组成	股东代表和雇员代表的比例是 1:1	股东代表和适当比例的企业职工代表
专业素质	主要是其他企业的 CEO 和少数专业人士	无硬性专业要求
全日制工作	均为兼职	无规定
兼职情况	最多兼 8 家	无规定

注：这两国的监事会的派出主体都是股东大会。我国中央企业的监事会按《国有企业监事会暂行条例》由国务院派出，国务院是股东代表，因此，在本质上与上述三种监事会的派出主体是一样的。

资料来源：何家成：《公司治理结构、机制与效率》，经济科学出版社 2004 年版。

表 4-1 表明，中、德两国企业在监事会的设置上有许多不同之处：一是在工作岗位上，虽然两国企业的监事会都是起监督作用的，但监督重点不同：德国企业主要监督经营业绩，中国企业则主要监督企业执行法规的情况。二是在工作权力上，德国企业的监事会具有中国企业董事会的权力，而中国企业的监事会则没有实行有效监督的人权、财权、事权。三是在工作人员上，德国企业的监事会成员主要是企业家，而中国企业没有专业资格方面的任职要求。四是在工作时间上，德国企业监事会成员为全日制工作，也可以在其他企业兼职，中国企业没有明确规定。

一般说来，要实现企业监督机构的有效性，至少应具备以下四个条件：一是独立性。德国企业的监事会是比较独立的；中国上市企业的监事会基本不独立。例外的是中央企业的"外派监事会"，既不是企业的员工，又实行"六要六不"规定，具有较强的独立性，也因此得到了被监督国有企业广泛的好评。二是专业性。德国企业的监事会都由专业人才组成。中国企业内设监事会的专业性较弱，比较而言，外派监事会的专业性要强。三是积极性。德中两国企业的监事会都未形成有效的激励机制。四是监督权力。德国企业的监事会具备有效的监督权力，中国企业的监事会不具备有效的监督权力。[①]

五　企业的治理机制

企业治理主体通过治理机制的设计和运行来实现对企业的治理。企业治理机制主要包括：激励机制、监督机制、约束机制。

（一）激励机制是企业治理机制的核心

这是因为：

1. 企业的委托代理问题决定了激励机制是企业治理的核心

企业治理机制可以简单地分为内部治理机制和外部治理机制，但贯穿二者的核心是激励约束机制，这是由现代企业的委托代理关系决定的。实际上，企业治理问题的提出就源于股份公司"天生的缺陷"——"两权分离"所引发的委托代理问题：在 1776 年出版的亚当·斯密的《国富论》中，已经谈到企业经理们的偷懒等机会主义行为；在 1932 年伯利和米恩斯的《现代公司与私有财产》一书中则对委托代理问题做了系统的分析；1970 年，美国最大的铁路公司宾州中央铁路公司（Penn Central）的破产则意味着"两权分离"所引发的委托—代理问题的爆发。此后，企业治理问题开始受到各国政府和学者们的普遍关注。因此，对企业治理理论的研究就源于"两权分离"所引发的所有者和管理者的冲突问题上，企业治理结构要解决的关键问题之一就是要解决委托代理问题。显然，一个逻辑上最容易想到的解决方法就是加强对代理人的监督和激励，抑制代理人的机会主义动机。新制度经济学认为，对于存在一系列委托代理关系的企业组织，应通过一套有效的监督激励契约来诱导每个代理人的行为，包括真实

---

① 何家成：《公司治理结构、机制与效率》，经济科学出版社 2004 年版。

地透露其私人信息、选择更高的努力水平等，最终将每个代理人的行为限制在符合委托人利益的范围内，达到"激励相容"（incentive compatibility）。使代理人在追求自身效用最大化的同时，实现委托人的效用最大化。因此，可以说激励机制是企业治理的核心。

2. 企业的团队生产特征也使得激励约束机制在企业治理中发挥着重要的作用

阿尔钦和德姆塞茨首先阐述了企业的"团队生产"特征。在他们看来，企业实质上是一种"团队生产"的方式。团队生产是指，一种产品是由集体内成员协同生产出来的，而且任何一个成员的行为都将影响其他成员的生产率。这就必然出现一个问题：当由若干成员组成一个团队进行协同生产时，最终产品是一种共同努力的结果，不可能精确地观察和估算每个成员的贡献，无法衡量个人业绩，也无法按照每个人的业绩公平地支付报酬，从而很难避免偷懒（Shirking）或"搭便车"问题，导致团队成员缺乏努力工作的积极性。要解决这个问题，可以想到的办法是选择一部分成员作为管理者，专门监督其他成员的工作。可是这样一来，又产生一个新的问题，即谁来监督监督者。因此，阿尔钦和德姆塞茨认为，要使监督者有监督的积极性。必须要给予他相应的剩余索取权。阿尔钦和德姆塞茨实际上说明了剩余索取权分享的实质和最终目的，即激励监督者。①

巴泽尔进一步发展了阿尔钦和德姆塞茨关于剩余索取权的思想，他认为，在生产过程中，谁对总产品的贡献最难测定，谁就应拥有剩余索取权，并负责雇佣和监督其他成员。张维迎更是从企业成员"权重"角度阐述了经营者最适于拥有剩余索取权。首先，剩余索取权应尽可能地分配给企业最重要的成员，因为他们的积极性对企业成败最为关键；其次，让经营者享有剩余索取权的主要功能在于可以免除对经营者行为的外部监督，使经营者自己监督自己；剩余索取权应尽可能地分配给企业中最具有信息优势、最难以监督的成员，因为他们即使得不到正式的剩余索取权，但事实上他们拥有的权力会导致资源配

① ［美］A. A. 阿尔钦、H. 德姆塞茨：《市场、信息费用与经济组织》，载《财产权利与制度变迁——产权学派与新制度学派译文集》，上海三联书店、上海人民出版社1994年版。

置更大程度上的扭曲；最后，让真正承担风险的资本所有者拥有成为企业家的优先权或选择经营者的权力，这对保证真正具有经营才能的人占据经营者岗位是非常重要的，没有真正的资本所有者，就不可能有真正的企业家，即"无恒产者无恒心"。①

通过多位学者的论述可知，剩余索取权的分配实质上就是激励谁、如何激励的问题，因此，企业激励机制的设计是企业治理的关键之一。

3. 人力资本的特性也决定了激励约束机制在企业治理中的核心作用

企业最核心的资源是人力资源，人力资源身上所具有的人力资本能否积极发挥其功能是一个企业生存和发展的决定因素。人力资本具有不同于物质资本的特殊性，如人力资本的产权所有权只能属于个人，非激励难以调动。因而对人力资本的运用只可"激励"不能"鞭打"。如果人力资本产权受到损害，其资本价值可以立即贬值甚至荡然无存。② 这就从理论上证明：由于人力资本的难以监督、贡献难以测定、对于自身信息的优势等特性，人力资本所有者应该取得剩余索取权，剩余索取权既包括获取利润的权利，也包括承担风险的责任，并通过剩余索取权的分配形成激励约束人力资本所有者行为的内在机制。最典型的例子就是对企业家的股票期权激励。作为经营者，要想使期权收益最大化，就必须努力使公司股价最大化或股东财富最大化。这就使得经营者与股东目标趋于一致，从而减少经营者的道德风险和逆向选择，降低监督成本，提高公司价值和企业经营绩效。

（二）激励机制作用的发挥离不开约束机制和监督机制的配合

包括企业家在内的人力资本都是"理性的经济人"，如果缺乏必要的约束和监督，他们即使已有了高额的激励，仍会产生机会主义行为，为自己谋取额外收益。因此，约束机制和监督机制是激励机制的重要补充。简单地说，监督机制的主要功能是"发现"，约束机制的主要功能是"惩罚"，激励机制的主要功能是"奖赏"，三者缺一不可。在这里

---

① ［美］Y. 巴泽尔：《产权的经济分析》，上海三联书店、上海人民出版社 1997 年 6 月第 1 版。

② 周其仁：《市场里的企业：一个人力资本与非人力资本的特别合约》，《经济研究》1996 年第 6 期。

简要介绍一下企业的约束机制和监督机制。

　　约束机制是由内部约束机制和外部约束机制两方面构成的。企业内部约束机制主要是通过股东大会、董事会对经营者进行监督。这种内部的约束机制属于公司法人治理的范畴，即通过公司决策与执行、评估与控制职能的分离，形成委托人与代理人之间相互监督的格局。这种来自内部的约束与激励机制发挥作用存在一定的前提，一是股东有积极性通过"用手投票"参与股东大会；二是董事愿意认真履行诚信义务和忠诚义务对经营者进行监督。由此可以推论，内部约束机制在股权集中的企业中往往发挥得比较充分，如果股权分散，各中小股东会理性地选择"搭便车"，董事会往往受到管理层的控制，公司的内部约束流于形式，不能发挥应有的作用。

　　在这种情况下，解决代理问题还需要外部约束机制作为补充。外部约束机制主要有两方面：(1)股东通过买卖股票影响股票市场的价格，这种"用脚投票"的方式可以引发企业并购，从而对经营者形成压力，迫使经营者努力工作；(2)通过建立和完善各种公司法律来约束和引导经营者的行为。比如：独立审计制度、信息披露制度、控制内幕交易等。

　　监督机制同样也有不同的形式。主要有：(1)董事会的监督。这在美国企业中较为常见。美国企业的执行董事通常不拥有本公司股票或者仅拥有很少一部分，他们身上也存在由于剩余索取权与剩余控制权不对称所产生的代理问题。因此，美国企业引入外部董事来提高董事会的独立性和决策水平。(2)公司所有权市场的监督。公司所有权市场主要通过股票价格的升降迫使经营者努力工作，提高公司业绩，保证公司股价稳定，以避免因为公司股价下跌导致公司被接管或收购。公司所有权市场发挥监督作用的前提是有效市场，而有效市场的必然要求是信息充分和公平交易。以美国市场为例，美国的资本市场是一个融资能力强和开放的市场，为了确保信息充分和公平交易，美国建立了信息披露制度、独立审计制度、关联交易监管制度等。这些制度的基本出发点是保护股东和投资者的权益，同时也为股东在公司所有权市场上"用脚投票"监督经营者提供了前提和基础。(3)大股东的监督。企业的大股东由于持有公司大量股票，关心的不是股息和短期收益，而是与企业保持长期的关系及长期收益。因此，大股东也有动机和能力对经营者进行监督。大股东通常要及时了解企业的经营状况、与经营者保持必要的交流，甚至要求召开股东大会或董事会更换企业管理层等。日本企业的主银行和美国企业的机构投资者都在这方面发挥了类似的作用。(4)外部监督。这主要是指法律方面的监督，法律监督是一国企业发展的重要的外部环境因素，它也对企业形成了严格的监督。

通过以上论述，已可见企业治理结构的全貌（见图4-3）。

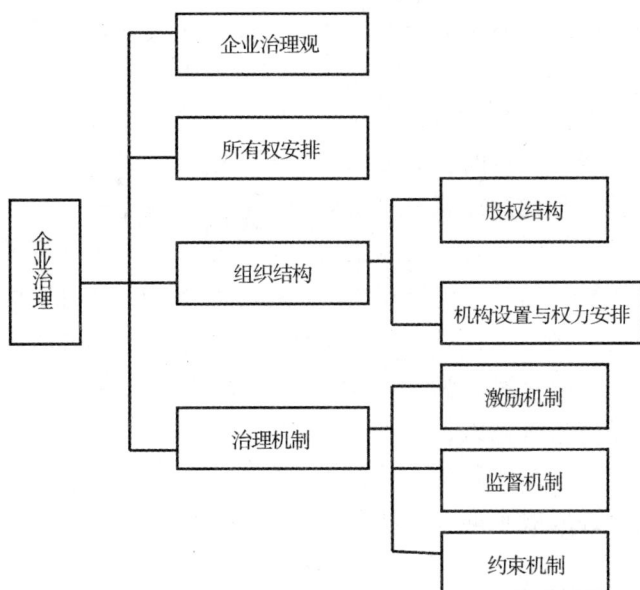

```
                    ┌──────────────┐
             ┌──────│  企业治理观   │
             │      └──────────────┘
             │      ┌──────────────┐
             ├──────│  所有权安排   │
             │      └──────────────┘
                                      ┌──────────────┐
┌────┐       │      ┌──────────┐  ┌──│   股权结构    │
│企业│       │      │          │  │  └──────────────┘
│治理│───────┼──────│ 组织结构  │──┤  ┌──────────────┐
└────┘       │      │          │  └──│机构设置与权力安排│
             │      └──────────┘     └──────────────┘
             │                       ┌──────────────┐
             │                    ┌──│   激励机制    │
             │      ┌──────────┐  │  └──────────────┘
             │      │          │  │  ┌──────────────┐
             └──────│ 治理机制  │──┼──│   监督机制    │
                    │          │  │  └──────────────┘
                    └──────────┘  │  ┌──────────────┐
                                  └──│   约束机制    │
                                     └──────────────┘
```

图4-3 企业治理结构

第三节 企业治理结构的变迁过程

一 股权结构的变动是企业治理结构变迁的决定因素

企业的股权结构是企业治理结构变迁最重要的决定因素。这是因为：

（一）不同的股权结构带来了不同的代理问题

企业股权结构不同，会给企业带来不同的委托代理问题，从而对企业的治理结构也会提出不同的要求。在分散股权结构条件下，单个股东的"搭便车"行为使得经营者掌握企业的控制权，代理问题突出表现为经营者损害股东的利益；在集中股权结构条件下，大股东掌握了企业的控制权，这会引发两个代理问题，即经营者损害股东利益，以及大股东损害小股东及其他利益相关者的利益；如果大股东自身也存在代理问题，如我国的国有企业中的国有独资或国有控股，则存在三个代理问题，即经营者损害股东利益，大股东损害小股东和其他利益相关者的利益，大股东代表损害大股东利益。

（二）股权结构决定了不同的企业激励机制

委托—代理理论中，所有者与经营者的激励不相容是产生代理问题的首要原因。因此，通过适当的激励机制使企业所有者与经营者目标函数趋于一致，就成为企业治理首先面对的问题。对股权分散的企业来说，经理人员的利益很难与股东利益一致。简单地利用年薪制与股票期权很难达到对经理人员的有效激励。这类企业往往存在经理人员利用企业资金过度投资和增加在职消费而浪费企业资源的现象。在企业股权集中度有限而大股东又拥有相对控股权的情况下，由于相对控股股东拥有一定数量的股权，因而他们也存在一定程度的激励；但由于相对控股股东所占的股权比例不大，对他而言要承担的企业经营损失的比例也不是很大。因此，如果某种经营活动会对他个人带来收益而对企业造成损失，且个人得到的收益大于他按比例应承担的损失，他就有动机去从事对整个企业不利的经营活动。对股权高度集中的企业而言，由于企业经理人员一般是控股股东本人或其直接代表，因而他们较容易达到与股东的激励相容。

（三）股权结构决定了不同的企业监督机制

在现代企业中，所有者与经营者之间信息不对称、契约不完备和激励不相容决定了经营者道德风险问题的存在，为此必须有一个对经营者的监督机制，以纠正经营者机会主义倾向和败德行为。

股权高度集中企业的控股股东无疑对监督企业内部情况有着最大的积极性。根据霍尔德内茨和希恩（Holderness and Sheehan，1988）对纽约证券交易所和美国证券交易所拥有绝对控股股东的企业的研究，90%以上的控股股东派出自己的直接代表或自己本人担任企业董事长或首席执行官。当企业存在绝对控股股东时，如果公司的经理人员不是控股股东本人，而是他的代理人，则该控股股东既有动力又有能力监督该代理人。但是，在企业拥有绝对控股股东而其他股东均为分散的小股东，同时经营者又是该控股股东本人的情况下，小股东对经理的监督便成为问题。正如施莱佛和维什尼（Shleifer and Vishny，1986）所论证的那样，大股东的存在部分地解决了小股东"搭便车"问题。

在企业股权分散的情况下，对经营者的监督就成为一件非常困难的事情。监督是需要成本的，由于存在"搭便车"问题，分散的小股东缺乏动力去监督经营者；另一方面，由于持股数量低，小股东也不具备足够的监督制约经营者的力量。因此，集中的股权结构在监督经营者方面较为有效。[1][2]

当企业的股权结构发生变动时，企业治理结构所面对的代理问题就会发生变化，而核心机制发挥作用的方式、程度也会随之改变，进而形成新的企业治理模式。如美国企业股权极为分散，缺乏控股股东，为此美国建立了发达的资本市场和完善的公司法律法规，从外部有效地抑制了经营者的机会主义行为。而日本企业以法人持股为主要特征，通过主银行的经理会，从内部监督经营者。

二　企业治理结构变迁始于激励机制的创新

在这里，激励机制主要指的是对经营者的薪酬安排。在英文中工资是"salary"、奖金是"bonus"、期权是"stock option"三个不同的词，这三者结合起来是"compensation"，被我国理论界译为"薪酬"。从薪酬的组成来看，它包括经营者的合同索取权和部分剩余索取权。企业激励机制的创新往往表现在薪酬制度的改革上，而薪酬制度的变化则是经营者剩余索取权变化的风向标。在历史上，经营者——人力资本所有者，通过与股东——非人力资本所有者的不断斗争，其薪酬数量和薪酬结构不断变化，这种变化实际上引导了企业治理结构的变迁。在个人企业、业主企业、合伙企业以及近代股份公司中，经营者只按照合同得到固定薪酬，在企业的经营管理上也只具有合同控制权，所有者掌握全部的剩余索取权和剩余控制权；在现代股份公司中，经营者已经逐渐掌握企业的大部分剩余控制权。为了激励经营者，所有者

---

[1]　邱国栋：《股权结构与公司治理的相关分析》，《中国软科学》2003 年第 2 期。

[2]　刘大勇、陈广胜：《股权结构与企业法人治理结构的探讨》，《哈尔滨商业大学学报（社会科学版）》2002 年第 5 期。

开始给经营者付更高额薪酬，并开始将薪酬与企业的经营绩效结合起来，以使经营者与所有者的目标趋于一致；随着利益相关者概念的提出和"共同治理"企业治理模式的流行，不仅高级管理人员与所有者分享企业的剩余索取权和剩余控制权，包括普通职工在内的其他利益相关者也开始分享企业剩余索取权和剩余控制权。因此，出现了企业管理层尤其是高管人员薪酬越来越高的现象。但是，高额的薪酬制度并不一定能够有效地减少经营者们的道德风险和逆向选择。随着大企业股权的再次集中，大股东们开始在企业治理中扮演更重要的角色。他们利用自己的投票权对经理人员形成了有效的监督，控制权似乎又回到了股东们的手中，这也可以解释在股权集中的企业并不过分强调薪酬激励的原因。

从目前的企业治理实践上看，经营者的薪酬结构一般由三部分组成：工资、短期激励（如奖金）、长期激励（如期权）。这三者的比例在许多企业大体上是 $1:1:X$，也就是说，工资与短期激励在数量上大体相当，但对长期激励不做限制。2003 年我国国务院颁布的《企业国有资产监督管理暂行条例》中，正式在法规的意义上使用了"薪酬"概念。目前国外的一些大企业在薪酬安排上的一些做法，是有利于完善激励机制的。一是薪酬前提的确认。主要是对经营班子经营业绩真假的确定。年度的经营业绩，主要靠审计委员会、独立审计人来确定。3—5 年的经营业绩，则主要靠资本市场上企业股价的变化来衡量。二是薪酬差别。一般而言，经营班子的薪酬比独立董事要高得多，而 CEO 的薪酬又显著高于经营班子其他成员，但差别不是来自工资、短期激励，而是长期激励。三是薪酬披露。在全球投资人看来，通过建立披露制度（disclosure），提高透明度（transparency），可以有效地提高企业治理效率。特别是披露经营班子薪酬，对于评估他们的经营行为和业绩具有重大意义。以美国为例，美国是最早实行薪酬披露制度的国家，1992 年又进一步修改了薪酬披露制度，加大了披露的力度。其具体内容：一是逐个披露薪酬最高的 5 名经营班子成员前 3 年的薪酬；二是详细披露 5 人每人的薪酬构成；三是披露过去 5 年本企业的股东回报率并与同行业同类企业比较。

三　内部治理机制与外部治理机制的创新是企业治理结构变迁的主要内容

企业治理是对企业经营者进行激励约束的一整套制度安排，这些制度安排来自企业内部和外部两个方面。因此，企业治理实际上是由内部治理和外部治理两方面构成，内部治理和外部治理相辅相成，相互配合。不同国家在企业治理上可能存在这样或者那样的差别，确切地说是两种治理手段的不同应用。

企业内部治理主要包括企业内部治理机构设置、权力安排和程序安排。在外部监督和约束机制不很发达的制度环境下，良好的内部治理尤为重要。企业的外部治理机制主要指的是公司控制权市场。在公司控制权市场中，不同竞争主体通过各种手段获得目标公司具有控制地位的股权或委托表决权，通过占有公司较大比例的股份获得对目标公司董事会的控制权，进而获得目标公司的发展、收益的决定权。这种控制权可通过要约收购(tender offer)、在股票市场上直接购入目标公司股份、或与大宗股份持有者谈判、协议收购等方式完成。另外，公司债权人申请资不抵债的公司破产清算也是公司外部控制权市场的重要方式。

从内部治理与外部治理的关系来看，内部治理是基础，外部治理只有通过内部治理机制才能发挥作用。举例来说，企业最主要的外部监督是资本市场的监督。资本市场包括企业股票市场和债务市场，股票市场是企业所有权市场，收购企业通过成功收购与兼并，以大股东或者控股股东的身份，通过股东大会或董事会剔除不称职的企业经营者。可见，资本市场对经营者监督是通过改变企业股权分布和董事会结构来实现的，离开企业法人治理结构，资本市场不可能在企业治理中发挥作用。

由于各国制度环境和法律法规不同，投资者在企业中行使的权力不尽相同，内部治理与外部治理发挥作用的方式和途径也不相同。与此相适应，企业治理分为以外部控制为主和以内部控制为主的两种主要模式。①

外部控制型企业治理模式以英国、美国为代表。这种模式的特点是：股权分散，持股法人对企业的直接控制和管理的能力非常有限。因

---

① 秦晓：《组织控制、市场控制：公司治理结构模式选择和制度安排》，《管理世界》2003 年第 4 期。

此，股东对企业的管理和控制方式不得不从直接方式转为依靠控制权市场的间接方式，即通过公司控制权市场对企业和经理人员进行监督和控制，并通过外部董事、接管、破产、独立审计、经营者激励措施等一系列手段实施控制。

内部控制型企业治理模式以德国、日本等国为代表。这种模式的特点是：股权相对集中，特别是通过法人企业之间的相互持股和银行持股形成大股东。因此，股东对企业的直接控制和管理就有了现实可能性。由于这类企业少数大股东可以直接行使管理权，公司控制权市场相对较为薄弱，其他利益相关者在企业亦有代表权。关于这两种治理模式的区别，见表4-2所示。

表4-2　　　　　　　　两种企业治理模式比较

分　类	外部控制型企业治理	内部控制型企业治理
商业银行	严格限制商业银行通过持股与企业结合	商业银行可以持股并且能够控制企业经营管理
融资方式	直接融资为主	间接融资相对较高
持股结构与直接监督	股权分散、内部监督机制的作用较低	股权相对集中、内部监督机制的作用较高
企业集团的影响	较小	较大
董事会的独立	较大	较小
股票市场	非常发达，监督的作用大	相对落后，监督的作用小
中介监督机构的作用	重要	不重要
经理人员的激励	经理人员收入较高，激励机制受到重视	激励人员的收入相对较低，激励机制更加多元化
员工的作用	很小	相对大一些
治理发展的动向	加强内部治理	加强外部控制
主要国家	美国、加拿大、英国	德国、日本

资料来源：于潇：《美日公司治理结构比较研究》，中国社会科学出版社2003年版。

第五章

企业治理结构变迁的生成机制

企业治理结构的变迁是一项复杂的系统工程，有其自身独有的变化规律和发展趋势。为了更进一步地理解企业治理结构变迁，在对其基本要件进行分析的基础上，还需要对其生成机制进行研究。

企业治理结构的生成机制包含三个方面的内容：一是企业治理结构变迁的基本发展规律；二是诱发企业治理结构变迁的外部源泉；三是推动企业治理结构变迁的内部源泉。

第一节　企业治理结构变迁的基本规律

企业治理结构变迁属于制度变迁的范畴。因此，企业治理结构变迁的规律也符合制度变迁的规律。关于制度变迁，有许多种不同的理解。可以说，制度变迁是制度的替代、转换与交易过程。所谓替代过程，就是一种效率更高的制度对原有的效率低的制度的替代过程；所谓转换过程，就是一种更有效率的制度从原有制度的基础上逐渐演化、生成的过程；所谓交易过程，就是制度的交易过程。

制度变迁的客体是制度。什么是制度呢？在 T. W. 舒尔茨的经典著作《制度与人的经济价值不断提高》一文中，制度被定义为一种行为规则，这些规则涉及社会、政治及经济行为，也可以解释为与具体选择集和行为集有关的规范体系。同时，舒尔茨对制度进行了富有经验意义的分类：一类制度主要功能是用来降低交易费用；二类制度的主要功能是用于影响各生产要素的所有者之间配置风险；三类制度的主要功能是用于提供职能组织与个人收入流之间的联系；四类制度的主要功能是用于确立公共品和服务的生产与分配的框架。总之，凡是制约人们行为的政治、经济、法律、社会规则都属于"制度"。①

新制度经济学的代表人物诺斯(North)对于制度进行过深入的研究。在《经济史的结构与变迁》中，诺斯(North)指出："制度是一系列被制定出来的规则、守法程序和行为的道德伦理规范，它旨在约束追求主体福利或效用最大化利益的个人行为。"在《制度、制度变迁与经济实绩》里，诺斯(North)又指出：制度是界定和限定个人的选择集合。在他看来，一个社会的制度的主要功能在于：通过建立一个人们交往的稳定结构来减少不确定性。但是，制度的稳定性绝不意味着它们不变化，现实生活中，从惯例、行为准则、行为规范到成文法、普通法和个人之间的契约，所有这些制度不断地变化演进，从而不断地改变着对我们来说可行的选择集合。在《制度变迁的理论》一文中，诺斯(North)对制度给出了最详尽的解释。他指出："制度是人们所发明设计的对人们相互交往的约束，它们由正式的规则、非正式的约束(行为规范、惯例和自我限定的行为准则)和它们的实施机制所构成。"

一   企业治理结构变迁的实质是从制度非均衡向制度均衡的转换过程

在研究企业治理结构时，本书运用制度经济学中制度均衡的概念对治理结构的变迁做出解释和分析，即将制度变迁看做是一种个体理性选择的均衡。"均衡"概念指的是一种每个人都没有动机偏离其策略的状态。比如，在"囚徒困境"中，坦白是两个人都不愿意偏离的策略。制度分析的方法是将制度的选择看做一个博弈的均衡结果，因此具有两个特征：首先，制度选择只是一种描述个体策略的状态，而无须一个中央机构对个体的制度偏好进行加总；其次，制度是自我实施的，无须第三方的监督或管理，因为在给定其他人的选择的前提下，制度的均衡状态对于任何人来说都是最好的选择。②

因此，制度变迁实际上是对制度非均衡的一种反应，制度非均衡给个体提供了获利的机会，也带来了制度变迁的契机。从初始的制度均衡，到制度不均衡，再到制度均衡，周而复始，这个过程就是人类制度

---

① ［美］T. W. 舒尔茨：《制度与人的经济价值不断提高》，《财产权利与制度变迁——产权学派与新制度学派译文集》，上海三联书店、上海人民出版社 1994 年版。

② 蒋雅文：《论制度变迁理论的变迁》，《经济评论》2003 年第 4 期。

变迁的过程。①

（一）制度均衡与制度非均衡的概念

均衡是一种物理现象，它是指作用于一物体的作用力与反作用力相等时该物体所处的相对静止状态。经济学中的均衡是指在影响某一经济现象的各种要素的综合作用下，所有参与人暂时不愿或不能改变的一种经济状态。因此，均衡包括两个方面：一是对立变量相对的均衡；二是对立势力中任何一方不具有改变现状的动机和能力的行为均衡。所谓制度均衡，对制度的相关个体来说，就是人们对制度安排和制度结构的一种满足状态或满意状态，因而无意也无力改变现行制度；从供求关系来说，制度均衡是指在影响人们的制度需求和制度供给的因素一定时，制度的供给适应制度的需求。

所谓制度非均衡，就是人们对现存制度的一种不满足，想要改变而又尚未改变的状态。之所以出现了不满足，根本原因是由于现行制度安排的净收益小于另一种可供选择的制度安排的净收益，也就是出现了一个新的赢利机会。从制度供求的角度看，这时就会产生新的潜在的制度需求和潜在的制度供给，形成潜在制度需求大于实际制度需求，潜在制度供给大于实际制度供给的状态。所以从供求关系来看，制度非均衡就是制度供给与制度需求出现了不一致。

引起制度非均衡的原因有很多，如制度选择集合的改变、技术改变、资源条件的改变、外部环境的改变、制度服务的需求的改变以及其他影响制度安排因素的改变都会引起制度非均衡。这些改变一方面会使原来的制度安排和制度结构变得不是净收益最大的制度，因而产生了制度创新的动机和需求，另一方面又会改变可供选择的制度集合的范围，从而提供了新制度的有效供给。②③

制度变迁实际上是从制度不均衡向制度均衡的演进过程。首先，人们要根据成本—收益分析权衡其选择的结果来进行制度选择。但正如前所述，制度净收益大于零是制度安排的前提和制度选择的必要条件，而不是充分条件。因为在同一条件下，通常都存在一个制度选择集合，在

① 卢现祥：《西方新制度经济学》，中国发展出版社 2003 年版。
② 杨哲英、关宇：《比较制度经济学》，清华大学出版社 2004 年版。
③ 柯武刚、史漫飞：《制度经济学》，商务印书馆 2000 年版。

这个集合中会有若干制度安排的净收益均大于零。在这些可供选择和安排的对象之中，人们只能选择一种制度安排和制度结构。这就需要进行第二个方面的成本—收益分析，即把不同制度安排和制度结构的净收益加以比较，选择其中净收益最大的那项制度。因此，一种制度安排和制度结构不仅其收益大于零，而且在各种可供选择的制度安排和制度结构中实现了净收益最大，那么这项制度就是最佳制度，这时的制度状态就是制度均衡。从这个意义上说，制度均衡实质上就是指制度达到了"帕累托最优"（Pareto efficiency）。① 制度变迁在某种程度上讲，就是一个"帕累托改进"的过程。制度均衡类似于"帕累托最优"的地方在于：现有的制度安排和制度结构已达到了理想的境地，再也没有调整的必要。

但是，制度均衡形成的过程是一个错综复杂的博弈过程。制度均衡不同于一般的商品均衡，影响制度均衡的因素远远多于影响商品市场均衡的因素。制度均衡只是一种理想状态。在现实经济中，往往出现实际制度状态偏离了制度均衡，而偏离的程度，可以用于解释不同国家、不同地区发展的差异。

（二）制度均衡和制度非均衡的关系

制度均衡状态和制度非均衡状态是现实经济中制度安排的两种状态，二者相互依存，相互补充。首先，在社会经济发展过程中，制度非均衡是一种"常态"，而制度均衡是一种"非常态"。如前所述，由于影响制度供求的多个变量在不断变化，会不断改变着制度安排的外部环境，打破制度均衡状态，因此制度均衡像"帕累托最优"一样只是一种理想状态，即使"偶尔"出现也不会持续存在。可以说，制度变迁的规律就是从制度的非均衡状态不断地向制度的均衡状态转化的过程。其次，正是制度非均衡状态的存在，才为制度安排向制度均衡状态变迁提供了诱致因素，制度非均衡是制度均衡状态的基础。正是制度的非均

---

① "帕累托最优"是指：此时所考察的经济已不可能改变产品和资源的配置，在其他人的效用水平至少不下降的情况下，使任何别人（至少一个人）的效用水平有所提高。反之，所谓"帕累托无效率"（Pareto inefficiency）指的是一个经济还可能在其他人效用水平不变的情况下，通过重新配置资源和产品，使得一个或一些人的效用水平有所提高。在存在经济无效率的情况下，若进行了资源重新配置，使得某些人的效用水平在其他人的效用不变的情况下有所提高，这种"重新配置"，就称为"帕累托改进"（Pareto improvement）。

衡为制度变迁创造了新的获利机会和潜在利润，从而促使人们进行制度创新，向制度的均衡状态靠近。

因此，制度变迁就是一个"不均衡—均衡—不均衡"反复循环的过程。制度变迁是人们在制度不均衡时追求潜在获利机会的过程，也就是社会微观主体追求制度供给的过程。当需求得以满足后，这一制度的供给和需求达到了新的平衡；但是这一平衡是暂时的，当出现新的获利机会时，微观主体也就产生新的制度需求，均衡状态被打破，直到下一个均衡状态的再次获得。可见，制度变迁的过程就是制度供需在均衡和不均衡上的反复博弈过程。制度供需均衡是一个暂时的特有现象。因为制度供需不均衡是制度变迁的一种常态，所以制度均衡或者均衡制度只是制度变迁过程中的一个暂时的、特殊的现象。

（三）制度非均衡向制度均衡转化的诱因

制度的变迁过程是一个制度的"帕累托改进"过程，它是指制度从非均衡转向均衡的过程，是制度的替代、转换、完善和交易的整个运动形式。制度变迁大致有三种形式：一是对现有或原有的制度的改进，当某种制度不符合经济社会发展的要求，或者不符合实际情况的变化，就要考虑对这种制度进行完善和改进，如我国进行的宪法修正。这种改进所考虑的是边际技术替代成本关系，即修改完善的技术条件代价与修订完善的制度对生产力的改进程度的比率。二是新制度对旧制度的替代，如原来已经存在某个制度，但这个制度已经完全不适合生产力发展的要求，而且不能在此基础上修改完善，需要在旧制度的范围内建立一个新制度，来代替旧制度。这种代替关系所考虑的是边际替代成本关系，即实施新制度的成本收益与旧制度的成本收益的比率关系。三是创造一个原先没有任何基础的新制度，即制度创新。需要指出的是，并不是所有新制度的生成或供给都是制度创新，制度创新必须是生成一个有新效率的、文明的、促进生产力发展的制度。有时尽管建立了一个新的制度，但它并没有带来文明，有时甚至带来了愚昧、落后或倒退。因此，制度创新所考虑的实质上是边际机会成本。

按照诺斯（North）的制度变迁模型，制度变迁的诱致因素有两点。第一点是"潜在利润"的存在。所谓"潜在利润"就是"外部利润"，是一种在已有的制度安排结构中主体无法获取的利润。任何制度的主体都期望获取最大的潜在利润。当主体在 A 制度中无法获取这种利润时，就不得不将 A 制度变为 B 制度，从 B 制度中获取这种利润。只要这种外部利润存在，就表明社会资源的配置还没有达到"帕累托最优"状态，从而可以进行"帕累托改进"。因此，潜在利润的存在是制度变迁的先决条件之一。

第二点是潜在利润应大于预期成本。没有潜在利润，就不可能有制度变迁，但有了潜在利润，制度变迁也未必发生。因为制度变迁还涉及到成本问题。制度主体需要进行成本—收益分析：只有当通过制度创新可能获取的潜在利润大于为获取这种利润而支付的成本时，制度创新才可能发生。正如诺斯（North）所说："如果预期的净收益（即指潜在利润）超过预期的成本，一项制度安排就会被创新。"因此，分析制度及制度变迁问题时经常使用成本—收益分析法。但是需要注意的是，制度变迁中的成本与收益，有些是可计量的，有些是难以计量甚至不可计量的；有些是公开的，有些是隐藏的；有些是现在就可以计量，有些要到未来才能计量（这就涉及"贴现"）；有些具有"经济效益"，但有些具有"社会效益"。因此，制度变迁中的成本—收益分析，要比一般经济活动中的成本—收益分析复杂得多。但是，尽管制度变迁中的成本与收益具有不可计量性，但制度变迁的成本—收益仍然可以被估算出来，这种估算的结果和误差同时对制度变迁的发生、模型与速度产生决定性的作用。[1][2]

因此，企业治理结构的变迁，是受到成本收益比较的影响的。由于影响企业治理结构变迁成本与收益的因素是多元而且复杂的，不同的企业要根据自己国家的企业文化、人们习惯的行为方式、自己企业的股权性质和企业的领导结构与领导特征来寻找或选择对其最为有效也最为经济的治理结构，也就是在特定环境中最优的治理结构。一个国家或地区多数企业的治理结构，就形成了一个国家或地区的企业治理模式。另一个方面，企业治理结构的选择，不仅仅是企业自身的一种主动选择，更多的意义上是企业在外在环境影响下一种被动的选择。但是无论主动选择还是被动选择，企业治理结构的变迁都是一种成本—收益分析的结果。

---

① ［美］V. W. 拉坦：《诱致型制度变迁理论》，《财产权利与制度变迁——产权学派与新制度学派译文集》，上海三联书店、上海人民出版社 1994 年版。

② 林毅夫：《关于制度变迁的经济学理论：诱致型变迁与强制型变迁》，载《财产权利与制度变迁——产权学派与新制度学派译文集》，上海三联书店、上海人民出版社 1994 年版。

二　企业治理结构均衡的特点

（一）企业治理结构均衡是一种多重均衡

比较制度分析认为，制度必须以系统的复合形式存在，任何制度安排的效率不仅取决于约束理性经济人机会主义行为的优劣，同时还受到其他制度的影响。青木昌彦指出，制度之间具有战略互补性和战略替代关系。如果其他人采取特定战略时，你也采用相同战略的激励会相应提高，这就是制度的战略互补性。反之，当对方采取特定的战略而你不采取该种战略更好，则为战略替代关系。在现实中存在的多种制度之间，经常可以看到由于某一个制度的存在和运行，导致另一个制度更加巩固，即一个制度的存在成为另一个制度存在的理由，这两种制度之间具有互补关系。

相互矛盾和冲突的制度安排会降低制度的有效性，有效率的制度体系是由一系列具有逻辑一致性的制度安排组成的，这些制度安排之间能够相互配合共同发挥作用。因此，经济体制可以说是由具有互补关系的一系列制度形成的多重制度均衡。

从制度多重均衡的角度来看，任何一种制度安排都不是独立发挥作用的，离开其他制度既无法评价某一制度的优劣，也无法确定某一制度是否有效。企业治理结构也是如此，各国的企业治理模式均不是某一项制度而是一系列制度相互配合，如美国企业控制权市场与独立审计制度、信息披露制度、内幕交易控制等形成了多重制度均衡，离开了其中某一项，接管市场的效率就有可能受到影响。同样，日本公司终身雇佣制、年功序列制、内部晋升、在职培训、岗位轮换等制度安排，也具有多重均衡的特性。① 从企业治理的角度来看，一种企业治理模式只有在多重制度均衡中才能有效，如果某些制度安排与这种企业治理模式相冲突，就会削弱这种治理模式的实际效果。转轨国家建立有效的企业治理结构不仅需要选择合适的治理模式，而且应当加快建设与这种治理模式一致的配套制度，只有这样才能尽快建立起有效的企业治理结构。

（二）企业治理结构均衡是一种多样性的均衡

从企业发展的历史看，关于企业的治理结构，两大现象引人注目：

---

① ［日］青木昌彦、奥野正宽：《经济体制的比较制度分析》，中国发展出版社 2005 年版。

一是从共时性看，不同国家、地区间的企业治理结构千差万别，形成了多种企业治理模式，而且每一种模式在其制度环境中均取得了不错的成绩，如英美企业的市场导向型、德日企业的网络导向型以及东南亚企业的家族控制型等；二是从历时性看，企业的治理结构有一个发展演化的过程，从单边治理到多边共同治理出现了多种模式。更令人深思的是，无论是处于不同的国家地区，还是出于不同的历史时点，各种不同的企业治理模式都表现出了自身的效率，或者说在有限的时空中达到了某种均衡状态。这说明，在现实中不存在企业治理结构均衡的"唯一解"，企业治理结构均衡是一种多样性的均衡。①

（三）企业治理结构均衡是一种动态均衡

从制度均衡的概念可知，企业治理结构作为一种制度安排，也始终处于不断变动的过程之中。这种变动就是一种从不均衡向均衡的转化过程，但这种均衡是暂时的。每当企业治理结构达到一种均衡状态之后，随着企业内部外部条件的变化，这种均衡会被打破。为了适应新的条件，企业治理结构也会随之发生调整和变动，直到达到一种新的均衡。因此，企业治理结构的均衡是一种动态的均衡。

第二节　引发企业治理结构不均衡的外部根源

从上述可知，企业治理结构的变迁必须要有某些来自于制度不均衡的获利机会。从初始制度均衡，到制度不均衡，再到制度的新均衡，周而复始，就是人类制度变迁的一般过程。那么，从某个起始的均衡点开始，是什么因素引起制度的不均衡呢？

从企业治理结构的历史演变逻辑来看，企业是一系列不完全契约的联结，其内在遵循的是博弈均衡的逻辑，也就是说，企业治理结构的变迁取决于各利益相关者谈判力的对比格局，而决定谈判力的因素是多种多样的。但是，如果对各国企业的治理结构进行考察就会发现，即使在其他条件几乎一致的情况下，企业治理结构之间仍存在显著的差异，而且表现为几种迥然不同的模式。这就说明，企业治理结构的变迁既是企

---

① 王任军、李梅：《企业治理结构的共时多样性与历时多样性——从哈耶克（Hayek）社会秩序二元观角度的分析》，《湖北经济学院学报》2004 年第 6 期。

业内部博弈的结果，而且也是企业外在的制度环境影响的结果，或者说是外在制度环境选择的结果。因此，在对企业治理结构进行分析时应坚持"存在即合理"原则：制度环境必然会给其中的企业治理结构打上自己独特的烙印，而任何一种企业治理模式也只有在相应制度环境下才有意义而不可能具有普适性。由于技术特征和生产要素特性对企业治理结构的影响一般不因国别而不同，经济全球化条件下技术和生产要素的高度流动性已经大大减弱了其在国家之间造成企业治理结构显著不同的可能，因此可以说不同国家制度环境的"异质性"是形成多样化企业制度模式的真正根源。可见，有必要拓宽视野，引入外在制度环境变量的因素，以使我们对企业治理结构的研究更加趋近真实。

尽管制度环境的异质性是企业治理结构多样化的真正根源，但现代企业理论作为西方企业理论所本来固有的"一维性"色彩，以及由于西方发达国家企业发展取得的骄人业绩而引发的众多国家的盲目追随和模仿，严重影响了经济理论对制度环境、企业制度安排之间的契合关系以及异质性制度环境条件下企业制度不同模式的关注和考察。经济学领域的这一缺陷，被新经济社会学[①]敏锐地感知并捕捉，且运用"嵌入性"和"社会建构"理论对其进行了修正。

新经济社会学认为，从宏观方面看，经济组织都是"嵌入"在社会网络之中的，经济制度本质上是"社会建构"的；从微观方面看，现实的人都是带有历史和社会属性的经济人。可见，如果说传统经济学主要遵循了个体主义的方法论的话，那么新经济社会学则依据现实整合了整体主义的方法和个体主义的方法。新经济社会学的理论使企业研究更加逼近现实。[②]

具体而言，不同企业治理模式的宏观制度根源，主要是通过对企业内部利益相关者博弈格局的影响体现出来的。这也就是说，在不同的制度环境下，企业的各类利益相关者及其谈判实力和博弈均衡状况会有显著的不同，并进而体现在企业契约和企业制度安排当中。一个典型的案例就是在东南亚一带普遍存在着的家族制企业。东南亚各国或地区的家

---

① 新经济社会学的代表人物是 M. 格兰诺维特，在其《经济行为与社会结构：嵌入性问题》一文中，他开创了利用社会结构或社会网络结构分析经济行为和经济秩序的经济社会学新纪元。M. 格兰诺维特的理论假设体现了新经济社会学的关键特征，即认为所有的经济制度都是"社会建构"，经济活动不是存在于真空中的，而是"嵌入"于社会关系网络之中的。

② 田永峰：《制度环境变量条件下的企业共同治理机制》，《财经科学》2003 年增刊。

族制企业与一般所说的家族制企业并不完全相同：后者主要体现了一种纯粹的交易成本节约的逻辑，世界上任何地方的初创企业都可能会采用；而前者则不仅是一个经济学概念，更主要是一个文化地理上的概念，其后面潜藏着特殊文化背景的深层根源。也就是说，在家族文化传统根深蒂固的东南亚一带，经济行为人所拥有的家族、血缘关系以及忠诚、信义、情感这些特殊"人力资本"的"质"和"量"，是判定其是否是企业真实利益相关者的重要标准，也是决定其在企业利益相关者博弈格局中地位和作用的重要因素，并体现在企业契约、企业制度以及企业治理结构的方方面面当中。这一逻辑也可以对其他的企业治理模式做出合理的解释。

具体而言，企业治理结构的外部影响因素大致有如下几项。

一　市场因素的影响

（一）生产要素价格的相对变化

相对价格的变化包括要素价格比率的变化、信息成本的变化、技术的变化等。当相对价格变化时，人们之间的激励结构会发生改变，进而改变人们的讨价还价能力，而讨价还价能力的变化则导致了重新缔约的努力。

要素价格的变化可以促进资源的更有效的利用。一个典型的例子就是在 12 世纪的西欧，由于人口的增长而使相关要素稀缺性发生了变化：劳动的价值下降，而土地的价值上升了。土地价值的上升导致人们为形成土地排他性的所有制和可转让性的权利而努力。如果每个居民都有使用庄园内公有土地的同等权利，那么，庄园内部的公有土地就会被过度耕种。为了避免这种情况，在庄园惯例中开始对公有土地的使用进行限制。比如限制一个家庭在公有土地上放牧家畜数量的节制性协议逐渐成为惯例（非正式约束）。在 13 世纪的英格兰，土地法的广泛发展，圈地运动的开始，终于使土地让渡成为可能。在西欧其他国家也出现了类似的发展。土地价值的上升更加激发人们去变更产权，以使得日益稀缺的资源能得到有效的利用。在企业治理中，由于知识经济的发展，具有较高素质的人力资本变得稀缺，相对于物质资本，人力资本价值的不断上升，导致人力资本所有者开始与物质资本所有者重新谈判、重新缔约。正如舒尔茨在《制度与人的经济价值不断提高》一文中指出的："可以认为，人力资本在寻求其自身的参与权时要求表明制度的状况。尽管如此，我们仍有充分的历史资料可以说明土地所有权对经济的影响力处于下降之中，正如物质资本的所有权相对于人力资本的所有权的作用在下降一样。"①

信息成本也是交易成本的关键。由于环境的复杂性和理性的有限性，制度变迁是在不确定性条件下进行的。在这种条件下，制度变迁中的信息是不完全的或稀缺的，从而存在着正的信息成本。信息成本的提高或降低对制度变迁都会产生重要影响。例如，信息成本可以降低一种制度替代另一种制度的成本与收益。总之，信息成本的提高使制度产生，而制度的运作又转过来降低了信息成本。

（二）外部竞争的压力加大

企业之间的竞争不仅是一种技术的竞争，更是一种制度的竞争。在经济全球化的今天，各国企业之间的竞争也就是各国企业治理结构的一次较量。这种较量带来了各国企业治理结构的相互冲突和相互模仿。

在经济竞争中，稳定的制度均衡状态是这样形成的：由于有限理性的制约，经济活动的主体不可能发现最佳行动路径，此时模仿就是一种理性的选择。而随着模仿这一制度安排的人数或者企业越来越多，采取这一制度安排的收益也会提高。当采取这一制度安排的人数超过一定比例时，它便转化为一种制度固定下来，对经济主体具有外在的约束力。企业治理理论的比较研究专家认为，在经济全球化的大环境下，随着跨国企业直接投资和跨国并购的增多，跨国企业会把母国的企业治理模式更多地植入其分布在世界各地的子企业，并带动子企业所在国的模仿与学习。同时，随着金融市场的全球化和资本流动的国际化，企业的融资方式及股权结构不仅发生了深刻的改变，而且资本市场全球化的力量也促使银行主导的金融市场开始"解除规制"，使企业按照市场力量重新安排企业治理结构。如，正是日本经济的腾飞促使美国各界对其企业治理模式进行深刻反思，逐步放松了对金融机构的投资限制；而日本正是在美国企业治理模式的影响之下，通过法律手段来逐步恢复股东在企业

① ［美］T. W. 舒尔茨《制度与人的经济价值不断提高》，《财产权利与制度变迁——产权学派与新制度学派译文集》，上海三联书店、上海人民出版社 1994 年版，第 251—266 页。

治理中的权益。①

(三) 市场规模的扩大

市场规模的扩大，一方面使原先的制度规则无法满足企业获取新增利润的需求，由此产生企业制度变迁的诱因。另一方面随着市场规模扩大，还会导致企业内部组织结构发生变化。钱德勒在分析美国工业于20世纪50—60年代发生的管理革命时，论证了市场机会的扩张是导致这些制度变迁的真正原因。"这一革命发端于本世纪20年代，这时在杜邦公司、通用汽车公司、（新泽西）美孚石油公司和西尔斯公司开始发展一些新的组织模式。这一体制一方面由所有各部的决策高度集中的经营公司组成，另一方面它又包括松散的分散持股公司。"由此可见，随着市场规模的扩大，也会随之发生组织形式的变革和创新。究其原因，当市场发生变化时，企业中的某些利益团体为获得更高利润而进行新的内外合作或竞争时，企业原先的制度均衡就有可能被打破，新的制度便会诞生。②

二　制度因素的影响

(一) 制度选择集合的改变

造成制度选择集合改变的原因很多，最常见的是政府政策的改变有可能扩大或缩小制度选择集合。某一段时间里，政府可能会因种种原因而剔除一些制度安排，这会使制度选择集合变小。反之，当政府减少这种剔除时，也就意味着可供选择的制度集合扩大。如当股份制及资本市场成为企业可考虑的选择，这意味着企业在融资方面制度选择集合扩大了。另外，随着人类认知社会的兴趣和能力的增强，社会科学知识日渐丰富，也可扩大现行的制度选择集合。比如，对于企业组织结构的制度安排选择便可从单纯经验中脱离出来，从而扩大可供人们选择的制度集合，使现有的制度安排面临更多的比较、检验。总之，当现有制度安排与制度安排集合中制度相比显得逊色时，制度非均衡便会出现，新的利益团体就会有谋求一种新的、更有效的制度安排的需求。

(二) 制度服务需求的改变

人们对于制度服务的需求有很多种，例如"用于降低交易费用的制

---

① 庄子银、邹薇：《制度变迁理论的线索与发展》，《财经科学》1995年第4期。

② ［美］钱德勒：《看得见的手——美国企业的管理革命》，商务印书馆1997年版。

度(如货币、期货市场);用于影响生产要素的所有者之间配置风险的制度(如合约、分成制、合作社、公司、保险);用于提供职能组织与个人收入流之间的联系的制度(如财产,包括遗产法、资历和劳动者的其他权利);用于确立公共品和服务的生产与分配框架的制度(如高速公路、飞机场、学校和农业实验社)等"(T. W. 舒尔茨,1968)。对于制度服务的需求可能随着时代、环境的变化而变化,一些特定因素的产生也会改变人们对制度服务的需求。而当对于制度需求发生改变时,制度均衡会被打破,由此产生制度变迁的契机。近几年,国有企业中涌现出一大批懂业务、善管理的"能人",他们使一些亏损大户转变为利税大户。"能人"为企业带来了新增收入流,而对于新增收入流的分配,却往往缺乏一个良好、规范的制度,许多人由于心理不平衡而走向背叛社会的道路。所以,人们对于制度服务的需求是随时间、环境变化而变化的。当人们对它的需求超过制度供给时,制度非均衡就出现了。①

(三) 相关制度安排的改变

制度结构中的许多制度安排是相互联系、彼此依存的。其中某一制度安排的变迁可能会引发其他制度安排的变迁。正如刘易斯所说:"一旦制度开始变迁,它们会以一种自动强制实施的方式发生变迁。老的信念和制度在变化,新的信念和制度彼此之间,以及新的信念和制度与相同方向上的未来变迁之间都逐渐变得调和一致。"例如我国的企业从计划经济体制下的生产工厂转变为以股份制为其典型形式的现代企业制度,这一变迁便引发了筹融资体系的变迁,诞生了资本市场,等等。事实上,这些相关制度的变迁都是由企业制度变迁引起,为企业制度变迁服务的。这些相关制度的变迁当前还有:市场交易的规范化、标准化;国家创新体系建设中的科研院所的转制等。它们又反过来拉动着企业制度的进一步变迁,相互之间呈现出一种相互依存、彼此促进的关系。某一环节的变动,可能会引起其他环节的相应变化,可谓是牵一发而动全身。

三　技术因素的影响

新增长理论认为,技术是自主的,有其内在的发展规律和"轨

---

① 陆明祥:《制度变迁与制度创新的总结性分析》,《南方经济》2002 年第 4 期。

迹"。技术变迁是技术内在逻辑的产物，它的发展决定制度变迁和社会进步。因而，在制度与技术的关系中，制度是技术的衍生物，技术创新是最终起决定作用的力量。不适应技术的制度必遭淘汰，只有那些适合于技术的制度才有存在的理由，因此，技术创新成为经济增长和制度变迁的核心力量。

新制度学派也认为，技术创新对改变制度安排的成本和收益会产生普遍影响，这种影响体现在如下几个方面：(1) 在过去两个世纪里，技术变迁使产出在相当范围内发生了规模报酬递增，因此使得更复杂的组织形式的建立变得有利可图。(2) 作为规模经济的一个副产品，技术变迁产生了工厂制度，也产生了使当今城市工业社会得以形成的经济活动，这些结果反过来产生了广泛的外部效应，而它又促进了更进一步的变化。大量人群在大城市的聚居与他们的生产活动集中在一起，使得"邻里效应"以一种 18 世纪农业社会所根本不能想象的规模发生。空气污染、水污染和交通拥挤只是这场集聚革命中三个更为明显的结果而已。这些负外部效应又必然推动制度的创新。(3) 技术变化不仅增加了制度变迁的潜在利润，而且降低了某些制度变迁的操作成本，特别是使信息成本(电报、电话、广播和计算机)迅速降低的技术发展，使得一系列旨在改进市场和促进商品流通的制度革新变得有利可图。

从一个较长的历史时期来看，技术创新的作用是毋庸置疑的，这与马克思主义所讲的生产力决定生产关系的原理是内在一致的。原始的打制石器的技术产生的狩猎文明，金属冶炼技术和农耕技术的出现支撑起了封建制度的大厦，而工业革命浪潮的兴起则使人类社会大踏步地推行近代化、现代化。如今，信息技术的发展、知识经济的出现，必将使人类的生产和生活方式发生又一次意义深远的变革。但从一个较短的时间来看，制度创新与技术创新何者起主要作用则要具体问题具体分析。在一个市场经济高度发达的国家和地区，制度体系在一定时期内是适应技术创新要求的，这时，技术创新在推动经济发展和社会进步方面的作用是第一位的。而对于一个市场机制还不成熟的国家和地区而言，制度的僵化往往制约着技术创新的发展，这体现在创新激励、创新空间、创新成本等方面存在的一系列问题上。显然，制度创新此时处在基础和决定的地位。

从制度供给与需求的角度来说，技术因素对制度创新的影响有以下两点。

（一）技术的变化影响新制度安排的需求

美国从传统制造业向现代制造业转变的过程中，煤炭利用技术以及铁路、电报技术的发展起了关键作用。"新的能源以及运输和通信方面的新的速度和规则性，促使业主们一体化，他们的经营活动并进行进一步分工，同时雇用支薪经理监督并协调流通于其庞大的企业内的货物。新形式的丰富能源以及革命性的新型运输和通信手段的几乎同时出现，导致了美国商业上和工业上现代企业的兴起。"① 技术变迁改变原有的制度安排的相对效率，引发对新的制度安排的需求。一方面，技术变迁所释放的新的收入流是引发新的制度变迁需求的一个重要原因，另一方面，新的收入流所导致的与技术变迁或制度绩效的增进相联系的效率收益，也是进一步制度变迁的一个主要激励。因此，技术进步可能会调动个人对其资源进行重新配置的积极性，以及为了确定产权以实现新收入流的分割而组织和引发集体行动的积极性。在历史上，企业治理结构的变迁与技术变迁有着深厚的联系，当今世界技术进步导致的人力资本重要性的凸显和人力资本的不断增值也带来了人力资本所有者引发企业治理结构变迁的积极性。

（二）知识的积累影响制度的供给

正如科学知识进步会导致技术的供给曲线右移一样，当社会科学知识进步时，制度的供给曲线也会右移。因为，社会科学研究促成了关于制度及制度变迁的知识增加，能够拓宽制度安排的选择集合范围，减少某些制度安排的创新成本，并及早发现制度的不均衡。正如拉坦断言，拥有的社会科学知识越多，设计和实施制度变迁就会变得更容易。事实上，企业治理结构的变迁与企业治理理论的发展一直是一种相互促进，共同发展的关系。企业治理理论的重大突破和进展也是促使企业治理结构变迁的一个重要因素。

第三节　推动企业治理结构变迁的内部根源

企业治理结构变迁的外部根源导致了企业治理结构出现了不均衡，

①　［美］钱德勒：《看得见的手——美国企业的管理革命》，商务印书馆1997年版，第87页。

而这种不均衡则会促使企业内部各治理主体的权利利益关系发生改变，推动各治理主体展开新的力量博弈，并最终达到新的均衡。因此，企业治理结构变迁的内部根源是各治理主体的博弈。

一　企业治理主体

（一）企业治理主体的概念

企业的契约性质说明，由于契约的不完全性，企业所有权的配置就成为企业治理中至关重要的问题，企业所有权的分配也就成为多个进入企业契约的个体或群体斗争的核心问题。而企业治理主体就是参与分享企业所有权分配的个体或群体。在企业的发展历史上，许多个体或群体都曾经有可能掌握全部或部分的剩余索取权和剩余控制权。这些主体包括：物质资本所有者、人力资本所有者、经营网络、金融机构、政府等。但是，逻辑上的可能性并不一定等于现实中的可行性，并不是上述每个主体都能够成为治理主体。要成为企业治理主体，不仅要在经济理论上具有逻辑合理性，还要在经济现实中具备可行性。而且，即使同为治理主体，在不同的经济发展阶段和不同的国家和地区，在企业治理结构中发挥的作用和所处的地位也不相同。

企业的本质是各种生产要素的所有者通过一系列契约而联结在一起所形成的一种特殊组织——这种组织不但为各种要素所有者提供了一个充分利用生产资源，创造价值的场所，更重要的是通过各种要素的组合能够形成某种"集体生产力"，从而创造出可观的"组织租金"（当然有时候可能小于零），为相关当事人获得大于"个体户"生产经营方式的收益提供了一种可能性。当然，如果组织租金的常态或长期平均值为负，那么这样的企业组织就不可能存在。组织租金是团队生产的结果，因此各要素所有者或者说产权主体都有获得"组织租金"的权利。组织租金不会天然地归于某一方，团队成员就会围绕相应的控制权和索取权展开争夺，这种斗争的过程和结果构成企业治理结构的核心内容。另一方面，虽然各个主体并非利他主义者，但他们参与企业组织就意味着他们选择了相互合作而不是"单干"，他们的目的是通过合作在把馅饼做大的同时获得个人利益的最大化，因此对于团队成员来说"最大馅饼原则"和"权重原则"同时发生作用。企业组织强调组成企业的团队成员必须是在如何做大蛋糕的基础上来考虑如何分割蛋糕，并不是简单地争夺既定的组织租金。因此，各主体之间存在着既合作又斗争的关系。[①]

虽然如前所述，许多个体或群体都可以成为企业治理主体，但在各类企业治理主体中，物质资本所有者和人力资本所有者是最重要的治理主体。这是因为：（1）物质资本和人力资本都是企业生产不可缺少的重要资源；它们的所有者与企业存在着长期稳定的利益分享和风险共担关系，企业的价值创造与价值分配活动直接影响着它们的效用；它们的参与行为也直接影响到企业的价值创造与价值分配活动。（2）从企业发展的实践来看，近年来物质资本与人力资本所有者为争夺企业所有权而进行的博弈已成为企业治理结构变迁的核心问题之一，而其他的治理主体在企业所有权配置中仍处于边缘和次要的地位。

（二）企业治理主体的产权特性

物质资本所有者与人力资本所有者通过博弈来决定企业剩余索取权和剩余控制权的分配。在二者的博弈中，双方各自在产权方面的差异决定了他们的谈判力，也决定了他们在缔约阶段的谈判地位，并进一步决定了他们在初始缔约过程中可能取得的剩余权利。具体而言，物质资本的产权特征表现在以下几个方面：（1）良好的信息显示机能。物质资本的一个明显特征就是具有可观察性，一个人有或没有物质资本、拥有的物质资本可以转化为多少市场价值等问题，很容易观察和得到确认。（2）独立性。物质资本不会受到其所有者的影响而改变自身价值，物质资本可以在不同的所有者之间转移，而不会影响其本身的价值。物质资本的这种独立性，决定了物质资本可以通过不断易主而使其得到最合理的利用。（3）市场转化价值。物质资本尽管有各种各样的具体实物形态，但这些多样化的实物形态最终都具有市场价值，并因为具有市场转化价值而具有可比性。不具有市场转化价值的物品或者是不具有稀缺性的、随处可得的物品，或者是一无所用、缺乏使用价值的物品，因而不可能成为企业中的物质资本。（4）抵押功能。抵押是一项重要的经济职能，是一种信誉的承诺，通过抵押能够降低交易成本并促进交易。物质资本与其所有者可以分离并且具有市场转让价值的特征，决定了物质资本可

① 苏晓华：《企业治理之租金视角研究———一个理论框架及其在高科技企业中的应用》，《中国工业经济》2004年第7期。

以抵押，从而降低成本，提高效率。物质资本的上述四个特征是紧密联系在一起的，其中最关键的特征是物质资本与其所有者可以分离以及物质资本具有市场转换价值。这是因为，物质资本如果与其所有者不能分离，就不可能通过交易而改变所有者；物质资本如果不能通过市场进行价值转换，就无法成为抵押品，其所有者也就无法用以显示自己的信誉。

同物质资本相反，人力资本具有如下特征：（1）人力资本与其所有者天然不可分离。如上所述，物质资本与其所有者是可以分离的，物质资本可以在不同的所有者之间相对容易地转移且不改变自身价值，而人力资本做不到这一点。周其仁的研究表明：不管在什么样的社会中，都无法改变人力资本与其所有者不可分离的状况。人力资本与其所有者不可分离的产权特征是一种天然属性，不会因社会制度的变迁而改变。（2）人力资本难于表达和测量，信息显示能力差。不管是实物形态的物质资本如机器设备，还是价值形态的物质资本如有价证券，其价值大小都可以通过一定的客观尺度来度量，并以市场价值的形式表现出来。而人力资本如管理能力、知识等，通常是难以用得到普遍认可的标准来进行度量的，所以人力资本的定价一直是经济学中一个悬而未决的难题。此外，在物质资本市场上，虽然也存在卖方与买方的信息不对称问题，但物质资本所显示出来的市场信号，总是可以让双方据此作出大致的估计。在人力资本市场上，目前采用学历证书、职业证书、个人履历等作为人力资本价值的显示信号，但相对物质资本信息而言，这些信号显示信息不完整，而且难以直观量化。（3）人力资本易于隐藏。不像物质资本（如土地等）那样，人们经过简单的观察就可以确定其存在，甚至能够在一定程度上估计其价值。人力资本信息是完全属于其拥有者的私人信息，而且潜藏于所有者身上难以直接观察和衡量。一个人有什么特长、能否从事一些挑战性的工作、个人的工作动机和积极性等问题，只有其自己最清楚，别人无法得知。这种易于隐藏的产权特征，决定了要发挥人力资本的价值，只能依靠激励机制而不能压榨。（4）人力资本不能转让和抵押。人力资本与其载体不可分离的特性决定了人力资本既不能转让，也不能抵押。一方面，任何人不可能购买他人的天赋和受教育的经历，人力资本不可能通过交易而改变主人；另一方面，在人类的文明时代，人不能被出售的法律规定及人力资本不能被交易转让的产权特征也决定了人力资本不具有经济上的抵押性。[1][2]

与物质资本的产权特征具有相互关联性一样，人力资本的上述产权特征也是相互联系在一起的，其中人力资本与其载体不可分离的特征处于核心地位。这一特征决定了人力资本具有不可转让和不可抵押两种属性，这些属性同人力资本信息不易对外显示的特征结合在一起，共同导致了人力资本所有者在企业剩余权利安排中的相对被动地位。

（三）治理主体的博弈目标

从租金角度来看，企业的存在是因为不完备市场条件下的要素提供者能够通过加入企业这个组织，获取比在市场上作为独立要素交易者更高的收益，这种"超额收益"就是组织租金。组织租金是一个剩余的概念，指超出了要素机会成本的部分，或者也可以将它理解为就企业范围而言的准租金。组织租金与通常强调的交易费用不同。一般认为，企业存在是因为节约交易费用，但是交易费用的节约在某种程度上是可穷尽的，而组织租金因为资源价值的不断提升是可以持续被创造的，它在本质上是企业作为一个异质性资源的结合体在激发单个要素价值及企业整体价值中的市场溢价。从另一个角度来说，因为企业不同要素参与者都对企业程度不等地进行了专用性投资，这使得企业的存在在一定程度上减弱了企业要素的流动性，因而组织租金也可以理解为对企业成员失去流动性的回报或补偿。

因此，当各要素所有者通过签订契约成为企业的治理主体之后，其主要目标就是获得超过独立要素交易者的较高收益，同时尽量使自身获得的企业组织租金最大化。为了实现这个目标，企业治理主体一方面要通过增强自身的谈判力以增大自身在企业租金分配中的份额；另一方面还要通过让其他治理主体"满意"以加强合作，使企业租金总额最大化，也就是既"斗争"又"合作"。

（四）企业治理主体的谈判力

一般认为，决定企业租金分配结果或企业治理结构的主要因素有两个：制度环境和谈判力。制度环境试图回答交易发生的局限条件是什

---

① 刘大可：《论人力资本的专用性与企业控制权安排——一个简单的"三人企业"博弈模型及其含义》，《河南大学学报》2003 年第 1 期。

② 朱巧玲：《论人力资本产权的特性》，《中南财经政法大学学报》2003 年第 2 期。

么，布坎南(1989)认为，所有自愿交易都是在某个制度下完成的，资源最有价值的使用方式要依赖于制度环境，它对交易的影响体现在对当事人策略空间的制约上，一个契约自由的环境常常通过局限条件最小化的制度环境来体现。决定制度环境的因素主要包括市场发育程度、所有者类型等。我们这里先假定制度环境是完全竞争、私有制为主导的自由缔约市场环境，专门考虑谈判力这个因素。①

企业的各个治理主体(至少包括物质资本所有者和人力资本所有者)都是追求自身利益最大化的经济人，必然努力争取自己在企业中的最大权益，而他们的谈判力决定了这种斗争的结果，也就是说，企业治理结构首先取决于各主体谈判力的对比。应该说，谈判力是多种变量的综合反映，包括各要素的市场力量对比，在团队生产中的重要性或贡献，要素本身的特性，以及要素所有者的风险偏好等。例如，物质资本相对于和人身共存的人力资本具有可担保优势和持久性，但后者在团队生产中最具有能动性，是企业活力的根本；而且随着社会和技术的进步，二者在市场上稀缺程度、专用性程度和在团队生产中的重要性以及承担的风险也在不断变化。此外，风险态度除了"天赋"的成分外，可能更多取决于当事人的财富、能力以及其他社会经济因素，因为对于不确定事件的恐惧归根结底来自于对未来的无知和对自身承受力的担忧。②③

二 企业治理主体的博弈模型分析④

(一) 基本假定

对企业治理主体的博弈进行分析，首先需要选择一个指标来衡量各治理主体的谈判力，这个指标应该同时具有逻辑上的合理性和度量上的可行性。所谓逻辑上的合理性，即这个指标应能够尽可能全面直接地反映出影响治理主体谈判力变化的各因素，如拥有要素的稀缺程度、专用

---

① [美] 布坎南：《自由市场国家》，北京经济学院出版社 1989 年版。

② 张广科：《人力资本理论：一个在企业框架内的界定》，《当代财经》2002 年第 3 期。

③ 白华英、杨亚妮：《论人力资本所有者拥有企业所有权的客观因素》，《北京工业大学学报（社会科学版）》2003 年第 2 期。

④ 此处的模型是对罗跃龙、况漠、余治平的模型的发展。具体见罗跃龙、况漠、余治平《基于参与资源替代成本的剩余安排研究》，《西南交通大学学报》2004 年第 4 期。

性、承担风险能力等；所谓可行性，即这个指标应该比较容易被量化。举例来说，如果以各治理主体拥有要素的重要性或专用性来度量谈判力，会因为这两个指标难以量化而不具有可行性。如果以各治理主体的市场价格来度量谈判力，则会因为市场价格受到多重因素的影响而丧失逻辑上的合理性。

在本书中，我们用"替代成本"来度量各治理主体的谈判力，并以"替代成本"的多少来衡量各治理主体分享的组织租金的多少。

所谓替代成本，是指因缺乏某种资源而去寻找能等质替代这种资源的资源所支付的相关费用。等质替代就是指所寻找的替代资源至少不低于原资源的工作效果，即保证替代资源不损害企业剩余。替代成本包括参与者退出合约给企业带来的损失（可以用 C_1 表示）、寻找替代资源的发现成本（可以用 C_2 表示）和替代资源所有者要求超过固定报酬的剩余（可以用 C_3 表示）等三部分。考虑到应该取所有等质替代资源中的最小替代成本作为被替代资源的替代成本，因此，本书中的替代成本实质上是指最小替代成本。由于组成替代成本的三个部分均可以直接或间接地度量，替代成本就成为描述资源替代程度的度量指标，一种资源的替代成本越高，则这种资源被取代的可能性就越小，反之亦反。因此，替代成本实质上是对参与企业生产经营活动的资源价值的认定，如参与资源的替代成本升高，则对参与资源价值的认定就随之上升，反之亦然。

每个参与者对自己的参与资源的价值认定依据正反两个方面：一方面是参与者自己的参与资源被替代的可能性，其替代性受其替代成本决定。另一方面是受合约内部其他参与资源的替代成本的逆向约束，如果其他参与资源的替代成本上升，则该参与者对其参与资源的价值认定就会下降，反则反之。于是，每个参与者都依照自己的参与资源的替代成本和合约内部其他参与资源的替代成本相互比较来认定自己的参与资源的价值，最终会形成一个替代均衡，替代均衡决定了企业剩余索取权的分享状态，这个均衡的分享状态就实现了每个参与者的满意感。如果每个参与者都感到满意，则可以说明这个剩余索取权的分配是公平的，从而就保证了剩余索取权的平等性，同时也意味着这个企业治理结构安排是稳定的。

其次，我们将企业治理主体简化为人力资本与物质资本所有者两类，这不仅是因为人力资本与物质资本是最重要的两类治理主体，还因为在争夺企业组织租金的博弈中，相比其他要素所有者，人力资本与物质资本所有者的争夺是博弈的核心内容，也是目前理论界和企业治理实践中最关注的内容。一般而言，人力资源的替代成本就是人力资源参与者的替代成本，而货币资本等有形资源的替代成本则与其有形资源的所有者无关。

（二）基本模型

令第 i 个参与资源的替代成本为 C_i，实际得到的剩余比例为 β_i，合约内部有 n 个参与者，第 i 个参与资源的认定价值应得剩余的比例用 R_i 表示，第 i 个参与资源的认定价值应得剩余的均衡状态比例用 R_i^* 表示，则有以下关系：

$$\max R_i = G(C_1, C_2, C_3, \cdots, C_i, \cdots, C_n) \tag{5-1}$$

$$\sum_{i=1}^{n} R_i = 1, \quad C_i > 0, \ R_i \in (0,1) \tag{5-2}$$

且 $\dfrac{\partial R_i}{\partial c_i} > 0$

由上述模型可解得 R_1^*，R_2^*，R_3^*，$\cdots$，R_n^*，再将 R_i^* 与实际得到的 β_i 相比较，如果：

（1）$R_i^* > \beta_i$，第 i 个参与者实际所得的剩余比例低于其应得比例，说明必有其他参与者实际所得的剩余比例高于其应得比例，则剩余索取权的安排不公平，此时，第 i 个参与者会要求提高剩余分享。

（2）$R_i^* < \beta_i$，情况与（1）相反，剩余索取权的安排也不公平，此时，第 i 个参与者应降低实际剩余分享比例。

（3）$R_i^* = \beta_i$ 实际所得比例等于应得比例，说明剩余索取权的安排对第 i 个参与者是公平的，如果对所有的参与者而言都存在 $R_i^* = \beta_i$，则在合约内部剩余索取权的安排处于均衡状态，每个参与者都会认为自己享有了平等的剩余索取权。

如果合约内部剩余索取权按照 R_1^*，R_2^*，R_3^*，$\cdots$，R_n^* 结果安排，就称为剩余分享的均衡状态。

（三）经验模型

如果在上述 n 个参与者中，有 m 个参与者的替代成本趋近于零，说明企业很容易从外界找到替代者，则这 m 个参与者只能接受固定报酬，无力参与企业剩余分享，否则，就会遭到解雇。此时就只剩下 $(n-m)$

个参与者参与企业剩余分享。同时，根据参与资源替代性的概念可知，任何一种参与资源都不可能完全不可替代，即替代成本不可能为无穷大。由此，可设定以下求解均衡剩余分享的经验模型：

设 a 为待定的公共参数，且 $a > 1$，C_i 为第 i 个参与资源的替代成本，且 $C_i > 0$，$i = 1, 2, \cdots, n$，则有

$$R_1 = 1 - a^{-c_1}, R_2 = 1 - a^{-c_2}, \cdots, R_i = 1 - a^{-c_i}, \cdots, R_n = 1 - a^{-c_n} \quad (5-3)$$

$$R_1 + R_2 + \cdots + R_i + \cdots + R_n = 1 \quad\quad\quad\quad\quad (5-4)$$

将式（5-3）代入式（5-4）可得

$$a^{-c_1} + a^{-c_2} + \cdots + a^{-c_i} + \cdots + a^{-c_n} = n - 1 \quad\quad (5-5)$$

已知 $c_1, c_2, \cdots, c_n$ 和 n，则可求解公共参数 a，再将 a 代入式（5-3），则可求解 $R_1, R_2, \cdots, R_i, \cdots, R_n$。

由式（5-3）可知，在合约内部，参与者所得到的剩余索取权是按照各自的替代成本大小依次排列，如果 $C_1 > C_2 > \cdots > C_i > \cdots > C_n$，则必有 $R_1 > R_2 > \cdots > R_i > \cdots > R_n$，说明每个参与者的剩余索取权是由其在合约内部的价值地位决定，而其价值地位主要是由其替代成本的高低决定；由于每个参与资源的替代成本不是在合约内部形成的，而是由市场与企业对该种资源的供需状况决定的，因此，每个参与者的价值地位不仅取决于他对企业的作用，更重要的是来自于市场对他的价值认定。由于替代成本是可以度量的指标，由其来决定每个参与者的剩余索取权，就摆脱了边际贡献难以分解和无形风险难以度量的困境。

根据式（5-5），任意一个参与者的替代成本 C_i 的变化，就会导致公共参数 a 的变化，从而打破原有的均衡状态，使每个参与者的剩余分享比例发生变化，重新建立一个新的分配均衡，新的分配均衡依然遵循替代均衡的规则。这说明剩余索取权的分配并非一劳永逸，而是具有状态依存的特征。在企业合约运行过程中，也是每个人力资源参与者不断学习和进步的过程，随着自己能力的提升，在合约内部和外部的竞争对手就会减少，自己的替代成本也就会升高。但在合约内部，由于参与者的个体差异，能力提升就有快慢之分，也就导致替代成本提升的快慢之分，从而就会打破原有合约内部的剩余索取权的排序，替代成本提升得快的参与者排位向前递进，替代成本提升得慢的参与者排位靠后。企业剩余分享的状态依存特征，能有效地激发每个人力资源参与者不断学习和进步。

由式（5-4）和（5-5）可知，每个参与者的剩余索取权不但取决

于自己的替代成本，也受制于其他参与者的替代成本的约束。在合约内部，只要有两个以上替代成本不等于零的参与者，剩余索取权就不可能完全归属于某一个参与者身上，只要参与者的替代成本不等于零，在理论上就应该享有一定的剩余索取权。如果替代成本等于零的参与者能受最低工资法保护，而对有一定技能难度的参与者也应该由替代均衡的规则来维护其应得利益。替代成本的相互约束，也说明企业合约是一个利益协作系统，企业剩余是由这个协作系统来实现的，因此在剩余分配过程中体现了强弱互让的协作效应。

如果企业只有两个参与者，假如第一人的替代成本 $C_1 = 2$，第二人的替代成本 $C_2 = 1$，按照上述经验模型，将 $R_1 = 1 - a^{-2}$，$R_2 = 1 - a^{-1}$ 代入 $R_1 + R_2 = 1$ 中得 $a = (1 + \sqrt{5})/2$，再将其代入 $R_1 = 1 - a^{-2}$，$R_2 = 1 - a^{-1}$ 中，可得 $R_1 = 0.618$，$R_2 = 0.382$，此时，$R_1 > R_2$，而且 $R_1 < 2R_2$，说明两人在进入合约之初，虽各自的替代成本的差异导致谈判地位的优劣，但为了合作的成功，即便具有优势谈判地位的一方也会让渡部分剩余索取权给处于谈判弱势的一方，以激发谈判弱势的一方合作的积极性。这是因为，虽然在客观上第一人的替代成本是第二人的两倍，但在主观上第二人不会承认自己与第一人有那么大的差距，因此，第二人也就不会满意第一人拥有两倍于自己的剩余分享，但第二人能理解第一人应比自己分享更多的剩余。

三　模型的扩展

（一）人力资本的替代成本分析

在企业治理结构中，物质资本的替代成本由于物质资本天然具有的便于计量的特性而易于测量，但人力资本的替代成本则要复杂得多。也就是说，人力资本的替代成本在度量时至少存在以下几个偏差，而且这种偏差往往导致人力资本的替代成本被低估。

1. 人力资本自身的价值由于其隐藏性而难于观察到，因此企业在考察人力资本时往往会借助于一些易于观察到的指标，如学历、履历等，而这些指标本身也存在着一定的偏差甚至扭曲，因此对于新进入企业的人力资本来说，其替代成本是很低的。对人力资本的科学定价有赖于发达的人力资本市场，但可以想象，人力资本最初进入市场时由于缺乏工作经验和业绩，其定价必然被压低，在与物质资本的博弈中处于不利地位。另一种做法是从企业内部提升人才，如日本的终身雇佣制，依靠长期的工作实践来确定人力资本的替代成本。但是这样做的一个结果是，漫长的工作时间要求本身就加大了对人力资本定价的成本，另一个结果是加大了人力资本对企业的依赖，这在一定程度上也降低了人力资本的替代成本。

2. 人力资本自身的努力程度也决定了人力资本替代成本的高低

由于努力水准是无法进行监控的，因此产品价值就成为监控人力资本努力水准的替代指标。也就是说，努力水准 e 条件下的产品价值 $S(e)$ 可以用成为努力程度指标的概率变量 $S(e) = e + \varepsilon$ 来表示（表示信号误差的 ε 服从平均期望值为 0 的正态分布）。而人力资本付出努力之后得到的回报可用 $W = W(S)$ 表示，即人力资本得到的回报是产品价值 S 的函数。为了付出努力 e，人力资本需要花费一定的成本 $C(e)$，可以认为努力程度越大，努力成本越高；而回报越大，努力程度也越高。因此，人力资本的努力程度最终取决于 $C(e)$、ε 和 W，即努力成本、信号误差和回报，而 $C(e)$ 的存在和 ε 的不确定性则会在一定程度上打击人力资本的积极性。同时，W 的高低也是影响人力资本替代成本的一个重要因素。

3. 决定人力资本替代成本高低的另一个重要因素是人力资本的专用性

人力资本的专用性越强，替代成本也越高，其所得到的企业剩余也越高。但是，人力资本的专用性也呈金字塔式分布，即专用性越高的人力资本越稀缺，专用性越低的人力资本越充裕。这使得人力资本在与物质资本博弈时总是"单枪匹马"，在谈判中显得势单力薄，而且单个的经营者和生产者也不能改变人力资本整体的替代成本。

4. 与物质资本相比，人力资本另一个不利条件是更难以团结

这一方面是因为人力资本所有者不仅有作为资本所有者对于报酬的要求，更有作为个人对于工作环境、个人发展等其他方面的要求，人力资本要想团结起来，其内部就要花费较大的谈判成本。另一方面，人力资本能否团结，也取决于其所在国家或地区的政治和文化环境。如欧洲国家的工会比较发达，常常作为个人的代言人与企业进行谈判，谈判内容也涉及除工作报酬之外的其他问题。与人力资本相比，物质资本借助于资本市场和股东大会很容易达成一致，作为一个群体参与谈判。这也是人力资本在谈判中往往处于劣势的

原因之一。

　　人力资本市场的竞争程度可从企业外部抬高或降低人力资本的替代成本。当市场竞争激烈，人力资本供过于求时，企业内部人力资本的替代成本就会大大降低；当市场需求旺盛，供不应求时，企业内部人力资本的替代成本就会被抬高。因此，经济技术越进步，对科技含量高的人力资本的需求就会上升，从而带动这类人力资本替代成本的上升。这就是为什么在高新技术企业中高等技术人才往往获得较高的企业剩余分配的原因。

　　（二）物质资本的替代成本分析

　　首先，物质资本的替代成本可以联合计算。由于以物质资本参与企业合约的投资者置身于企业之外，参与者与参与资源是分离的，因此物质资本的投资者的个体差异并不影响其参与资源的替代成本的同一性。在企业合约内部，可以将所有投资者的物质资本的总和当成一个参与资源对待，而且这是提高效率的一种做法。在进行企业剩余争夺过程中，物质资本的投资者出于共同的利益自发地联合起来与其他人力资源参与者进行企业剩余的博弈，之后再在投资方内部按每个投资者的物质资本的数量比例分配企业剩余，在这里物质资本的便于计量性使得这种分配非常方便而且不容易引起纷争；相比之下，因为人力资源联合体难以用替代成本对其联合价值加以认定，每个人力资源参与者必须以个体参与企业剩余的博弈，而不可能以联合体的形式参与博弈。只有单个人力资源参与者才可能用替代成本来认定其参与资源的价值。

　　假如在合约内部，有 p 个经营者，q 个生产者，w 个投资者，w 个投资者联合形成一个参与者，其参与资源的替代成本为 C_w，令 $p+q+1=n$，则：

$$maxR_i = G(c_1, c_1, \cdots, c_p, c_{p+1}, c_{p+2}, \cdots, c_{p+q}, c_w) \qquad (5-6)$$

$$\sum_{i=1}^{n} R_i = 1, \qquad c_i > 0, \qquad R_i \in (0, 1), \qquad 且 \quad \frac{\partial R_i}{\partial c_i} > 0$$

求得 R_1^*，R_2^*，R_3^*，$\cdots$，R_p^*，R_{p+1}^*，R_{p+2}^*，$\cdots$，R_{p+q}^*，R_w^*，之后在投资方内部按每个投资者的投资比例分享 R_w^*。

　　其次，物质资本的替代成本是不会随某个投资者个人的努力而发生变化。物质资本的一个总和替代成本是由市场与企业的供需状况决定的：一方面受合约外部的经济发展程度的决定，经济越发达，融资环境越好，货币供给越充足，其替代成本也越低，反之亦反；另一方面受企业的技术性质决定，企业越是偏重于技术密集型，则物质资本的替代成本就越偏低；企业越是偏重于劳动密集型，则物质资本的替代成本就越偏高。这就是为什么在经济和技术越落后、劳动力越过剩的社会环境中，企业合约总是越容易由投资者独享剩余的原因。

因此，在企业技术性质和经济环境一定的条件下，物质资本的替代成本也是一定的，其在合约中的价值地位主要取决于人力资源参与者的替代成本状况。随着经济的发展，在技术需求越来越高的企业中，人力资本的替代成本将会上升，"资本独享"的神话将会逐渐破灭，人力资源参与者不断加入企业剩余的争夺。从历史发展可以看出，物质资本的替代成本与人力资本的替代成本随着时代的变迁而此消彼长，从而推动着企业制度由个体企业、到古典业主制、到两权分离、再到利益相关者共同争夺企业剩余的不断变迁。可以预知，随着技术进步和知识经济的发展，物质资本尤其是货币资本的替代成本可能会沦落为零（$C_w = 0$），从而出现企业剩余完全由人力资源参与者来相互争夺，物质资本参与者只能接受固定利息的局面。这或许就是知识经济发展的巅峰时期。

第四节 企业治理结构的变迁是治理主体不断博弈的结果

通过本章的分析，可以看出，企业治理结构的生成机制是这样运作的：企业治理结构的核心是企业所有权的配置，而各治理主体正是为了争夺企业的剩余索取权和剩余控制权而不断地展开博弈，决定博弈结果的是各治理主体的谈判力。当企业的外部环境因素发生变化时，企业治理主体的谈判力就会发生改变，这些外部环境要素包括市场因素、制度因素和技术因素。企业治理主体谈判力的变化将会推动各治理主体为争夺企业剩余索取权开始新一轮的谈判，而新的谈判结果则导致了企业治理结构的变迁（见图 5-1）。因此，各个治理主体在博弈中地位的变化甚至进入博弈或者退出博弈则构成了企业治理结构变迁的主要内容。

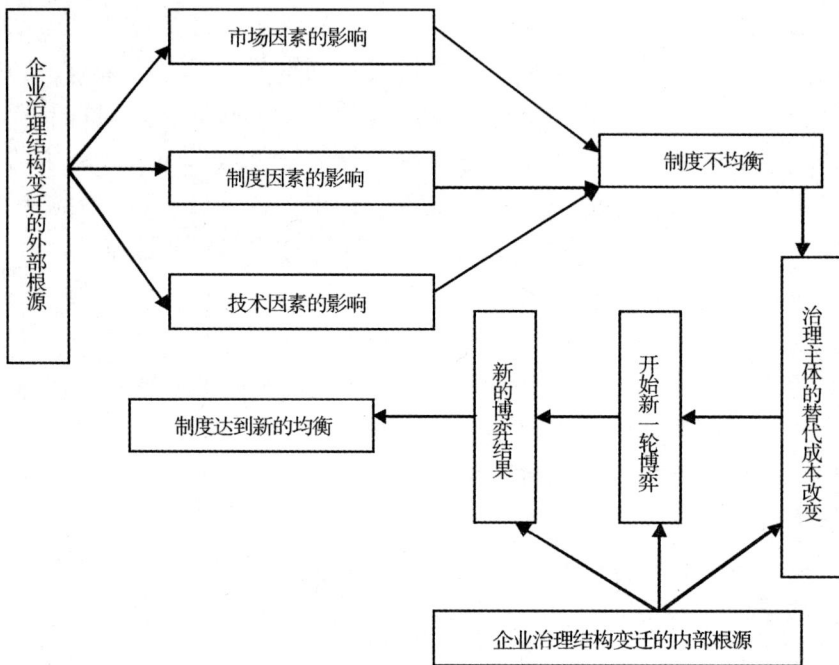

图 5-1 企业治理结构的生成机制

在资本主义早期，绝大部分企业的治理结构是资本雇佣劳动，即物质资本所有者作为唯一的治理主体独占合作剩余而劳动者只取得补偿其劳动力价值的工资。那么，劳动者为什么会接受这样严重不对称的对双方合作剩余的索取权的配置？这一是因为在资本主义早期物质资本所有者用于创办企业的资金通常来自于其消费满足之后的储蓄部分，物质资本即使暂时未与劳动力合作也不会影响其所有者的生存；而劳动者的生活消费与劳动力的再生产是同一个过程，也就是说如果劳动力不与资本合作就得不到生活资料，劳动者就无法生存下去。而且，资本主义早期劳动力往往供过于求而资本则相对供给不足，在这种的条件下，劳动者的谈判力量无法与物质资本所有者抗衡。二是业主制企业的长期普遍存在形成了股东所有权的思维惯性和"资本家拥有企业"的模糊认识。受传统观念的影响，[①] "企业是

————————

① 例如，美国学者马乔利·凯利就认为，正是长期存在的"财富主义"或"财富歧视"思想导致了企业的"最大化股东回报"的要求（参见［美］马乔利·凯利《资本的权利是神圣的吗?》，中信出版社 2003 年版）。

资本家的企业"向来就被看做是天经地义的真理，"资本雇佣劳动"（cap-ital – managed firm，KMF）也就成为理所当然的企业治理方式。

　　进入 20 世纪 90 年代后期，随着知识经济时代的到来，人力资本的产权特征发生了深刻的变化，人力资本在企业价值创造中的作用日益重要，这都使得物质资本所有者不能再独居于企业治理结构的主导地位。人力资本所有者开始要求分享企业所有权。理论界许多学者通过对人力资本产权特性的分析，提出了"劳动雇佣资本"的企业治理结构。① 在经济现实中，随着企业激励机制的不断发展，也出现了管理型人力资本的经理人员和技术专家型人力资本的核心技术人员开始分享企业剩余索取权的情形。人力资本开始介入企业治理，与物质资本所有者共同分享企业剩余索取权，成为新的企业治理主体，已经成为不争的事实。

　　随着企业规模的扩大、企业所有权日益分散以及市场竞争的日趋激烈，更多的治理主体开始参与到企业治理之中来。在 20 世纪 60 年代由斯坦福研究所提出的利益相关者的概念到 90 年代已经被普遍接受。企业在运营过程中，不可避免地要与所有的投入要素发生利益关系，企业经营状况也会给利益相关者带来收益或损失，同时，利益相关者也承担了企业经营的部分风险。企业在构造利益相关者的关系网络的过程中，既发出了明确的契约性要求权，如债务合约、工资合约、股利条款等，又发出了隐含的合约要求权，如心照不宣地持续提供服务的承诺，向雇员提供工作保障等。利益相关者的出现使企业治理主体呈现多元化的特征，虽然目前这些利益相关者与人力资本和物质资本所有者相比，谈判力还不强，但他们也已经采取各种方式积极参与企业经营活动，并提出了分享企业剩余索取权和剩余控制权的要求，使得围绕企业所有权分配的谈判更加复杂。

　　从 20 世纪 70 年代开始，世界各国的大型企业所有权结构出现了所有权从分散再次走向集中的趋势。艾森伯格（Eisenberg，1976）、德姆塞茨（Demsetz，1983）、德姆塞茨和雷恩（Demsetz and Lehn，1985）、施弗莱和维什尼（Shleifer and Vishny，1988）的研究都表明，美国大企业的股权结构是适度集中的。许多实证研究还表明，在德国、日本、意大利甚至发展中国家都存在相当程度集中的企业所有权集中现象。这使得企业

――――――――――

　　①　具体参见周其仁、方竹兰、牛德生等人的论述。

治理主体变得更加复杂。物质资本所有者分化为大股东与中小股东，大股东出于对自身利益的追求，更倾向于在企业治理中扮演重要的角色。他们往往利用自己手中的投票权来影响企业。在大股东绝对控股的情况下，如果缺乏有效的股权制衡机制去制约大股东在企业治理活动中的滥权，大股东出于机会主义动机的"内部人"掠夺行为就很难避免，大股东就会以牺牲中小股东利益而获取控制收益。另一方面，中小股东虽然也具有参与企业治理的权利，但是由于所持股份很小且十分分散，中小股东很难通过股东大会上的表决权或投票权来左右企业决策。中小股东往往放弃"用手投票"而更多的是通过"搭便车"或"用脚投票"来对经营者施加压力，这实际上是一种消极参与企业治理的方式。因此，在企业所有权再度集中的情况下，保护中小股东利益便成为企业治理中的一个新的难点。见表5-1。

表5-1　　　　　　　　　各种企业治理结构的比较

企业治理结构	企业治理的主要矛盾	企业治理目标	企业治理主体
"资本雇佣劳动"	所有者—管理者	股东利益最大化	股东单边治理
"劳动雇佣资本"	物质资本所有者—人力资本所有者	人力资本所有者利益最大化	人力资本所有者单边治理
利益相关者共同治理	所有者—其他利益相关者	各利益相关者的利益平衡	各利益相关者共同治理
大股东治理	大股东—中小股东	所有投资者利益最大化	大股东、中小股东共同治理

第六章

企业治理结构变迁的路径依赖分析

在上一章中侧重分析了企业治理主体的谈判力对企业治理结构变迁的影响，没有涉及制度环境因素。本章将运用路径依赖理论，分析制度环境因素对企业治理结构变迁的作用。

企业治理结构变迁的一个重要特征是它的多样性，表现在实践上就是在现实的世界经济中，企业治理结构形成了几种不同的治理模式，并且在各自的经济环境中表现出了较高的效率。这种治理模式的多样性可以通过路径依赖理论解释。

第一节　制度变迁的路径依赖理论概述

一　路径依赖的基本概念

路径依赖是指一个具有正反馈机制的体系，一旦在某种偶然事件的影响下被系统采纳，便会沿着一定的路径发展演进，即使存在其他潜在的甚至更优秀的体系也不能将其取代。简而言之，路径依赖理论研究的是过去的发展对现在和将来发展的影响。路径依赖理论最早是由生物学家在研究物种进化时提出，后经布赖恩·阿瑟（W. Brian Arthur）将该理论应用于技术变迁的路径分析。阿瑟指出，新技术的采用往往具有报酬递增的性质。由于某种原因首先发展起来的技术通常可以凭借先占的优势地位，如规模经济促成单位成本的降低、普遍流行导致的学习效应提高，许多行为者采取相同技术产生的协调效应，以及在市场上越是流行就越促使人们相信它会进一步流行的预期等，实现自我增强的良性循环，从而在竞争中胜过自己的对手。相反，一种具有较之其他技术更优良的技术却可能由于晚人一步，没有能够获得足够的追随者而陷入恶性循环，甚至"锁定"在某种被动状态之下，难以自拔。总之，细小的事件和偶然的情况常常会把技术发展引入特定的路径，而不同的路径最终会导致完全不同的结果。

技术轨迹依赖的特征是由于自行强化机制在起作用。自行强化机制包括四个方面：(1)随着产量的提高，技术使用的大量的初始成本或固定成本会出现单位成本下降的好处；(2)学习效应，随着这项技术流行，人们会不断改进产品或降低成本；(3)协调效应，由于其他经济当事人采取相配合的行为，会产生合作收益；(4)适应性预期，一项技术在市场上使用的人越多，就越有利于其进一步扩展。自行强化机制有可能产生轨迹依赖，即一次或偶然的机会可能引出一种解决方法，而一旦这种方法流行起来，它又会导致这种方法进入一个特定的轨迹，就像在计算机资料库中存取文件时，访查范围是由路径的选择决定的。

诺斯(North)在对相关理论的研究基础上，将路径依赖应用到制度变迁中，用以描述过去的绩效对现在和未来的巨大影响。他认为，在制度变迁中，同样存在着报酬递增和自我强化的机制。这种机制使制度变迁一旦走上了某一条路径，它的既定方向会在以后的发展中得到自我强化。诺斯(North)指出："人们过去做出的选择决定了他们现在可能的选择。"沿着既定的路径，经济和政治制度的变迁可能进入良性循环的轨道，迅速优化；也可能顺着原来的错误路径往下滑，如果弄得不好，它们还会被锁定在某种无效率的状态之下。一旦进入了锁定状态，要脱身而出就会变得十分困难。制度的这种自我强化机制包含了四个因素。

(1)设计一项制度需要大量的初始设置成本，而随着这项制度的推行，单位成本和追加成本都会下降，这是制度创新中的规模经济。

(2)学习效应，适应新制度而产生的组织会抓住制度框架提供的获利机会。

(3)协调效应，通过为适应制度而产生的组织与其他组织缔约，以及具有互利性的组织的产生与对制度的进一步投资，进而实现协调效应。更为重要的是，一项正式规则的产生将导致其他正式规则，以及一系列非正式规则的产生，以补充和协调这项正式规则发挥作用。

(4)适应性预期，随着以特定制度为基础的契约盛行，将减少这项制度持久下去的不确定性。

由此可见，制度变迁的自我强化机制与技术变迁的自我强化机制颇有相似之处，只是在具体作用的内容上不同而已。

二　制度变迁与技术变迁

在对于企业制度变迁的研究中，一样也可以使用路径依赖理论。许多新制度经济学家最初认为企业是技术创新、技术选择的主体，因此可以将技术变迁的分析运用到企业制度变迁的分析之中。查尔斯·沙伯尔、米契尔·爱维雷特等人运用路径依赖分析框架研究了工厂制度和劳动经营型企业等组织变迁的路径。他们提出，相对于包买商制度和劳动经营型企业，工厂制度和资本经营型企业最初并非有更高经济效率，其所以在后来占有优势，是因为战争和法律条令颁布等偶然性因素，以及生产规模效应和协调效应等"正反馈机制"，使企业制度变迁产生了路径依赖的后果。①②③

但是，制度范畴与技术范畴毕竟存在着性质上的差别，将路径依赖分析框架应用于企业治理结构变迁的研究具有一定的局限性。一是技术体系中的相互耦合效应具有刚性，并且初始投资的资产专用性很强。而企业治理结构中相互协作的网络效应具有逐步发展、逐步融合的特点，而且不具备刚性特点，其初始投资的基础设施的专用性也不强。二是技术关系中不存在利益冲突因素。但如前所述，企业治理结构的变迁中却存在着企业治理主体之间的利益冲突和博弈斗争，而且这种冲突和斗争甚至主导了企业治理结构的变迁。三是在技术变迁中，利益生产和利益协调占主导性地位，但在企业治理结构的变迁中，利益的生产和协调功能却往往让位于利益的分配和利益冲突。事实上，一种企业治理结构之所以长期处于均衡状态，主要是因为各种利益集团的相互谈判力或再缔约力量处于相对均衡的状态，占统治地位的集团利用支配资源的能力竭力维护现有制度，并反对各种企图进行制度路径替代的活动。可以说，技术变迁是"一切从效率出发"，而制度变迁则是"一切从各自利益出发"。与此相比，现有的企业治理结构产生的收益递增的力量就显得无足轻重了。因此，运用路径依赖分析框架去研究企业治理结构的变迁，

①　刘元春：《论路径依赖分析框架》，《教学与研究》1999 年第 1 期。
②　邝红艳：《路径依赖——公司治理锁定的成因分析》，《商业研究》2004 年第 16 期。
③　吴勇勇：《制约我国民营企业发展的路径依赖效应》，《中南财经政法大学学报》2003年第 3 期。

需要正确理解制度范畴与技术范畴的差别，理解治理主体的利益冲突及博弈策略。

总之，在运用路径依赖理论分析企业治理结构的变迁时，可能无法建立一个完整的分析框架。更现实的做法是对影响企业治理结构变迁的路径依赖因素进行分析，书中主要分析了三种路径依赖因素：所有权驱动的路径依赖、资本市场规制驱动的路径依赖及文化因素驱动的路径依赖。[①]

第二节　企业股权结构驱动的路径依赖

一　企业股权结构与企业治理结构的关系

自从 1932 年伯利和米恩斯(A. Berle and Means) 在《现代公司与私有财产》中最早明确提出了现代企业股权结构分散化的特征并系统论述了股权与控制权相分离的问题后，对企业股权结构的讨论就从来没有停止过。[②] 毫无疑问，股权结构是企业治理结构中最重要的因素，股权结构影响企业治理绩效。企业的股权分布直接决定了企业控制权在不同股东之间的分配。不同股东因在企业所拥有的股权不同决定了在企业内部话语权的差异。

在第四章中我们已详细分析了企业股权结构与企业治理之间的关系。简单地说，在股权相对分散的英美企业，委托—代理问题主要存在于股东与经营层之间。而在股权相对集中的亚洲企业，企业的控股股东与经营层往往重合，成为企业内部的关键人。关键人控制了企业的大部分权力，委托—代理问题从外部投资人与企业经理层的利益对立变成企业大股东与中小投资者之间的利益冲突。因此，分析一国企业股权结构的形成路径，对探寻一国企业治理结构的形成具有重要意义。

二　股权结构形成的路径分析

任何一种企业股权结构都有其形成的历史必然性。在一国企业形成

---

① 权衡、徐文华：《路径依赖与中国国有企业改革——兼析国有企业内部人控制》，《江苏社会科学》1997 年第 3 期。

② 这些讨论集中在三个方面：一是公司的股权集中度问题；二是公司股权结构与公司价值、公司绩效之间的关系；三是公司的股权结构与经理人的激励问题，涉及公司激励的制度方面。

和发展的历史上，一些偶然或必然的因素会导致一国企业形成具有本国特色的股权结构，并直接影响到该国企业的治理结构。目前一些关于企业股权结构形成原因的理论分析并不能够令人信服地解释各国企业在股权结构方面的差异。比如美国企业的股权结构可能是分散的，也可能是相对集中的。而按照日本战后经济民主化时期的政策趋向，日本企业的股权结构应该是分散的，但是日本却形成了相对集中的结构。

马克·J. 洛（Mark J. Roe，1993，1994）从金融体系的角度对美国的股权结构做出了自己的解读。他认为，美国企业股权结构也可以是相对集中的。形成目前分散股权结构是因为美国拆分了金融中介机构，形成了分散的金融体系，并且限制金融机构之间结成联盟。那么，为什么美国要拆分金融机构呢？他认为是由于美国的政治传统和文化传统，即美国公众意识和政治理念中对私人权力的集中极为恐惧。因此，是美国的民主政治塑造了美国现在的大企业的组织结构。[①]

马克·J. 洛的观点已经超出了经济学的范围，而且他也没有给出一个系统的理论分析框架。但是，这种解释的经济学意义在于，需要从路径依赖的角度分析不同国家和地区的企业股权结构的形成。

因此，一国企业股权结构的形成原因主要有以下几个方面。

（1）政治传统和文化传统。一国的政治传统和文化传统影响了一国政府和民众对于企业的看法和态度，以及对于分散或者集中的股权结构的偏好，最终决定了一国企业的股权结构。

（2）金融体制特点。金融机构是企业物质资本的主要提供者之一，一国金融业的发展水平和管制措施决定了一国企业与金融机构之间的关系，以及金融机构在企业中的地位和作用。

（3）利益集团的发展。一国在经济发展过程中，是否形成了强大的利益集团并在企业中占据主导地位，也会影响到企业的股权结构。

三　股权结构形成的国别分析（以美日两国为例）

（一）美国企业股权结构的形成

从美国企业的发展史来看，其分散的企业股权结构主要根源于美国

---

① ［美］马克·J. 洛：《强管理者·弱管理者——美国公司财务的政治根源》，上海远东出版社 1998 年版。

的平民主义、民主主义和个人主义思想以及由此而形成的美国政治、经济和企业制度。具体来说，有以下几点：

1. 美国的民主主义思想和反垄断传统

美国是一个在新大陆上白手起家建立起来的移民国家，广阔的土地和丰富的资源造就了美国早期的分权制的政治传统。早在 18 世纪 90 年代，美国的民主主义的思想就已经确立。至今，美国依然保持着分权制的联邦政体。美国分散的政体体现了美国民主思想中对权力集中的恐惧，这种恐惧不仅体现在政治上，而且体现在所有私人权力和公共权力的集中上。同样地，美国的政治思想集中体现为平民主义，它来源于自由、平等、博爱等启蒙思想，体现了分散的小农业和小手工业者的利益。美国的分权制的政治体制和民主主义思想使美国政治形成了阻止金融系统权力过度集中的倾向，也阻止了金融系统控制产业界的企图。因此，马克·J. 洛（1994）指出，联邦制造就了美国分散化的金融体系，这种分散化的金融制度铸成了企业股权结构分散化的特征，进而形成了美国所特有的企业治理结构。

另外，除了分权政治和民主主义思想，美国还有着悠久并且严格的反垄断传统。美国是世界上最早实施反垄断法的国家，在反垄断法律执行方面非常严格。美国的反垄断法主要由四部法律构成：1890 年的《谢尔曼法》、1914 年和 1950 年的《克莱顿法》、1976 年的《哈特—斯科特—罗德尼法》和 1970 年的《反欺诈和反腐败组织法》。按照美国反垄断法的法理思想，单独或者通过联合、共谋限制竞争或者降低竞争程度的行为都属于垄断，是反垄断法严格禁止的行为。美国的反垄断法对企业之间单向或者相互持股是严格禁止的，因为企业间的持股关系具有阻碍竞争的限制，具体包括三个方面：即持股限制、董事兼任和企业并购。美国反垄断法对企业之间持股的限制，使工商企业不可能通过相互持股形成控制和扩大关联交易，直接导致了美国企业分散的股权结构。

2. 美国的银行体制

美国在历史上形成了其特有的银行体制。美国的银行体制具有自身的特点：首先是双轨制银行体系，也就是国民银行与州银行并行的银行体系，这一状况一直延续至今。1863 年《国民银行法》公布之前，美国实行自由银行制度，银行由州政府批准设立。1863 年公布的《国民银行法》，在财政部内设立货币监督署，管理国民银行注册，并对州银行发行的银行券课以 10% 发行税，这一规定限制了州银行的发展。1970 年以后，随着活期存款和支票业务的发展，州银行又再次获得了新的生机。目前美国是国民银行和州银行并行发展。其次是单一银行制。单一银行涉及银行业务集中于一家银行还是允许银行设立支行和跨州设立分行的问题。关于这一问题，美国各州的态度不同。一般而言，中西部奉行单一银行制，南部和东部各州允许有限度地在州内设立分行，但是仍然禁止跨州设立分行。20 世纪 20 年代的《麦克弗登法》更是明文规定禁止跨州设立分行。反对跨州银行是为了防止金融权力的集中而形成对信贷分配的控制，特别是大银行吞并小银行形成垄断，造成信贷歧视，从而影响立法的全面性与公平性。到 20 世纪 80 年代，美国立法开始放宽对银行跨州设立分行的限制。在美联储的一再建议下，1982 年《加思—圣·日尔梅法》允许州银行在倒闭时，可以由跨州金融机构收购。但是，美联储还是主张对大规模的银行并购加以限制，以防止金融权力过度集中。发展至今，美国的金融管制的思想仍然是限制集中和垄断，鼓励分散化的金融体系。再次是美国严格限制银行持股。早在 1933 年 6 月，富兰克林·罗斯福总统就签署了 1933 年《银行法》，即《格拉斯—斯蒂格尔法》（Glass - Steagall Act，简称 G - S 法）。G - S 法规定，商业银行与投资银行相互分离，任何以吸收存款为主要资金来源的商业银行除了可以经营规定的政府债券以外，不能直接经营证券业务，更不能直接持有工商企业的股票。如果商业银行用自有资本购买企业的股票，不得超过自有资金和赢利总额的 10%，购买的证券必须是信誉等级较高的证券。同时，投资银行不得从事存款业务和信用业务。G - S 法的根本目的是维护商业银行资金的安全，因此禁止存款机构从事证券业务，将商业银行排除在企业的大股东之外，最终造就了美国分业经营的金融体制。正是由于 G - S 法，美国企业不可能像日本和德国企业那样，存在银行大股东。① 到 1999 年 11 月，克林顿总统签署了《金融服务现代

---

　　① 从另一方面说，即使美国商业银行像 20 世纪 30 年代前那样可以持股企业股票，在民主主义思想影响下，美国也不会允许商业银行通过持股控制产业企业。而且从反垄断法的角度来看，持股银行控制企业与反垄断法也存在制度上的冲突。从这个意义上说，G - S 法不是偶然的，而是美国多重制度均衡中必然的结果。

化法案》(*Financial Services Modernization Act*, 1999)，该法案允许并提倡银行业、证券业和保险业之间的联合经营，加强金融机构之间的竞争；但另一方面继承将金融服务业与工商业严格分离的美国金融法律传统，并予以强化。因此，可以说这个法案标志着美国金融业告别了分业经营的历史，进入混业经营时代。① 但是从《金融服务现代化法案》的立法理念来看，该法又继承了将金融业与工商业严格分离的美国金融法律传统，对于存款机构持有股票和控制企业的"防火墙"不但没有拆除，而且对工商企业控制存款机构的法律漏洞加以弥补，使商业银行与产业企业之间不可能建立持股关系，更不可能建立起控制关系。②③

3. 美国对于机构投资者的限制

美国不仅通过金融管制和反垄断法律限制了银行持股和企业相互持股，还通过对机构投资者的限制阻止了美国企业中大股东的出现。应该说，20 世纪 80 年代以后，美国机构投资者在企业治理中发挥着越来越重要的作用，所扮演的角色也越来越积极。这主要出于三个方面的原因：首先，美国机构投资者的队伍壮大，持股数量使得他们难以通过"用脚投票"的方式表达对企业经营者的不满；其次，20 世纪 80 年代以来，敌意收购盛行，收购与反收购策略的滥用也使得机构投资者权益受到了新的威胁；再次，机构投资者所拥有的财力也使他们能以某种有效的方式迅速对此做出反应。

但是，从另一方面看，美国机构投资者的积极行动仍然受到很多方面的制约，发挥的作用还是很有限的。首先，由于机构投资者追求投资的稳健安全，机构投资者持有一家企业的股票一般不会超过 1%，这一持股比例一般不会对经营者的地位构成威胁。因此，机构投资者只能通过争夺代理投票权或者带有威胁性的建议等方式参与企业治理。其次，单个的机构投资者持股比例不足以对企业经营者产生影响，多个机构投

---

① 但是，随着次贷危机引发的金融风暴不断升级，越来越多的人开始质疑《金融服务现代化法》的负面影响。认为正是在它的推动下，美国经济逐步走向了过度的虚拟化和自由化，网络泡沫、房地产泡沫接连破灭，金融衍生产品泛滥成灾。因此，在金融危机尚未平息之前，对于《金融服务现代化法》的评价还言之过早。

② 何立胜：《股权结构与治理结构改革：国外的实践与我国的选择》，《河南师大学报（哲学社会科学版）》2002 年第 1 期。

③ 于潇：《美日公司治理结构比较研究》，中国社会科学出版社 2003 年版。

资者联合起来则完全可以控制企业。但是美国的法律严格控制股东之间的联合和串通，[①] 这使得机构投资者之间难以联合和合作。再次，由于机构投资者持有众多企业的股票，机构投资者不可能对每一家企业都投入较大的人力和财力来参与企业治理。而且机构投资者征集投票权的成本全部由自己承担，但企业经营改善所获得的收益却由全体股东共同分享。这种成本与收益的不对称使机构投资者具有"搭便车"的趋向。因此，机构投资者更倾向于采取威胁使用征集代理投票权的方式，不连续地介入企业治理活动。最后，机构投资者必须服从行业最高准则——信托责任准则和投资组合规则，这进一步限制了美国机构投资者参与企业治理的积极性。机构投资者是为客户或受益人的利益进行证券投资，由于资金来源不同、责任不同、管理模式不同以及法规不同，机构投资者受到了不同的限制。上述这些限制，决定了美国机构投资者只能偶尔成为"积极"的投资者，从长期来看他们仍然是一个"消极"的投资者。[②]

通过以上论述，可以看出，美国企业股权结构的形成具有其特定的政治、经济、文化和历史渊源，这就是美国企业股权结构形成的"路径依赖"。

（二）日本企业股权结构的形成

日本企业股权结构的形成也有其独特的路径依赖。1945 年 8 月，日本战败投降，美国占领军对日本的政治、经济、社会体制进行了全面的改革。按照盟军司令部的设想，对日本的经济改造应当以美国为蓝本，在日本全面建立起美国经济模式。盟军司令部当时的主导思想是通过各个方面的改革，在日本建设与美国相似的经济结构、金融体系和企业制度。其政策主要包括以下几个方面：（1）通过解散财阀，分散企业股权，建立起分散的企业股权结构，彻底消除掌握日本经济命脉、幕后操纵日本政治、发动对外侵略战争的财阀统治；（2）建立美国式的股票

---

① 如美国联邦证券交易委员会于 20 世纪 30 年代起陆续颁布的委托投票条例对股东间的非正式联系以及提供和传递关于企业政策信息的行动给予严格限制。1976 年通过的《哈特—斯科特—罗德尼法》规定，任何一个企业在另外一个企业进行积极性投资，必须向公平局和联邦交易委员会作出说明。

② 刘海建：《美国大型企业制度的变迁与我国民营企业转型》，《经济纵横》2003 年第 10 期。

市场，为分散企业股权提供交易场所；（3）建立起美国式的反垄断法律体系，防止财阀的重新聚集；（4）建立起美国式的投资银行与商业银行分离的金融体系。

但是从实际情况看，盟军司令部的目的并没有完全实现。日本形成了与美国模式有较大差异的经济运行模式。这其中既有国际形势变化的影响，更重要的是日本独特的文化和历史传统，塑造了日本经济制度独特的性质。①

首先，战后政治经济形势的变化造成了日本法人相互持股的企业股权结构。

战后，盟军司令部对日本实施了经济民主化改造，即解散财阀运动。为此，日本成立了"控股企业整理委员会"（HCLC），财阀家族、控股企业和子企业的股票被转移到"控股企业整理委员会"，由该委员会把这些股票分售给分散的投资者。这一举措当时取得了一定的效果。到1949 年日本股票市场重建时，日本个人持股达到最高的 69.1%，法人持股只有 28.1%。但是由于种种原因，② 从此个人持股比率开始下降。日本经济在 50 年代后半期快速增长，大规模设备投资引起大规模进口，导致国际收支恶化。1961 年日本政府采取金融紧缩政策，法人企业为了获得资金纷纷抛售股票，使股票价格暴跌。另一方面，企业大规模的增资扩股仍然持续，导致股票市场供求关系失去平衡。1963 年起，日本股市陷入恶性循环，股价进一步下跌。在证券危机中，个人投资者损失惨重，纷纷退出股票市场，使个人持股比率进一步降低。1966 年，个人持股比率降低到 44.1%，而银行与事业法人持股比例首次超过个人，达到 44.7%。证券危机之后，日本政府修改证券交易法，1965 年证券行业由登记制过渡到许可制。在许可制之下，从事证券行业必须首先获得大藏大臣的特别许可，这一制度极大地限制了新证券企业的成立，并迫使大批不符合大藏省审查标准的中小型证券企业退出证券行业，结果加剧了证券业的集中，巩固并加强了四大证券企业的垄断地位。

---

① 杨斌：《日本式经营"不合理的合理性"及其问题探讨》，《我国经济与管理》2004 年第 1 期。

② 其中最重要的原因是战后初期接受财阀股票的社会能力不足，大量滞留在企业中的股票为法人所拥有。

另一方面，战后，日本政府根据外资法和外汇管理法严格限制国际资本流动，未获政府许可，外国资本不能进入日本。直到 1964 年日本加入"经济合作与发展组织"（OECD），才许诺实行资本市场自由化。按照 OECD 的原则，日本必须开放国内资本市场，使资本交易自由化，这意味着各国资本可以自由地在资本市场上收购日本企业。为了防止本国企业被外国企业收购，同时为了对付 1965 年证券危机，日本企业和证券企业开始推行"稳定股东工作"（stable shareholders）。其主要内容是推动法人企业之间以及法人企业与金融机构之间相互持股，加强联系。换言之，法人股东所持有的股份，不以股利和资本收益为目的，而是为获得控制权，一定程度上影响被持股公司的经营，不随股价波动而抛售，因此比较稳定，此即"稳定的股东"。1975 年以后，日本法人持股关系越来越成熟，法人持股比率稳步提高。

其次，特有的金融体制和主银行制度造就了日本银行与企业之间的密切联系。

第二次世界大战后，日本金融制度的特征从金融制度结构的层面看是以银行为中心，银行与企业之间保持长期的和多方面的关系；从金融管制的层面看，则是政府对银行业的严格保护。决定战后日本金融制度特征的关键因素，一是 1927 年的银行危机，二是战时的金融管制政策。

1927 年（昭和二年）日本发生了大规模的存款挤兑和银行破产风潮，一年之内共有 45 家银行破产，这一事件在日本金融史上称为昭和银行危机。虽然银行危机的直接原因是 1923 年关东大地震后发行的"震灾票据"得不到妥善处理而导致存款挤兑和银行破产，但根本性原因则是政府对银行业的自由放任政策。1890 年日本的银行条例没有最低资本金和贷款风险控制方面的规定，银行业的特征是数量多、规模小。与美国政府在 30 年代的银行危机后建立以存款保险制度为核心的银行监管和金融安全网不同，日本政府采取的危机处理对策是银行业的集中。1928 年开始实施的银行法要求普通银行的资本金达到 100 万日元，资本金不足的银行只能通过与其他银行合并的方式增加资本金，自我增资不予以承认。大藏省提出了"一县一行"的银行合并目标，由于有些银行不愿失去独立的经营权力，当时的合并并不顺利，直到进入战时金融管制后才真正实现了"一县一行"的目标，这些银行就是第二次世界大战后的地方银行。同时，国民储蓄不断向属于财阀系统的大银行集中，这些大银行就是战后的都市银行，作为战后日本银行体系主体的都市银行和地方银行就是在这样的背景下形成的。

1931 年发动侵略中国的"九一八事变"后，日本进入了战时金融管制时期。金融管制的核心是控制资金分配，以保证军需企业的优先资金供应。1944 年开始实行"军需企业指定金融机关制度"，根据这一制度，各军需企业与银行"配对"，银行不仅保证"配对"军需企业的资金供应，还积极参与"配对"军需企业经营管理和财务监督。旧财阀体系解散后，形成了以都市银行为中心的金融系列企业，战时"配对"体制下企业与银行之间的密切关系被保存了下来，战时军需企业的指定银行大多成了战后这些大企业的主银行，这就是战后日本主银行制度的形成背景。

战后，为了稳定货币和支持经济重建，盟军司令部对金融体制的改革措施较少，基本没有改变日本战前已经形成的银行体系。1949 年 2 月，底特律银行家约瑟夫·道奇应杜鲁门总统的请求，作为麦克阿瑟的经济财政顾问，指导对日本的经济新计划，即"稳定经济九原则"和"稳定工资三原则"，积极推行道奇路线。由于道奇路线的中心内容是加强税收以增加财政收入，取消各种补贴和限制各种贷款以减少政支出，从而既抑制了消费，又抑制了投资，形成了有效需求不足，最终出现了因实行道奇路线而导致的生产停滞和失业增加的"稳定危机"。"道奇路线"使日本股票市场陷入萧条之中。因此以都市银行为中心的大银行开始为企业提供资金，而大银行则依靠日本银行的贷款。自此以后，以都市银行为中心的系列贷款体制建立起来了。

在日本经济高速增长时期，主银行为企业发展提供了充足的资金，企业的扩张也使主银行获得了丰厚的回报。在主银行与企业相互促进共同发展的过程中，主银行制度通过银行与企业建立双向互惠交易关系得到强化。一方面，主银行制度使大型城市银行迅速发展壮大；另一方面，主银行有力地支持了企业的发展，对日本经济高速增长发挥了重要作用。结果形成了企业与银行相互促进，共同发展的局面。[1][2]

---

① 于潇：《日本主银行制度演变的路径分析》，《现代日本经济》2003 年第 6 期。

② 李鹏飞、王元月：《日本银行制度的发展与影响》，《亚太经济》2005 年第 2 期。

第三节 资本市场规制驱动的路径依赖

一 资本市场对企业治理的作用机制

资本市场对企业治理产生影响的前提是资本市场的有效性。在一个有效的资本市场中，资本市场对企业治理的推动作用主要体现在以下几个方面：一是融资机制，资本市场的融资机制使投资者可以自由选择投资的对象，从而改善和提高企业的治理结构；二是价格机制，资本市场的价格机制可使出资者通过股价起落了解企业经营状况，降低股东对管理层的监控信息成本，从而降低企业的治理成本；三是并购机制，资本市场的并购机制可以强制地纠正企业治理的低效率。在这三大机制中，价格机制是核心，通过价格机制使得企业的价值得到适时的反映，进而使企业的利益相关者对此做出及时的反应，导致资本结构和股权结构发生相应的变化，从而调整企业的经营管理，进而提高企业的价值。并购机制则是对企业治理的一种强制性的优化，优化的结果是企业价值的提升。而融资机制是对并购机制的一种深化，通过融资机制的实施，可以改变企业的资本结构和股权结构，从而影响企业的治理结构和效果。资本市场对于企业治理的作用许多学者已有充分的论述，在此只做一总结。[1][2]

首先是融资机制。

资本市场的重要功能之一是融资功能。在市场经济条件下的企业中，主要的融资工具有债务融资和股权融资，但这二者不仅仅应被看做是不同的融资工具，而且还应被看做不同的治理结构。设计合理的融资结构应能限制经营者以投资者的利益为代价，追求他们自身的目标。股权融资与债务融资有许多不同之处，股权融资通过内部控制与外部控制对企业的治理施加影响。在内部控制中，内部控制的有效与否与股票的集中程度、股东性质和董事会及有关法律法规规定的投票比例有关。股权融资使得股东可以通过内部的投票机制对企业的经营和治理进行监

---

① 陈共荣、胡振国：《论资本结构与治理结构目标的一致性》，《会计研究》2003 年第 6 期。

② 刘社梅：《论资本市场在改善公司治理中的作用》，《经济纵横》2003 年第 11 期。

督。在大部分情况下，大股东存在监督企业运作的动力，同时小股东的"搭便车"（Freeriding）行为也使企业决策向大股东的意见倾斜。另外，如果内部控制的机制失效，股东会通过转让和出售股权的方式改变经营者，强制性地达到控制企业的目的。

相对于股权融资，债务融资可在一定程度上抑制经营者的过度投资。因此，在融资过程中，经营者会权衡融资的方式。尽管股权融资相对于债务融资没有还本付息的压力，但融资的大小受到企业业绩的影响，投资者会根据企业的业绩进行投资的选择，为获得融资的机会，企业经营者会通过改善企业管理，提高企业的营运水平、提供优质的产品和服务来改善企业的业绩。同时，融资结构还可以对经营者的经营激励、对企业的清算或退出以及对企业的并购产生影响，进而对企业的治理产生影响。

其次是价格机制。

在有效的资本市场中，企业股票的价格机制的功能是提供信息，主要是企业管理效率的信息。对于出资者来说，通过对企业市场价格的观察和预期，可以评价企业经营者的经营管理水平，从而降低代理成本中的监督成本。对于其他利益相关者来说，可以根据股价评价的结果采取有利于他们的行为，这些行为包括更换企业经营层、出售企业股票、寻找合作伙伴以及引进新的投资者和经营者等。出资者和利益相关者对于企业股价的观察和分析会给经营者带来相当的压力，迫使经营者尽职尽责，并通过努力工作用良好的经营业绩来维持股票价格。股价的波动也会使众多利益相关者关注到企业的表现，为采取进一步的行动提供了相对公平的标准。

资本市场上的价格机制是通过正反两方面对企业治理结构中的管理层发挥作用的。一是为避免经营者短视性，许多企业都采取了股票期权的方式来实现企业的可持续发展，其实质是借助价格机制对管理人员提供长期的激励。管理人员为了实现较好的长期受益，就不得不努力工作，维持企业股价的稳定甚至上涨。股票期权使得管理人员的利益和企业利益捆绑在一起，而这都是借助价格机制才得以实现的。二是在发达的资本市场上，分散的小股东可以通过"用脚投票"（即抛售经营业绩不良企业的股票）来实现对经理层的有效监控，这正是价格机制的另一方面，即约束机制。中小股东的抛售会使股价下跌，股价下跌会使企业业绩下滑、面临被收购的危险，管理人员也会受到质疑。资本市场上的价格机制还通过价格发现、价格评估和价格修正对企业治理发挥作用。

最后是并购机制。

资本市场对企业治理产生影响的实质是企业控制权的争夺，主要通过并购来实现。并购作为资产重组的主要形式除能实现协同效应外，还能强制性地纠正企业经营者的不良表现。在有效的资本市场中，即使企业的股票价格正确反映了企业经营状况及财务状况，但企业仍然存在着经营不善的倾向和情况。当企业的股价下跌时，企业的经营者一般情况下不会主动提出辞职，因此企业的经营不会得到及时改善。通过并购可以使外部力量强制进入企业，介入企业经营和控制，甚至重新任免企业的经营层。通过并购机制，使得经营者面临"下岗"的威胁，迫使其在股价下跌时，不断改进企业的经营，以避免出局。马丁和麦克南（Martin and Mcconnell，1991）的研究也表明了同样的结论。当经营者的行为偏离股东的目标并且对企业管理不善时，股价下跌，企业面临被收购的危险，从而促使他们追求所有者的目标。在股价下跌时，中小投资者通过出卖股票减少损失，并使大的投资者获得足够的股票来改组企业。同时，在资本市场经常发生的恶意收购现象也具有强烈的排挤效应，这种潜在的威胁迫使企业经营者为股东的利益而努力工作，改善企业经营管理，以避免恶意收购的发生。

二　从古典式规制到长期关系式规制

资本市场规制包括信息披露规制、内部交易规制、市场操纵规制、接管（反接管）规制、证券分散规制，以及银行规制等。为了分析的简化，下面将这些规制按规制的目标和方式分为新古典式规制和注重长期关系式规制两大类（Williamson，1996；Deitl，1998）。前者以完善资本市场为目标，后者以建立投资者与企业的长期关系为目标。①

新古典式规制以新古典经济理论为基础，认为在完全竞争的资本

---

① 何炼成、赵增耀：《资本市场规制与公司治理模式的形成》，《经济学家》2000 年第 1 期。

市场上，资本的配置效率最高；同时在完全竞争的资本市场上，股价能充分反映企业的价值。如果经营者由于不努力而使企业的经营绩效（利润）下降，就会面临被接管的威胁。但是，许多新古典理论的假定在现实世界并不存在，如参与者的完全信息、非操纵的市场价格等，包括资本市场在内的许多市场都是不完善的。因此，新古典式的规制的目的就是尽量消除现存市场的不完善性，使其尽可能接近完全竞争市场。在资本市场规制方面，新古典规制的主要内容包括：严格及时的信息披露规定；严格的反内部交易法；严格的证券分散要求；严格的接管及反接管规定；以及将商业银行与投资银行业务严格分开，禁止交叉；禁止银行持有非金融企业的股票，向企业派遣董事，也不允许银行代表股东行使投票权。所有这些内容都是为了降低市场参与者之间的非对称信息，限制机构投资者对企业的控制，限制大股东对中小股东利益的侵害，限制一些反接管措施的采用，限制银行对于企业的控制和影响。总而言之，新古典式规制就是要使资本市场尽量接近完全竞争状态，只有如此，才能达到资本配置的最高效率。

尽管新古典式规制的追求者承认，新古典的完全竞争市场在现实世界中很难实现，但规制的目的仍然是尽量减少现实市场的不完善性。新古典式规制对于企业治理的影响可从两个方面分析，一方面在这样的规制下，难以形成大股东和积极参与企业治理的投资者。因为缺乏企业内外部之间的非对称信息及潜在的内部交易利益，大股东很难从持有一个企业的大量股票中受益，证券不分散的风险成本不能从获得的信息优势和在企业治理中的优势来弥补。理性的投资者就不愿意放弃证券分散的好处而持有一个企业的大量股票，也不愿意积极参与企业治理，而选择在监督经营上"搭便车"。同时，这种规制也明显限制了银行在企业治理及资本配置中的作用，使银行只能用借贷关系影响企业，并促使企业通过直接融资减少对银行的依赖。但另一方面，在新古典式规制下，非对称信息和对内部交易及市场操纵的严格管制，增加了资本市场的透明度，保护了小投资者的利益，从而鼓励大量分散的投资者参与资本市场，有利于资本市场的发育，并使直接融资市场在资本配置和企业治理中发挥十分重要的作用。

与新古典式规制追求直接融资市场在资本配置和企业治理上的效率不同，注重长期关系式的规制强调银行及大股东的长期关系投资对资本配置和企业治理的作用，其合理性已被产权理论、代理理论和交易费用理论所论证。与新古典式规制相反，长期关系式规制强调一种宽松的投资环境，认为这种环境可以在某种程度上提高企业治理的效率。比如长期关系式规制将股权集中看做是对公众持股企业治理低效率的一种反应，认为通过宽松的资本市场管制环境可以降低企业的治理成本，诸如利用企业内外部之间的非对称信息，默许大股东进行一定程度的内部交易，以及宽容大投资者通过对企业治理的积极参与做出一些对其有利的决策等，都被看做是降低代理成本的需要。注重长期关系式规制的另一个重要特征是对"全能银行"（Universal Bank）的宽容和鼓励，即商业银行不仅从事存、贷款业务，还可以进入投资银行业务领域，并且可以持有非金融企业的股票，向企业派遣董事，行使代理投票权。注重长期关系式规制认为，全能银行不仅使银行在经营上可以实现范围的经济性，更重要的是可以利用股权来保护债权，消除信贷配给（即由于资本市场上的非对称信息和道德风险造成的资本供给短缺）（Stiglitz，1981），从而鼓励银行对企业进行长期贷款和投资，建立二者的长期交易关系。

在注重长期关系式的规制下，银行和其他大股东可以从宽松的管制环境中持续获取参与企业治理的好处，从而鼓励他们积极参与企业治理并进行相应的关系投资，与客户企业建立长期的投资关系，并削减陷入财务危机企业的破产代价，提前对这些企业进行重组。然而，注重长期关系式的规制会使企业内外部存在较严重的非对称信息、内部交易及市场操纵，从而降低了资本市场的透明度，不能有效保护中小投资者的利益。注重长期关系式的规制不利于众多分散的投资者直接进入资本市场，这将降低资本市场的参与率和交易频率，进而限制资本市场在资本配置和企业治理中的作用。

三 美日德等国的资本市场规制与其企业治理结构

根据德特尔（Ditel，1998）的分析，上面提到的新古典式规制对应着美国，注重长期关系式规制对应德国，日本则介于二者之间，但更靠近德国。也就是说，美国的资本市场规制以提高资本市场的配置效率和治理效率为导向，德国以提高银行和大投资者在融资和企业治理中的效率为导向，日本介于二者之间，在一些方面接近美国，但更多靠近德国。

在对银行规制上，美日德三国存在着较大的差异，美国鼓励直接融资，而日德等国则着重发展间接融资。如美国一直限制银行对企业的影响，将商业银行与投资银行的业务严格分开，并限制银行跨州设立分支机构，禁止商业银行持有非金融企业的股票和从事证券经营业务，银行所属的控股企业也不能持有任何非金融企业5%以上的股票。另一方面，美国更鼓励企业进入直接融资市场，相对于日、德，美国对企业发行股票、债券的管制最松。日、德则正好相反，着重发展以银行为中介的间接融资，对企业发行股票、债券则严加管制（如日本在1979年，只有三菱电子和丰田汽车两家企业符合在日本国内市场发行无担保债券的条件），以便国家通过银行系统实现对经济的强大干预，实行赶超型战略。其中，德国允许和鼓励全能银行，允许银行从事商业贷款和证券投资业务，持有非金融企业的股票，并对银行的持股比例不作限制，还允许银行代表股东行使投票权，从而大大强化了银行对企业的控制。日本将商业银行与投资银行的业务分开，禁止交叉，但允许单个银行持有非金融企业5%以内的股票，从而为银行控制企业打开了通道。日本"主银行"（Main Bank）为特征的金融机构对企业的影响，虽低于德国，但远高于美国。由于美国和日本、德国对直接融资和间接融资的鼓励及限制大相径庭，造成三国的资本市场发育与银行的实力出现很大差异。其中，银行部门资产占GDP的比重，德国为146%，日本为167%，美国仅为62%。在数年世界十大银行的排行榜中，日本最多最靠前，其次是德国，美国则排在日、德之后。①②

---

　　① 王蔼、孟宏利：《美、德、日公司治理比较及对我国的启示》，《经济论坛》2004年第16期。

　　② 李红霞：《美、日、德企业融资模式的比较与借鉴》，《财经问题研究》2003年第12期。

表6-1　　　　　　　　　美国、日本、德国的资本市场比较　　　　单位：10亿美元

	资本市场	美　国	日　本	德　国
股票市场	上市的企业数（个）	6923	1689	666
	上市企业的资本总额	5018.7	3600.6	499.7
	调整交叉持股后的资本总额	4737.7	1281.8	179.9
	资本总额占GDP的比重（%）	74.5	76.5	11.5
	调整交叉持股后的资本总额占GDP比重(%)	70.3	27.1	4.1
债券市场	发行债券的市场价值	5885.4	4394.9	1940.9
	发行债券占GDP的比重（%）	87.4	93.4	44.7
	政府及政府的代理机构	3465.6	3090.0	793.6
	发行债券占GDP的比重（%）	58.9	70.38	40.9
	私人银行	947.2	789.5	925.0
	发行债券占GDP的比重（%）	16.1	18.0	47.7
	私人非银行企业	251.7	432.8	2.0
	发行债券占GDP的比重（%）	21.3	9.8	10.1
	国外机构	220.9	82.6	220.3
	发行债券占GDP的比重（%）	3.8	1.9	11.4
	债务与自有资本比率（%）	0.87（1993年）	3.98（1991年）	1.83（1993年）

注：除特别说明外，所有数据系根据1994年各国上市企业数据计算。

资料来源：Ditel . H. "capital markets and corporate governance in Japan, Germany and the United States", Routeldye, 1998, P. 121。

在会计信息披露方面，美国的制度最为严格，上市企业除了公布年度会计报表及其他有关会计资料外，还需要在每季度公布会计报表及有关会计资料，并必须经过审计。美国这种比较及时的会计信息披露制度、加之采用公认的会计准则，使得投资者能较容易地从公布的会计资料中寻找有关投资信息。日、德两国则相对宽松，如德国只要求上市企业公布年度和半年度会计报表及相关资料，且后者不一定要经过审计。另外，由于德国企业在会计方法上较大的灵活性及税收上的考虑，投资者要从公布的会计资料中寻找有关投资信息，往往需要较高的会计技能和较多的时间。日本在会计信息披露方面也不要求上市企业公布季度会计资料，只公布经过审核的年度和半年度会计报

表。但由于日本的会计准则在许多方面借鉴了美国的做法，其会计信息披露在降低企业内外部非对称信息方面所起的作用，介于美、德之间。

在禁止内部交易和市场操纵方面，美国也更为严格。如美国严格限制内部人（如经理、董事及持有企业发行股票10%以上的大股东等）利用未公开信息从事企业证券交易，一经查处，就要没收非法所得、加倍处罚以至受到监禁。证券法还要求内部人必须定期向证券管理部门汇报其拥有和交易企业股票的情况。另外，对于制造虚假信息、欺诈等市场操纵行为，也做了很明确的规定，并用法律严加制裁。相比之下，德国在这方面则要宽松得多，德国一直对于企业内部交易不做限制，主要靠非法律手段（如自律、承诺等）来限制内部交易。直到1994年由于欧洲一体化的要求，德国才通过了随意性较大的反内部交易法律，德国企业的内部人不一定要公开其证券交易。仅从1995年开始，主要股东在投票权变化超过规定幅度时，才要求公开其投票权。日本也被视为反内部交易法规非常宽松的典型，其法律及执行程序传统上被认为是为了保护证券业而非个人投资者。只是在1998年，一系列沸沸扬扬的内部交易案件才迫使国会修改了证券交易法，修改后的法律与美国更接近。

由于管制的差异，造成美、日、德等国在资本市场乃至企业股权结构方面的不同。一是美、日、德的资本市场发达程度差异明显。三个国家之中美国的资本市场最发达，表现在商业银行、投资银行、各种基金、保险企业、证券资信评估等机构之间分工很细，竞争激烈，使资本市场能汇集和转换大量分散的信息，提高了市场的透明度；加之不断的金融创新，有利于大量分散的投资者和企业进入资本市场直接融资。相反德国的管制则抑制了资本市场的发育，资本市场的透明度不高，不利于分散的投资者和企业进入资本市场直接融资，企业内外部之间存在大量的非对称信息，企业被大股东所操纵。日本由于管制上的上述特征，其资本市场的发育程度介于美、德之间。三国资本市场的发达程度可通过表6-1得到大体说明。

从表6-1可看出，美国的资本市场最为发达，日本次之，德国最低。从上市企业的数量看，在股票市场方面，德国仅有666个上市企业，美国则多达 6923 个，日本为 1689 个。从上市企业资本总额占 GDP 比例看，调整企业交叉持股部分的重复计算，上市企业资本总额占 GDP 的比例，德国只有 4.1%，日本为 27.1%，美国则高达 70.3%。从股票市场的流动率看，德国股票市场的流动性最低，最大 50 个企业的股票交易占整个市场股票交易额的 89%，其他企业的股票交易率很低（Deitl，1998）。日本股票市场的流动性虽比德国高，但远低于美国，上市企业股票分布中，近 70% 被法人股东持有，他们主要利用持股来稳定长期交易关系，很少进入股票市场进行短期交易（Aoki，1992）。美国企业的股东主要由个人及机构投资者构成，他们很重视股票的收益率特别是短期收益率，交易频率很高。在债券市场上，三国之间也有很大差异。发行债券价值占 GDP 的比例，德国为 44.7%，日本为 93.4%，美国为 87.4%。在发行债券总额中，私人银行所占比率，德国高达 47.7%，日本和美国分别只有 18.0% 和 16.1%，这反映了德国债券市场上银行的重要影响。另一方面，非金融企业发行债券占债券总额的比例，德国仅有 10.1%，日本为 9.8%，美国则高达 21.3%，这在很大程度上反映了三国对企业发行债券管制的宽严程度。

二是由于管制环境和交易惯例等方面的差异，日、美、德企业的股权结构也出现明显差异（见表 6-2）。从银行持股的数据看，美国上市企业的股权结构中，银行持股为 0，而日、德企业的这一比例分别为 18.9% 和 14.3%。非金融机构持股的数据也与银行相似，日、德企业内，非金融企业的持股比例分别为 24.9% 和 38.8%，远远高于美国的 14.1%。这固然与日、德的资本市场管制有利于大股东的形成有关，更重要的原因是，日、德企业为了对付接管及密切相互间的交易关系，普遍采用交叉持股和长期交易，组成企业集团。从股权集中度看，美国由于严格的反垄断和资本市场上的严格管制，不利于企业间持股和大股东的形成，从而形成了高达 50.2% 的个人持股，远远高于德国的 16.6% 和日本的 22.4%。①②

---

① 邱询旻：《美国、德国、日本经济模式比较研究与择优借鉴》，《财经问题研究》2003 年第 3 期。

② 聂德宗：《对内部人控制的治理——美国公司治理模式及其变迁》，《法律科学》1999 年第 5 期。

表6-2　　　　　　　　德、美、日上市企业的股权结构　　　　　单位:%

股权结构主体	德 国	美 国	日 本
金融机构	29.0	30.4	48.0
银行	14.3	0	18.9
保险企业	7.1	4.6	19.6
年金及基金	7.7	25.8	9.5
非金融机构	71.0	69.6	52.0
非金融企业	38.8	14.1	24.9
居民	16.6	50.2	22.4
政府	3.4	0	0.7
国外	12.2	5.4	4.0

注：德国为1994年数据，美国和日本为1990年数据。

资料来源：keasy, Corporate Governance oxford university, 1997, p. 238。

综上所述，日、美、德三国在资本市场发育、金融机构对企业的影响，以及企业股权结构上有很明显的差距。这些差别又与各自的资本市场管制密切相关，并由此形成了两种典型的治理模式，即美国的资本市场主导模式和日德的银行主导模式。关于这两种模式的运作及优缺点，理论界已做了大量研究，这里不再重复，只是强调一下日本资本市场管制和企业治理模式近年来的显著变化。20世纪90年代以来，日本加速推进金融自由化和国际化，对企业发行股票、债券的管制明显放松。符合在日本国内市场发行无担保债券条件的企业从1979年的两家，猛增到1989年的500家。由此引起这些大企业的融资方式发生根本变化，对银行的依赖度大大降低，使原有的主银行式治理出现真空，企业资金的筹集和使用失去外部约束。特别是在泡沫经济期间，企业大量发行可转换债券，债券总额占GDP的比例急剧上升(见表6-1)。银行也由于被迫转向主要对中小企业贷款和增加房地产及证券投资，贷款风险大大增加，在泡沫经济破灭后，银行和企业都背上了沉重的债务负担，负债率急剧升高，引发了日本战后最严重的经济危机。目前，日本正对其金融体系进行"大爆炸式"(Big bang)改革。随着这一改革的推进，日本资本市场管制会更加放松。个人投资者、机构投资者如养老基金在公司的股份不断加大。日本公司的长期持股比例也从 1987 年的 45.8% 下降到 2003 年的 27.1%，交叉持股比例从 18.4% 下降到 7.4%。造成交叉持股比例下降的原因很多，但这可以说明，随着市场竞争的加剧，各国企业的治理结构也在不断变化中。①②

第四节　文化要素驱动的路径依赖

文化要素对企业治理结构的影响是多方面的，其中比较主要的有企业信息体制、文化价值观以及企业文化。

一　信息体制

信息的重要特征之一是信息的规范度和分散度。信息的规范度是指在交易时有关信息的明确和具体程度。信息的分散度是指能够促成交易达成的相关信息为社会公众掌握的程度。美国文化人类学家爱德华·霍尔在他的《超越文化》一书中，将文化分为"高文本文化"和"低文本文化"。"高文本文化"是指美国社会的信息特征，信息是清晰的和非人格化的，人们通过各种契约来规范各自的行为；在"低文本文化"中，如中国、日本，人们更喜欢做含糊和间接的交流，而且信息交流较多依靠人们在共同的文化背景下形成的共识，但是同样的这些信息交流对一位外人来讲是含糊和不充分的。在"低文本文化"中，人们通过各种人际关系来规范行为，这种低规范的信息特征类似于诺斯（North）的非正式制度。影响信息的规范度和分散度的因素很多，如政治经济体制、信息技术、文化等。在集权的政治经济体制下，与交易有关的信息通常掌握在少数人手中，并且信息的流动往往受到严格的制度约束；而在一个分权的社会中，有助于交易形成的信息分散在市场经济中的各个角落，任何人都可以自由地利用这些信息参与市场交易。通常来讲，信

---

① 周平剑、张立君：《美日公司治理结构变迁的历史比较制度分析》，《当代财经》2003 年第 4 期。

② 崔学东：《处在改革十字路口的日本公司治理模式》，《现代日本经济》2005 年第 2 期。

息的规范度和分散度是成正比的。

美国文化体现为契约精神与市场规则。契约精神指的是企业和员工都依靠市场信息签订契约，根据契约规范各自及对方的行为，并在适宜的情况下解除契约，一切清楚明白。在美国的商业环境下，市场的高度发展和激烈竞争，不仅在市场中有大量的信息，而且信息的透明度也较高。在这样的文化背景下，企业的雇主和员工均可凭自己的意志，依据各自所获得的信息，特别是市场供求的信息签订契约；一旦获得更适合自己的能力和专长的职位信息时，个人可依据契约的规定解除契约，以求得更合适的职位和更大的利益。这样一来，员工对企业的忠诚是随着环境的变化而变化的。

市场规则则是指企业与员工签订的报酬等契约条款是依据市场的竞争，并通过市场定价做出的，企业的价值也是由市场定出来的。美国企业正是在这样一个有效市场的支持下，才使得企业的各利益方的利益与效用能够通过市场（具体体现为契约）来决定。为了得到市场的合理评价，企业及企业员工等有动机主动向自己所属的市场披露自己的能力和业绩等信息，这就使得企业各利益方所拥有的大量私有信息流向了市场。

日本的企业文化中非常强调"忠"。现代的日本人已把传统的效忠天皇、效忠国家这一民族价值观具体转化成对关系个人生存的企业的效忠。每个成员都把企业当成自己的归宿，为企业贡献自己的青春才华，他们往往自愿超时工作，任劳任怨，鞠躬尽瘁，回报企业对自己的知遇之恩。因此在日本，企业的员工向他人一提及自己所在的企业或研究所时，总是主动地说"家里的工厂"、"家里的企业"或"家里的研究所"等。日本员工不是把企业当做身外的事物，而是把企业当成"我家里的企业"，我本人只是我"家"的一名成员。尽管日本人一谈话就划定了自己与对方的关系，把对方推到了"圈子"的外边，但这个圈子的范围是以企业为界，以企业整体为一个家。[1][2]

美国企业与日本企业的信息体制的差异见表 6 – 3 所示。

---

[1]　何伟：《信息体制影响公司治理模式》，《商业研究》2004 年第 14 期。

[2]　唐清泉：《不同文化背景下的公司治理效率》，《中山大学学报（社会科学版）》2004年第 2 期。

表6-3　　　　　　　美国企业与日本企业员工信息沟通的差异

信息分项	美国企业	日本企业
信息的特征	高文本文化	低文本文化
信息的内容	个人的能力和业绩	个人的忠诚度
信息的流向	劳动力市场	企业内部

二　文化价值观

新制度经济学认为，制度提供的一系列规则可分为两大类。一类是国家规定的正式规则，一类是社会认可的非正式规则。其中，正式规则是人们有意识创造的一系列有形的政策法则，如产权、金融制度等形式化规则。这些规则或程序为人们的行动提供了一种外在的限制和规定，包括角色与功能、责任、权利、利益、义务等。作为制度的外在安排，形式化的规则与程序往往是由于制度建构或创新主体通过强制性的方式建立起来的。

非正式规则主要包括价值信念、伦理规范、道德观念、风俗习惯、意识形态等因素，它是人们在长期交往中无意识形成的，具有持久的生命力，并构成世代相传的文化的一部分，因而表现为一种共同的文化价值模式。在这种价值模式下，人们对外在制度安排框架中所规定的各种社会角色及其功能、权利、责任和义务形成一种共享的价值认同，并由此产生共同的行为预期。这使得人们能够在价值模式的内在约束下自觉地按照各自所扮演的角色及功能要求进行有序的沟通与互动。作为制度的内在安排，这种文化价值模式可以在形式上构成正式制度安排的先验模式。对于一个勇于创新的民族或国家来讲，意识形态有可能取得优势地位或以"指导思想"的形式构成正式制度安排的"理论基础"和最高准则。这往往是通过一种历史性的社会化过程对每个社会成员的文化塑造实现的。

作为一种制度安排，企业治理同样体现了制度范畴的两个特征。一方面，企业治理规定了相关主体的各种行事行为规则，以及处理企业治理事务的具体方法和程序。OECD 在《OECD 公司治理准则》中指出："企业治理明确规定了企业的各个参与者的责任和权利分布，诸如董事会、经理层、股东和其他利益相关者，并且清楚地说明了决策企业事务时所应遵循的规则和程序。"这种制度安排规定了股东、董事会和经理层等利益相关者的地位、职能、相互关系、权力大小以及其行使职能的合法途径，包括：董事会必须代表股东监督经理人员，并负责向股东等利益相关者披露经营状况，经理人员在董事会领导下负责具体经营，不能以违背股东利益的方式行事等。这些规定在企业法或企业的规章制度中都有成文的文件。正是通过这种有形的组织结构与文本规章制度的建立，企业治理作为一种制度在企业中获得了合法性。

另一方面，企业治理同样体现为确立一种共同的文化价值模式，使人们对相关主体的角色、功能和责权利形成价值认同，并产生行为预期。它"包括董事和董事会的思维方式、理论和做法"，"是一整套法律、文化和制度安排，这些安排决定了企业的目标、行为，以及在企业众多的利益相关者当中，由谁来控制企业，怎样控制，风险和收益如何在不同的成员之间进行分配等"（Tricker，1984）。因而，企业治理各相关主体的行为总是处于价值模式的内在约束之下。正是通过这种文化价值模式的认同，企业治理作为一种制度在企业中获得权威性。

显然，文化价值观与企业治理有着千丝万缕的关联性，这种内在关联性使得企业治理与文化因素息息相关。静态地看，既有的文化价值模式对企业治理模式的形成起着重要的支持作用，各个国家和地区的企业治理模式都与其文化背景相互耦合；动态地看，两者之间又处于一种张力状态，企业治理在有形的规则和程序上的变革，不能脱离文化上的接受程度。历史上，在企业治理结构变迁过程中，企业治理在有形制度上的变迁就是以原先已有的文化概念框架为基础的，其变迁必须充分考虑人们的理解、预期和适应能力。西方企业治理模式的演变对此提供了充分的例证。

个人主义是美国价值观念的核心，这种文化特征使得企业的领导体制往往实行较大分权，企业中通过正式制度进行协调，员工间的关系建立在工作任务基础上，不像中国重视人情和非正式关系。讲求实际的特征使得有效的经理激励必须基于物质性激励。在经营创新活动中，美国人相对更偏爱一些短期或渐进性的创新项目，讲求资金回报率。个人主义特征也是造成美国企业股权高度分散的原因之一，各相关主体自身无法或不愿意单独付出监控成本，自然寻求外部市场化的监控模式，而其相对完善的市场体系和法律制度环境又使之成为可能。

日本的文化价值观可以说与美国截然相反，日本文化有三大特征：

(1)渴望成为强者的心理。(2)务实心理。(3)"忠"、"和"心理。"忠",现代的日本人已把传统的效忠天皇、效忠国家这一民族价值观具体转化成对关系个人生存的企业的效忠。"和",绝大多数日本管理者都是缄默、含蓄、安静、内向和以他人为中心,为了让所有企业成员保持一致和合作,管理者往往以这种"和"作为管理方式,导致不断的讨论和妥协,以成就企业各方面利益的平衡和谐。在这样的文化背景下,日本的企业文化就是以团队精神和集体本位主义为其最典型的特征。日本的企业治理结构顺应了他们自己的传统文化,"团队主义"价值观影响企业的股权结构,法人持股率较高;企业经营者阶层相对稳定;注重长远利益、集体主义思想、个体利益服从总体利益;这都为其实施内部监控提供了文化基础。日本企业的高层经营管理阶层都强调集体思考、集体协调、集体管理的运作方式;日本企业注重从企业内部选择经营者,因为他们熟悉企业各方面经营业务,容易把企业长期发展作为企业和个人奋斗目标;等级观念使企业在利益分配时可以采用年功序列制,看重资历和年龄。因此,日本对经营者的激励机制不必仅靠物质刺激。在某些国家普遍存在的经理"败德"问题,在日本并不严重。

相比之下,我国企业的治理结构一直未曾达到像前两者那样相对规范和完善的程度,部分原因也在于,文化的负面效应比正面效应显示了更大的支持性。举例来说,我国对国企经营者的报酬偏低问题早已引起共识和关注,理论界也提出了种种对策和改进思路,却迟迟不能付诸实施。其中一个重要原因就是鉴于职工的心理调适能力。由于我国一直限制国企经营者与普通员工的薪酬差距,二者薪酬差距过大无论是从政策上还是从职工心理承受能力上来说都是不能接受的,因此对于国企经营者我们一直强调精神激励。这也可以追溯到儒家提倡"舍生取义"、抑制欲望的思想,以及讲求平等平均的中庸之道的消极影响。①

三 企业文化

从博弈论的角度看,企业文化是员工行动的一种稳定预期和共同信念,是一种行为规范,属于非正式制度的范畴。正式规则与非正式

---

① 黎永泰:《企业文化管理初探》,《管理世界》2001 年第 4 期。

规则是制度的两个相互联系、相互作用的有机组成部分，两者既有互补的一面又有替代的一面。从互补的一面来看，企业的正式规则越健全，员工的行为就会越规范，员工的行为就会被企业有效地激励约束，良好的企业文化就更容易形成；同样，企业员工越是尊重企业文化，企业的正式规则也就越具有可实施性。从替代的一面来看，企业的正式规则越完备，可实施性越强，对企业文化激励约束功能的需求就越低；反过来，在一个强文化的企业中，非正式约束是员工自觉的行为规范，自我约束会弥补正式制度的不足，替代正式规则激励约束企业员工的行为。

因此，在企业治理结构的变迁过程中，是否存在强势的企业文化，这种文化是否与企业治理结构耦合，都会影响到企业治理结构的效率，进而会改变企业治理结构变迁的方向、内容和速度。美日德等国企业之所以取得了较好的经营绩效，并形成了特色鲜明的企业治理模式，与它们在长期形成的企业文化是分不开的。这方面有很丰富的实例，不再赘述。①②

第五节　企业治理结构变迁是自然演化的结果还是人为设计的结果

制度是约束人的一种行为规则，这种规则是如何形成的？当前关于这个问题主要有两种观点：一种认为制度是自然演化的结果，如哈耶克（Hayek）就持这种观点；一种则认为制度是人为设计的结果，这些设计者往往是社会的精英，不少人持有或在自己的理论分析中暗含着这种观点。一些人自觉或不自觉地把制度创新与人为设计联系在一起。

在哈耶克（Hayek）看来，自由主义是对一种在社会事务中自动或自发形成的秩序的发现，这一秩序较之通过集中命令所建立的任何秩序，更能使社会一切成员的知识和技能得到更大程度的利用，因此人们希望尽可能利用这种强大的、自发形成的秩序。在贯彻保护公认的个人私生活领域的公正行为普遍原则的情况下，十分复杂的人类行为

---

① 张明、林云峰：《企业文化的制度经济学浅析》，《商业研究》2005 年第 2 期。
② 胡光南：《浅析企业文化的关键和发展机制》，《财经科学》2000 年增刊。

会自发地形成秩序，这是特意的安排永远做不到的，因此政府的强制只应限于实施这些规则，无论政府在管理为此目的而得以支配的特定资源时，还是提供其他什么样的服务时。哈耶克（Hayek）关于制度是自然演化的结果的要点可以归结为以下几点：（1）社会经济生活的利益关系是复杂的，市场自发的秩序是以相互性或相互收益为基础的，自然秩序是最好的秩序；（2）允许个人可以自由地将各自的知识用于各自的目的之抽象规则为基础的自发秩序，比建立在命令上的组织或安排更有效率；（3）自发秩序或法治的极端重要性，是基于这样一个事实：它扩大了人们为相互利益而和平共处的可能性，这些人不是有着共同利益的小团体，也不服从某个共同的上级，由此才使一个巨大的或开放的社会得以产生。①

通过对企业治理结构变迁的路径依赖因素的分析，本书可以初步回答这个问题：企业治理结构的变迁是自然演化的结果还是人为设计的结果？路径依赖理论说明，企业治理结构的变迁受到诸多路径依赖因素的影响，这些因素共同决定了一国企业治理结构变迁的走向和速度。各国企业之间可以相互学习甚至模仿，但完全的照搬照抄、生搬硬套是不可行的。人为的设计往往由于缺乏对于路径依赖因素的全面把握而脱离实际，而脱离实际的人为设计必将以失败而告终。

在对于企业治理结构的研究中，许多学者都存在一种倾向，就是重视制度创新中精英人物的设计，而忽视了在企业治理结构变迁中自然演化的力量。但是，由于人类的知识和信息的有限性使得任何人或集体都不可能设计出一个完全合理的制度来，制度变迁只能是一个不断试验、探索甚至"试错"的过程。"好"的制度是人们行动的结果，而不是人们的理性所能及的预先设计，因而政府设计并通过行政手段推进的制度变迁必然是低效的，甚至是无效的。这一方面是因为政府中的个人和官僚机构都是有理性的个体，一样追求效用的最大化原则，政府的集体选择行为并非总与社会利益保持一致。另一方面，即使一项制度安排的创新能带来巨大的社会收益，但在其可能动摇政府赖以存在的权威和信仰体系及宪法秩序时，政府就宁愿维持低效率的制度安排，结果使得制度

---

① 靳涛：《制度变迁中"渐进"与"理性"的逻辑选择》，《内蒙古社会科学（汉文版）》2003 年第 1 期。

创新难以实现。

人为的设计很容易形成既得利益集团。从表面上看，新的制度安排是有利于社会的制度创新，但却很可能是出于某些既得利益集团的制度安排。在我国的企业改革过程中，往往出现一些看上去合理合法的改革措施，却在实施过程中发生了对原有目标的偏离甚至背离。如破产法的实施目的之一是调整社会的债权债务关系，但在一些地区却被利用来借破产之机逃债。企业股份制改造的目的之一是减少政府干预，但许多国有企业股份制改造之后，政府部门的干预并没有减少。那么，改革"变形"的原因是什么呢？

从深层次看，改革既是一个制度创新的过程，也是一个利益关系的调整过程。制度创新有两个层面，一是形式或技术层面，二是利益或制度层面。如股份制是世界通用的一种经济组织形式，在股份制的改造方面，在技术或操作程序上我们完全可以借鉴别国的经验。但是股份制又是一个利益关系的调整过程，由于各国在产权制度、法律制度及文化传统等方面的差异，企业股份制的建立又是一个错综复杂的利益博弈过程。因此，股份制的利益或制度层面是无法借鉴别国经验的。由此就必然导致制度创新中技术层面与制度层面的摩擦和矛盾，改革变形也就难以避免了。我国的破产法和股份制之类的改革都是在产权制度改革还没有到位的情况下"仓促"出台的，技术层面的超前和制度层面的滞后，使这些改革的利益博弈缺乏规则和制约机制，于是一些人就可以通过改革形式的变化获得好处，形成一种既得利益集团。

制度的自然演化的过程是当事人不断参与的过程，这个参与的过程也是当事人的利益博弈过程。其一，通过不断反复的博弈及讨价还价，最终形成的制度一般会达到制度均衡，而人为设计的制度一般把大多数当事人排除在制度设计之外。人为设计的制度尽管也通过一定的途径征求了当事人的意见，由于费用或成本方面的考虑，这种意见的征求是很有限的。因此，人为设计的制度很难达到"帕累托最优"状态。其二，从改革的方式来看，激进式改革的国家一般会采用制度的自然演化方式，而渐进式改革的国家一般会采用人为设计的方式。其三，从价值观看，制度的自然演化过程强调的是个体的自由及其选择，而人为设计的制度强调的是集体的意志及其选择。最后，人为设计的制度很容易受既得利益集团的影响，在人为设计制度的过程中，谁的呼声高，谁就有可能左右制度的设计。①

　　因此，在企业治理结构的变迁过程中，应当强调对企业治理结构的自然演化规律的把握和利用，过分强调制度的人为设计可能不仅不能达到企业治理结构的均衡状态，反而会导致新的失衡。

---

① 卢现祥：《我国制度经济学研究中的四大问题》，《中南财经政法大学学报》2002 年第 1 期。

第七章

企业治理结构变迁方式的分析及实践经验

　　企业治理结构的变迁通常是以诱致型变迁方式进行的。但是，随着对企业治理结构研究的不断深入和各个国家推动企业改革的不懈努力，强制型变迁也成为许多学者和政府认同的企业治理结构变迁的主要方式，在我国国有企业改革中更是如此。因此，考察企业治理结构变迁的不同方式并进行比较，不仅是完成本书分析的必然，对我国国有企业的改革也具有重要的意义。

第一节　企业治理结构变迁的诱致型变迁方式与强制型变迁方式

一　诱致型制度变迁

　　诱致型制度变迁是一群（个）人在响应由制度不均衡引致的获利机会时所进行的自发性变迁。诱致型制度变迁指的是现行制度安排的变更或替代，或者是新制度安排的创造，它由个人或一群（个）人，在响应获利机会时自发倡导、组织和实行。[①] 诱致型制度变迁必须由某种在原有制度安排下无法得到的获利机会引起。

　　诱致型制度变迁的许多特征都与其制度变迁的主体有关。诱致型制度变迁的主体是一群人或一个团体。由于人的有限理性以及不同个人的经验和在制度结构中的作用不同，他们对制度非均衡程度和原因的认知也不同，因此，人们寻求分割制度变迁收益的方式也不同。在这种情况下，要使一套新的行为规则（或规范）被接受和采用，个人之间就需要

_____

　　① 林毅夫：《关于制度变迁的经济学理论：诱致型变迁与强制型变迁》，《财产权利与制度变迁——产权学派与新制度学派译文集》，上海三联书店、上海人民出版社 1994 年版。

经过讨价还价的谈判并达成一致的意见(或一致同意)。在诱致型制度变迁的过程中,谈判成本是至关重要的一个制约因素。谈判成本过高往往使一些诱致型制度变迁无法产生。

诱致型制度变迁是否发生,主要取决于个别创新者的预期收益和预期成本的比较。对于创新者而言,不同制度安排的预期收益和预期成本是不同的。正式的制度安排和非正式的制度安排对创新者的成本与收益的影响就具有很大差异。

诱致型制度变迁的特点可概括为:(1)赢利性。即只有当制度变迁的预期收益大于预期成本时,有关群体才会推进制度变迁。(2)自发性。诱致型制度变迁是有关群体对制度非均衡的一种自发性反应,自发性反应的诱因就是外在利润的存在。(3)渐进性。诱致型制度变迁是一种自上而下、从局部到整体的制度变迁过程。制度的转换、替代、扩散都需要时间,从外在利润的发现到外在利润的内在化,其间要经过许多复杂的环节。如在行动团体内就某一制度方案达成一致同意就是一个旷日持久的过程,而非正式制度变迁还要更缓慢一些。①

企业治理结构诱致型变迁主要是一个企业基本逻辑自然展开和拓展的过程,而不是一个如何在其他主体(包括政府)的替代性思维支配下进行主观设计的问题。从企业治理结构作为一种产权主体间通过再谈判达成的动态博弈的角度来看,企业治理结构诱致型变迁需要三大基本制度条件。

(一)　产权清晰

产权清晰是指,各生产要素必须有其人格化的代表,或者社会财富必须在社会成员之间进行明确的和排他性的分配。

产权清晰是整个企业治理结构赖以成立并发挥作用的隐含前提。(1)企业所有权主要强调的是对财产实体的动态经营过程和价值的动态实现,资本所有权原则是对财产归属的静态占有和法律上的确认。因此,企业所有权主要是一个权利交易的概念,资本所有权是这种交易所以能够进行的前提条件。(2)产权原则决定了要素产权主体的经济理性是寻求其要素产权经济价值实现的最大化,这为企业内各人格化要素之间的交易博弈提供了基本的动力来源。(3)产权原则也是企业内剩余权

---

① 林毅夫:《关于制度变迁的经济学理论:诱致型变迁与强制型变迁》,《财产权利与制度变迁——产权学派与新制度学派译文集》,上海三联书店、上海人民出版社1994年版。

利配置方式进而企业制度的决定性因素，企业制度的具体状况取决于其所占有的生产要素的特性。可见，产权原则不仅是企业治理结构运行的逻辑前提，也是企业治理结构设置的重要决定性因素。所谓"有恒产者有恒心"，在此基础上，获利的预期才会变成确切可把握的现实，经济人理性才得以确立，产权交易才会成为可能，企业治理结构也才会获得坚实的微观基础。张维迎曾提出"国家所有制下的企业家不可能定理"，认为企业家是一种特定的财产关系（即私有财产股息）的产物，没有这样的财产关系，就不可能有真正的企业家，即是对产权原则的一种表述。①②因此在一定意义上可以说，忽视了企业治理结构的产权原则前提，就等于忽视了企业治理结构本身。

（二）法治有力

产权清晰是企业治理结构作为一种内部规则而言的逻辑起点，但一个没有良好执行和保护机制的产权制度安排，可能比没有这种产权制度本身更糟糕。产权保护作为一种公共品主要是通过以国家"暴力潜能"为后盾的法律来实现的。这就要求法治有力。

如果说产权清晰是内部规则自然演化的动力源泉，那么法治有力则是确保内部规则演化不被异化的根本保障。法治有力包含两重相辅相成的含义。(1)虽然法律是一个社会至关重要的制度架构或平台，但法律本身并不是我们刻意而为的主观设计，相反而只应该是对以产权原则为起点衍生出来的内部规则亦即现存社会秩序的发现和确认，否则法律本身即失去了其存在的"合法性"；(2)法律是出自于立法过程，只应当具有形式和程序性的意义。这喻示着：一方面，"法律先于立法"，亦即法律是立法者"发现"的而不是立法者"发明"的；另一方面，统治的实施必须根据普遍的法规(亦即对内部规则的发现和确认)而不是专断的命令，这正是所谓"守法的统治"。

可见，保证法治有力，不仅应当将基于产权原则的"权利"纳入法治化的轨道，更应当将国家或者政府的"权力"也纳入法治化的轨道。

（三）合约精神

合约精神是企业治理结构作为一种内部规则而言最直接的体现。合

① 参见张维迎《企业理论与中国企业改革》，北京大学出版社 1999 年版。
② 参见［奥］哈耶克《法律、立法与自由》第 1 卷，中国大百科全书出版社 2000 年版。

约精神是一个古老的价值追求，内涵有合意、正义、自由选择、自然秩序等理念。在博弈论的框架下，企业代表一种合作博弈的内生均衡过程。"契约为一种合意"，合意亦即"一致性同意"，是签约当事人意见一致的状态。合约的签订必须依据各方的意志一致同意而成立，缔约各方必须同时受到合约的约束。无论任何一方接受了特定的企业合约，就意味着它认为这个合约所规定的要素行为和利益，优于其他可能的合约。如果其中任何一方不满意合约条件，企业合约就不能达成。反过来说，以产权的明确界定和充分保护为前提，将企业合约视为利益相关者自由选择的结果，并且存在自由退出机制。只要企业"存在"，它必然是"一致同意的"，这就实现了给定约束条件下交易各方的最优选择，特定的企业合约或产权安排处于"纳什均衡"。

合约精神是企业治理结构的深层精神实质。当产权界定明晰且有法律的有效保护时，产权的平等交易就会取代产权的异化流动甚至产权的侵蚀和掠夺而成为产权主体面临约束条件下的必然选择，资本所有权才可能以一种被扬弃了的产权形式（企业所有权），从简单的人与物关系的领域进入到人与人关系的领域，作为一种制度工具发挥着规制交易关系和促进激励兼容的功能。与此相适应，"平等"、"自由选择"、"合意"和"共赢"等普遍主义的理念，应当是得到大多数人的认同并遵循的社会精神。

与合约原则相对应的是"身份"原则。从古代到近代、现代，社会发展遵循了从"身份治理"向"契约治理"过渡的逻辑。一般来说，身份原则的必然后果是"政治资本主义"或"裙带资本主义"，与合约原则所对应的一般"企业资本主义"相比而言，其实质与现代企业制度是背道而驰的，是一种必然会遭到淘汰命运的发展方向。因此，企业治理结构的变迁要趋向于现代的方向，也必须遵循"从身份到契约"的社会发展基本趋势。①②

在一个社会中，诱致型制度变迁往往不能完全满足社会的制度需求。首先，在诱致型变迁中，需要创新者耗费时间、精力去组织谈判并

---

① 姚作为、王国庆：《制度供给理论述评——经典理论演变与国内研究进展》，《财经理论与实践》2005 年第 1 期。

② 姜虹：《两种改革成本与两种改革方式》，《商业研究》2003 年第 24 期。

得到这群(个)人的一致性意见,这就涉及组织成本和谈判成本。其次,在正式制度的诱致型变迁中,最突出的问题是外部效果和"搭便车"问题。外部效果产生的原因是因为制度安排并不能获得专利;"搭便车"的后果是,人们可以简单地模仿由别人创造的合约方式作为整体的社会报酬(即私人收益率低于社会收益率)。因此,由于存在外部效果和"搭便车"问题,正式制度安排创新的密度和频率,将少于作为整体的社会最佳量,最终出现持续的制度非均衡和制度短缺。

二　强制型制度变迁

强制型制度变迁由政府命令和法律引入和实现。与诱致型制度变迁不同,强制型制度变迁可以纯粹因在不同选民集团之间对现有收入进行再分配而发生。强制型制度变迁的主体是国家,国家的基本功能是提供法律和秩序,并保护产权以换取税收。根据新制度经济学的分析,国家在使用强制力时有很大的规模经济。作为垄断者,国家可用比竞争型组织低得多的费用提供一定的制度性服务。同时国家在制度实施及其组织成本方面也有优势。例如,凭借强制力,国家在制度变迁中可以降低组织成本和实施成本。国家推进强制型制度变迁有其必要性和充分性。

国家推行制度变迁的必要性是:

第一,制度供给是国家的基本功能之一。任何统治者为了自身利益,至少要维持一套规则来减少统治国家的交易费用。这些规则包括统一度量衡、维持社会稳定安全等。统治者的权力、威望和财富,最终取决于国家的财富,因此统治者也会提供一套旨在促进生产和贸易的产权与一套合约的执行程序。

第二,制度安排是一种公共品,而公共品一般是由国家"生产"的,按照经济学的分析,政府生产公共品比私人生产公共品更有效,在制度这个公共品上更是如此。在制度变迁的过程中,即使某一群体发现了制度非均衡以及外在利润,也会尽量要求政府提供相应的制度安排。因此人们要求政府提供这个公共品的需求是持续存在的,而新制度经济学忽视了这一点。

第三,弥补制度供给的不足。如前所述,诱致型制度变迁会碰到外部效果和"搭便车"问题,由此使制度安排创新的密度和频率少于作为整体的社会最佳量,即制度供给不足。值得提出的是,在社会经济发展过程中，尽管出现了制度非均衡、外部利润以及制度变迁的预期收益大于预期成本等诸多有利于制度变迁的条件，但此时"搭便车"的现象如果相当严重，那么诱致型制度可能并不会发生。在这种情况下，强制型制度变迁就会替代诱致型制度变迁，因为政府可以凭借其强制力、意识形态等优势，减少或扼制"搭便车"现象，从而降低制度变迁的成本。

但是，即使有了以上原因，国家也未必会主动推行制度变迁，这是因为理性的统治者也必须遵循经济原则。国家尽管可以通过税收等手段克服制度变迁中的外部经济问题（即外部效果问题），但是国家最终还是要对自己的所有行动从总体上进行成本与收益的比较。就制度变迁而言，只有在下列条件下才会发生强制型制度变迁：只要统治者的预期收益高于其强制推行制度变迁的预期成本，他将采取行动和措施来消除制度非均衡。在这一点上，作为制度变迁主体的国家与作为制度变迁主体的竞争性组织是一样的，即制度变迁的预期收益必须高于预期成本。

但是与其他竞争性组织不同，国家的预期效用函数毕竟不同于个人预期效用函数，简单来说国家的成本—收益计算比个人的成本—收益计算更复杂。这是因为，在国家的预期效用函数中除了经济因素外，还有非经济因素。因此，国家的强制型制度变迁的诱因需要修正。除了降低交易费用、增大政府财富等经济因素外，还有取得政治支持以及其他进入统治者效用函数的非经济要素，国家要求强制推行一种新制度安排的预期边际收益要等于统治者预期的边际费用。在这种情况下，统治者的效用最大化与作为整体的社会财富最大化可能并不一致，这也是新制度经济学的一个基本命题。

总之，强制型制度变迁的有效性受许多因素的制约，其中主要有：统治者的偏好和有限理性、意识形态刚性、官僚政治、集团利益冲突和社会科学知识的局限性、国家的生存危机等。国家经过努力可能降低一些不利因素对制度变迁的影响，但是并不能克服所有不利因素对制度变迁的约束。

（一）政治成本约束

强制型制度变迁是通过政府主动提供的制度供给而实现的，因此政治成本与收入也是约束强制型制度变迁的一个重要因素。而政治成本的计算比起经济成本则更为复杂，因为政治规则不是按照效率原则确立的，它还受到政治、军事、社会、历史和意识形态等因素的约束。简而言之，制度创新的政治收益主要表现为：因给予微观经济主体更大的政治或经济自由而强化了激励机制，导致更多的社会总产出，这不仅有利于增加财政收入，而且国力增强后更有利于获得人民的政治支持和加强在国际政治经济中的谈判力量。另一方面，制度变迁带来的政治代价也是明显的，如权力的扩散弱化了权力中心所下达指令的权威性，为控制代理人的偏差行为需支付更多的费用，经济自由化所诱发的多元化政治力量可能会对权力中心的执政地位产生某种潜在威胁，以及由利益关系调整引发的社会不稳定因素所产生的不安全感等。对于国家而言，只有在制度创新的预期政治收益大于政治成本时，权力中心才会主动推进改革进程。

（二）人类的"有限理性"约束

按照张宇的说法，"理性通常指的是这样一种行为，即在给定的条件下和约束的限度内有效地实现了既定的目标"。① 关于人类的理性在制度的变迁中是否必要，是否可能；关于人类理性对制度变迁的客体到底了解多少；关于人类的理性是否可以操控制度的变迁，对于这些问题的看法是仁者见仁，智者见智。大致有以下三类观点。（1）以哈耶克（Hayek）为首的进化自由主义观点，认为知识和信息是主观的，而且是以分散的个人状态而存在。人们根本无力认识和控制社会，生活、文明的进化只能是对经验和传统不断适应的结果，自然而然的社会是最好的社会，通过理性设计而进行大规模的社会变革只能是一种乌托邦，必然会造成社会的灾难。（2）改革中的理性设计观点。这种观点认为人类可以根据以往历史上的经验和人们的知识，勾画出一个明确的美好的改革社会蓝图，从而指导人类社会在改革过程中的活动，以避免走弯路和不断试错的长期过程。但在实践中，这种观点却以失败而告终。（3）人类的有限理性和制度的选择进化理论。该理论认为在各种社会经济制度的生存与演变的历史中，如果没有一些外在或者外生力量的冲击，任由社会内部的自生自发力量和秩序自由生长与发育，一个社会可能会由于受制度变迁中的"路径依赖"和"锁入效应"的影响而在同一个制度层面上

---

① 参见张宇《过渡之路：中国渐进式改革的政治经济学分析》，中国社会科学出版社1997年版。

不断地自我复制与内敛，从而可能在很长的时间中甚至永远也不能自发地生成出哈耶克（Hayek）所理解的那种"人之合作的扩展秩序"来。自生自发的路径，可以但不一定会产生出有效率的社会制度。人类借助于自己的有限理性可以在改革的道路上施加外力，使改革向"有序"的方向演化。

（三）强制型制度可能违背了一致同意原则

强制型变迁尽管可以降低组织成本和实施成本，但它可能违背了一致性同意原则，在制度变迁中，一致性同意原则并不仅仅是一个政治范畴，而且还是一个经济范畴。因为如果违背了一致同意原则，制度的改革和实施就不可能实现经济效率。某一制度尽管在强制运作，但它可能违背了一些人的利益，这些人可能并不按这些制度规范自己的行为，或者采取各种方法规避抵制制度，那么这类制度就很难有效率。例如在现实的中国经济生活中，时时出现"上有政策，下有对策"的现象，对于这类现象，我们并不能用中央缺乏权威、地方缺乏纪律约束之类的理由作简单化的解释。这类现象实际表明，中国经过近些年的分权化改革后，中央与地方的利益矛盾由隐蔽转向公开化，此时就容易发生中央的强制型制度变迁与地方利益相"抵触"、"冲突"的现象。①②

由上分析可知，制度变迁是一种自发的过程，它的演化机制是自组织的，它不取决于人类的想象和设计，并且由于人类的理性是有限的，所以对制度变迁大规模的设计注定是要失败的。人类可以对制度的演化施加影响，这种影响在某些条件下可以起到相当大的作用。但这不是制度变迁的主要推动力量。换言之，强制型制度变迁方式不应该成为制度变迁的主要方式。

三　诱致型制度变迁与强制型制度变迁的比较

在社会实际生活中，诱致型制度变迁与强制型制度变迁是很难划分开的，它们相互联系、相互制约，共同推动着社会的制度变迁。新制度

---

① 樊纲：《两种改革成本与两种改革方式》，《经济研究》1993 年第 1 期。
② 刘文革：《强制型制度变迁——"俄罗斯经济转轨之谜"的经济学解释》，黑龙江人民出版社 2003 年版。

经济学为了更好地揭示制度变迁的规律，根据制度变迁主体的不同，把制度变迁划分为诱致型制度变迁和强制型制度变迁。

由前面的分析可知，诱致型制度变迁与强制型制度变迁是相互补充的。这种相互补充有两方面的含义，一是当诱致型制度变迁满足不了社会对制度的需求的时候，由国家实施的强制型制度变迁就可以弥补制度供给不足；另一层含义是，制度作为一种"公共品"也并不是无差异的，即制度是有层次性、差异性及其特殊性的，有些制度供给及其变迁只能由国家来实施，如法律秩序等，即使这些制度变迁有巨额的外在利润，任何自发性团体也无法获取。而另外一些制度及其变迁，由于适用范围是特定的，它就只能由相关的团体（或群体）来完成。这种相互补充并不是由成本—收益比较原则决定的，而是由制度的差异性（类似于新古典经济学关于产品差异性的分析）决定的。

诱致型制度变迁与强制型制度变迁有许多共同点，如两者都是对制度非均衡的反应；两者都得遵循成本—收益比较的基本原则等。但是这两种制度变迁模式又存在一些差别。这主要有：

首先，制度变迁的主体不同。诱致型制度变迁的主体是个人或一群人，或者一个团体；而强制型制度变迁的主体是国家或政府。这两类制度变迁的主体的差别并不是在数量上，而是体现在"质"（或性质）上。诱致型制度变迁主体集合的形成主要是依据共同的利益和经济原则，国家这个制度变迁主体进行制度变迁的诱因比竞争性组织（或团体）更复杂。

其次，两类制度变迁的优势不同。诱致型制度变迁主要依据一致性同意原则和经济原则。如果它能克服外部效果和"搭便车"之类的问题，那么它在制度变迁中将是最有效率的形式之一。而强制型制度变迁的优势在于，它能以最短的时间和最快的速度推进制度变迁；它能以自己的强制力和"暴力潜能"等方面的优势降低制度变迁的成本。总之，这两类制度变迁方式都有自己的比较优势，它们之间是一种互补关系而不是一种替代关系。

再次，两类制度变迁面临的问题不同。诱致型制度变迁作为一种自发性制度变迁过程，其面临的主要问题就是外部效果和"搭便车"问题。而强制型制度变迁却面临着统治者的有限理性、意识形态刚性、官僚政治、集团利益冲突和社会科学知识局限等问题的困扰。

四　强制型制度变迁不是企业治理结构变迁的主要方式

诱致型制度变迁与强制型制度变迁作为两种典型的制度变迁方式，日益受到理论界的关注。在各国的制度变迁实践中，这两种变迁方式都取得了一定的成功，但也都遇到了一些问题，很难笼统地断定哪种变迁方式更优越。但本书认为，在企业治理结构的变迁中，强制型制度变迁方式不太可能成为主要方式。这是因为：

（一）企业治理结构是一种当事人相互博弈的战略组合，很难被人为操纵

制度变迁的方向是不明确的，其最终结果具有不确定性，是不同人群互动和博弈的过程。在企业治理结构的变迁中，这种特性表现得更为明显。企业治理结构又可看做相关当事人相互博弈的均衡战略组合，而这种博弈的结果首先取决于各当事人谈判力的对比。谈判力则是多种变量的综合反应，包括各要素的市场力量对比、在团队生产中的重要性或贡献、要素本身的特性以及要素所有者的风险偏好等。同时各当事人的谈判力又会随着社会经济条件的变化而改变，比如随着社会和技术的进步，物质资本与人力资本在市场上的稀缺程度、专用化程度和在团队生产中的重要性以及承担的风险也在不断变化。因此，各当事人的多次博弈是企业治理结构变迁的最主要的推动力量。而由于各当事人的谈判力不是由某一单一变量决定的，这种博弈的结构和结果受到人为操纵的可能性很小，从而决定了诱致型制度变迁方式是企业治理结构变迁的主要方式。

（二）企业治理结构没有一个所谓的"最佳"模式

企业治理结构变迁的目标是为了提高企业治理绩效，但是在目前的经济现实中，并不存在一个可以模仿的"成功的"企业治理模式。20世纪80年代日本经济尚未滑坡时，以银行为中心的企业治理显示出其稳定性的优势。人们认为，目光长远的银行能使企业主要关心长期投资决策。到了20世纪90年代，随着日本经济"泡沫"的崩溃，人们的看法发生了改变。康和斯塔兹（kang and Stulz，1998）认为，日本银行不是理性投资的推动者，它们错误地实行了软预算约束，向效益下降且需重组的企业过度贷款。爱德华兹和费雪（Edwards and Fisher，1994）、黑尔维希（Heelwig，1999）认为，德国银行同样在走下坡路，不能提供有效的

企业治理。英美模式既有其辉煌的成就，也有危机的年代，特别是2001年以来接连不断涌现出的安然企业、世通企业、施乐企业的假账丑闻，也使人们对其企业治理效率产生了怀疑。东南亚家族控制模式曾经造就了"东南亚奇迹"，但1998年的金融危机却使其暴露出诸多严重的缺陷。

正如《OECD公司治理准则》所述，好的或有效的企业治理模式是具有国家特征的，它必须与本国的市场特征、制度环境以及社会传统相协调。随着经济全球化的发展，各国的企业必将开展充分的相互竞争和相互学习，并在这种竞争和学习中寻找最适合本国国情的企业治理模式。实践证明，不存在所谓的"最佳"企业治理模式。因此，对于企业治理结构的变迁，力图寻找一种"放之四海而皆准"的模式目标并强行推广的强制型企业治理结构变迁往往是无效率的，由个体自发组织并推动的诱致型企业治理结构变迁才能真正提高企业治理绩效。

（三）强制型制度变迁方式与企业治理结构变迁目标之间存在着无可回避的矛盾

当政府成为企业制度变迁的主要供给方时，会出现两种矛盾。一是政府目标与企业目标之间的矛盾。企业进行治理结构变迁的主要目标是经济目标，即企业利润的不断增长和竞争力的持续增强。而政府的目标则是多重的。二是经济目标，即力图提高资源配置效率，加速经济增长，实现财政收入最大化。由于存在所谓的竞争约束和交易费用的约束，在使财政收入最大化与降低交易费用、促进经济增长的有效率体制之间存在持久的冲突。二是政治目标，即实现政治支持最大化。政府期望新的制度安排赢得广泛的政治支持，保持权力中心在政治力量对比中始终处于支配地位，有效地排斥对权力中心的执政地位产生潜在或现实威胁的国际、国内的反对派势力。企业目标与政府目标的冲突是强制型制度变迁的主要障碍。第二种矛盾是在强制型变迁方式下，政府制度供给要借助于对制度需求以及社会经济运行状况信息流的深入分析而进行。而制度要求呈现的多样化，导致与制度供给有关的信息流不断增大，以至于超过了政府处理信息的能力，最终阻碍了政府及时的制度供给。这正是制度变迁方式与制度选择目标之间的矛盾。

（四）强制型制度变迁离不开诱致型因素的推动

制度变迁的诱致型因素是强制型制度变迁的主要推动力量。从前面的分析可知，市场规模的扩大、制度选择集合的改变、技术的发展、制度服务需求的改变等因素都会引发企业治理结构变迁的需求；各治理主体为争取企业剩余索取权和剩余控制权进行的谈判斗争则是推动企业治理结构的主要力量；企业之间的激烈竞争则促使企业治理结构的创新为许多企业吸收，进而提出了较为强烈的制度需求。因此，企业治理结构的强制型变迁离不开诱致型因素的推动。

第二节　我国国有企业治理结构的强制型变迁方式分析

一　我国国有企业治理结构变迁的历史回顾

我国国有企业治理结构改革基本上是以放权让利思路进行的，带有明显的阶段性痕迹。[1][2][3]

我国国有企业治理结构的形成是为了适应优先发展重工业这一发展战略要求，最大限度地动员剩余、依靠高度集中的计划手段来配置资源，并将其配置于符合战略目标的部门，所诱致出一种内生型制度安排。按照传统的定义，中国的国有企业属全民委托给国家或政府经营，政府同样通过一系列中间管理层次委托企业经理人员直接经营。可以说，委托代理并由此导致两权分离从一开始就是国有企业的一种属性。

在传统体制下，为了防止经营者侵犯所有者权益，采取了从人、财、物和产、供、销各个方面全面剥夺企业经营自主权的治理模式，以解决委托—代理过程中可能出现的侵权行为。这种治理模式固然防止了经营者的侵权行为，但也伤害了国有企业经营创新的激励机制，造成严重的激励不足和效率低下。

我国企业治理结构变迁大致经历了三个阶段：即 1979—1987 年的以放权让利为主要内容的改革，1987—1992 年以承包经营制为代表的改革，1992 年后以所有权多元化为主要特征的现代企业制度的建设。[4]

---

① 张道根：《中国国有企业改革的独特性与制度变迁轨迹》，《上海经济研究》1996 年第 10 期。

② 胡琦：《国有企业产权制度变迁进程分析》，《上海经济研究》1999 年第 11 期。

③ 张道根：《国有企业制度变迁过程中若干现象探究》，《上海经济研究》1997 年第 3 期。

④ 马建堂、刘海泉：《中国国有企业改革的回顾与展望》，首都经济贸易大学出版社 2000 年版。

（一）放权让利

在传统体制下，由于企业没有自主权，导致资源配置高度扭曲、对经营者激励不足以及企业效率等问题，因此从 1979 年起，国家有步骤地采取了利润留成、利润包干和利改税等放权让利的改革。这一改革思路是：基本保持国有国营的体制，让企业拥有一定程度的经营权，但所有权和关于企业重大决策的经营权，都掌握在国家手中。这种思路希望通过让渡部分经营权释放企业活力，提高企业效率，同时增加国家与企业的收益，即以权利换效率。

放权让利的改革，在一定程度上解决了传统经济体制下企业没有自主权、微观经济机制缺乏效率与活力的问题，但是在不存在竞争性市场，没有单一、充分地反映企业经营的信息指标的情况下，企业所有者——国家与经营者之间的信息不对称和激励不相容问题仍然存在。在政府难以全面掌握和控制企业实际经营活动情况下，给企业自主权就意味着给予企业侵害国家权益和资产的机会。从治理结构的角度来看，传统的国有企业管理体制是一个整体，一旦所有者权益和经营者自主权中间的某一方面发生变化，信息不对称和激励不相容的问题就会暴露出来。

从放权让利的改革实践过程来看，一系列措施并没有使激励机制获得"帕累托改进"。首先，由于各种国有企业具有不尽相同的利益，因而很难根据企业劳动贡献确定其报酬。在现实中"放权让利"的边界就很难清晰划分。由于在市场上存在要素和产品价格双轨制等一系列可供"寻租"的漏洞，因而出现了企业为扩大自销而压低计划指标，不完成调拨计划，以及企业间争相发放奖金等行为，引发了"工资侵蚀利润"现象。其次，没有采取措施和有效工具确认对增加的利润的剩余索取权的归属。企业作为一个专业化协作生产的团队，其向市场提供的产品是联合产品而不是每个成员的边际产品，企业成员的劳动在总成果中的贡献难以确定。因此，运用报酬激励员工的设想由于对员工具体贡献的计量发生困难而难以发挥效用。最后，国有企业创造的新增价值可分为三部分：上缴政府税利、企业积累基金和职工分配基金。从工人的角度看，这部分基金所蕴涵的产权关系是完全不同的。从理论上说，工人阶级是国家的主人，但从经济部门的角度来看，单个工人对政府收入和支出的财产权和决策权几乎为零，而对企业留利的支配权也是极其有限的。因此，从职工分配，到企业留利，再到国家税利，普通工人的财产权是迅速递减的。普通工人作为"经济人"会有这样一种倾向，即希望利润在国家与企业之间分割时，企业留利越多越好；而当留利在企业和职工之间进行分配时，则希望用作分配的基金越多越好；如果利润分配只占职工收入分配的一小部分，那么以利润作为激励的手段就很难达到预期的效果。

放权让利显示了国家开始注重用经济手段来激励企业提高经营效率，逐步放弃对国有企业进行直接控制的意图。实际这是国家对利益格局的重新调整，等于承认了国有企业也可以有多元的利益主体和多元的控制主体。但是在政府与企业经营者的博弈中，政府明显处于不利一方，政府与经营者作为博弈的参与方，由于信息的不对称，政府作为放权让利的行为主体，放多少权，让多少利，缺乏明确的标准，在很大程度上取决于行为主体的行为偏好，目的只是追求更多的收益；作为经营者，利用私人信息的优势采取机会主义行为，是为了追求更多的权利，却并不承担相应的责任，加上惩罚约束较少，就形成了"上有政策，下有对策"的博弈框架。这种博弈类似于多重动态的"斯特克尔伯格"博弈，表现为：政府首先制定标准—其他利益主体做出反应和对策—政府发现目标没有实现或存在偏离时重新调整政策—其他主体继续做出预期和反应—政府继续调整政策……这种现象使得政府在与企业的博弈中始终没有处于制度均衡状态。另一方面，在这一系列动态博弈中始终是以利润为考核标准的，即使一些契约条款规定了资产保值增值的内容，但对于相对明确的利润标准而言，资产保值增值条款的可核实性和激励强度都不足，实际上也不起多大作用。这样，单一的利润导向使得企业的内部人往往会采取急功近利的做法，对国有资产进行"掠夺"式的使用，这就损害了所有者——国家的长期利益，其结果只能是行政干预下的内部人控制的治理结构特征。总之，从博弈的结果看，国家所选定的路径并没有实现占优策略均衡，实现对弈者的收益最大化，政府的制度安排在一定程度上被博弈其他参与者的预期和反应抵消了一部分，其制度创新的收益因"下有对策"而大打折扣。"下有对策"意味着制度安排存在缺陷，才使博弈其他行为主体的策略选择空间加大。

（二）承包经营责任制

1986年12月，国务院在《关于深化企业改革增强企业活力的若干规定》中明确提出，要推行多种形式的经营承包责任制，给经营者以充分的经营自主权，使国有企业实现所有权与经营权的完全分离。

承包制实质上是更进一步的放权让利。与改革初期的放权让利不同，承包制在一定程度上弱化了政府对企业日常经营的干预，加快了整个市场经济的进程。由承包制所形成的委托—代理关系是，国家将自己控制的经营决策权委托给承包人，承包人根据承包合同独立自主地经营，这种形式的委托—代理关系，淡化了国有资产所有者对经营者的直接控制，为代理人的经营活动开辟了更为广阔的空间。据有关资料显示，国有企业 20 世纪 80 年代全要素生产率年平均增长率达 4.3%，劳动边际生产率上升了 5.16%，资本的边际生产率上升了 4.97%。效率的提高无疑与国有企业剩余索取权事实上的扩散有关。承包制的实质是政府把部分剩余索取权和控制权下放给能够生产性地使用国有资产的最终代理人，最终代理人一旦实际拥有索取权后，便有了努力和监督的动机，从而有助于克服团队生产中偷懒和"搭便车"行为，也有助于硬化企业的预算约束，提高产权保护效率。放权让利和承包制的实施，默认了国有制也完全可以有多元化利益主体。中央向地方、部门和企业放权，改变了企业行政权的分布结构，使企业以独立法人实体的身份出现，使一大批国有企业摆脱了长期计划经济体制的束缚，其主体意识、市场意识、竞争意识逐步增强。

然而，承包制毕竟只是一种特殊的契约关系，由于缺乏制度和法律规范，这种资产经营权的委托代理关系仅仅只能依靠承包合同来划分双方的权利和责任。这种发生于政府主管机关和国有企业之间的一种纵向行政契约关系，一开始就不同于市场经济中发生于不同产权主体、不同厂商之间的市场契约关系，从而引发了一系列的问题。一方面，在承包制的两权分离中，财产的市场交易支配权不加区分地由国家掌握，承包经营者只享有经营管理权及相应的责任，当强化资产所有权时，就造成所有权对经营权的侵害，使承包经营者的经营自主权受到很大削弱；另一方面，承包制缺乏财产制度及法律制度的支撑，缺乏新的财产制度安排来约束经营权。最大的问题就是无法用个人财产抵押以保证企业经营的业绩，这或许在现代企业制度发展史上是前所未有的。但无论如何，个人所能抵押的金额与国有企业的资产规模是无法比拟的。对于承包中可能出现的代理权对委托权的侵犯，在现实中也不存在相应的法律规范。

从实践的过程来看，承包制很快表现出了许多问题。首先，承包制同样不能解决信息不对称和激励不相容的问题。承包合同的缔结过程是一种典型的直接利益分配过程，由发包人代表国家利益和由承包人代表企业利益在订立合同过程中展开直接的讨价还价，承包合同的每一条款都体现着利益分配。在此过程中，承包合同双方的"信息不对称"和企业的"劝说行为"起到了十分重要的作用。现实中，企业的实际生产条件、发展潜力、市场行情、竞争环境等，只有企业的经营者当事人最清楚，而政府的信息是不完全的，甚至有的信息不得不来自于企业。企业对自身的信息垄断地位决定了它在签约过程中占有某种"便宜"。此外，它还可以用故意制造虚假信息、八方游说、串通发包人的办法来追求自己的利益。这导致承包合同本身偏离效率最优，这种效率损失可以说是承包制特殊的"交易成本"。

其次，经营承包制是以讨价还价的方式界定政企之间的收入分配关系及相关的权利和责任。在该博弈中，企业的选择是如何在完成上缴任务后使自己的实际收益（剩余）最大化，而政府的选择是如何确定上缴比例，以便既能保证国有资产的增值保值，又能充分调动企业经营者的积极性。由于双方目标的过大偏差（一方考虑短期利益，一方考虑长期利益）、双方的信息不对称以及外部市场的非竞争性，实际的博弈结果却是一个非最优的"纳什均衡"。从治理结构的角度来看：一方面，委托人与代理人之间的博弈符合棘轮效应模型。[①] 在棘轮效应模型中，过去的业绩传递的是有关企业内在的生产能力的信息，根据代理人过去业绩推断企业的内在生产率将弱化激励机制，必然导致棘轮效应（鞭打快牛）的出现。这种情况会激励企业经营者做出"不能做得太好"的选择，从而导致双方合作收益的减少。另一方面，由于承包期一般为三年，三年内，政府部门与经营者之间的委托—代理关系是一次性的，任何隐性激励机制（如经理市场）都不发挥作用，能对代理人发挥作用的激励机制只能是显性激励，即把代理人的报酬和目前能观察到的利润水

---

① 棘轮效应（ratchet effects）一词最初来自对苏联式计划经济制度的研究。在计划体制下，企业的年度生产指标根据上年的实际生产不断调整，好的表现反而由此受到惩罚。因此，聪明的经理用隐瞒生产能力来对付计划当局。这种标准随业绩上升的趋向被称为"棘轮效应"。

平相挂钩，因此代理人只对企业当前的利润水平感兴趣，从而使代理人的短期行为不可避免。① 如果每个参与人都准确知道自己博弈的次数，那么任何一个参与人在博弈的最后一期都不会采取合作行为，因为其他参与人已经没有机会对他进行惩罚了。所以，造成承包制短期行为的主要原因是所有者和经营者之间的委托—代理关系是一次性博弈。根据博弈论中个体理性下的最大利益原则，一般来说不能期望博弈方会相互考虑对方的利益或"情绪"，只要能实现自身的最大眼前利益，博弈方是不惜"欺骗"、"伤害"对方的。

承包制不是一种独立的企业制度，而只是企业在委托人与代理人目标函数不一致的情况下为降低监督费用所确立的一种合约安排。由于承包者个人收入增加并不直接地依附于企业资产增值，使承包者只注重于经营利润或现金收入，无法从机制上规避经营过程对企业资产的侵蚀和浪费，无法避免经营者在承包制下的短期行为。这种合约只涉及企业日常经营层面，并未突破计划经济体制下企业制度的框架，没有真正触动企业的产权制度、组织制度、内部管理制度和行为约束机制，最终导致对这一治理机制的否定，从而使改革者将建立规范科学的企业治理结构作为企业改革的目标。

（三）股份制改造

1993 年 11 月，中共十四届三中全会通过了《关于建立社会主义市场经济体制若干问题的决定》，明确指出建立现代企业制度是国有企业改革的根本目标，由此国有企业改革进入了新阶段。为解决改革中出现的内部人控制和国有资产流失严重的问题，1993 年以来，国有企业改革沿两条主线同时展开：一条是产权制度的改革。经过结构调整、资产重组，而后以国有股减持失败而停滞。另一条是国有企业公司制改造。1993 年年底《中华人民共和国公司法》出台。《公司法》明确规定股东大会、董事会、监事会为股份有限公司的权力机关，并规定了各自的职责权限，为国有企业公司制改造提供了法律依据。1994 年，国务院选择100 家国有大中型企业实行现代企业制度试点，进行公司制改造。这

---

① 由于国有企业的经营者身份不同于一般的企业经营者身份，他们身上还带有公务员的身份特征，因此对国有企业经营者的行为分析不止于此。考虑到"政绩"和"仕途"，国有企业的经营者行为还要更加复杂，但是在这里稍作简化。

100 家企业，除上海无线电厂解散、淄博化纤厂被齐鲁石化企业兼并外，其余 98 家分别以 4 种形式改制：由工厂制直接改为多元股东持股的企业 17 家；由工厂制改组为国有独资企业的有 69 家；另有 10 家由原来的行业主管改造为纯粹的控股型国有独资企业，其中有两家实行资产重组。在地方试点企业 2343 家中，已经实行改制的 1989 家中，71% 的企业成立了董事会，63% 的企业成立了监事会，61% 的企业总经理由董事会聘任。全国范围内掀起的公司制改造浪潮使国有企业基本建立了《公司法》所规定的治理结构。但产权改革滞后以及国有企业公司制改造多采用国有独资企业的形式，并享有政府授予的代行出资者的权利，导致改制后政府行政干预、内部人控制与大股东机会主义行为并存。又由于改制之初企业大多把注意力放在股份制的融资功能上，企业治理结构被等同于上市融资的形式要件，制衡的治理机制及其转换经营机制的功能被忽略。企业治理结构流于形式，公司制度建设进入制度修正阶段。

从 1998 年开始，政府先后实行了稽查特派员制度、监事会制度和独立董事制度来克服国有企业的内部人控制问题，然而就其运行效果来看，不但没有达到预定的效果，"内部人控制"反而更加严重。因此，对股份制的分析必须超越其表层，才能做出较为合理的评判。

股份制能否有效并不取决于它自身，而取决于它的相关条件：委托主体的确定性和外部市场的激励约束机制。委托者的确定性是一个有效率的科学的企业治理结构运行的前提条件，如果委托者不确定势必会导致利益主体的角色移位和行为边界界定困难。我国国有企业治理结构特征是：自下而上多层级代理，自上而下多层级委托。在多层级委托中，从"全民"到企业经营者之间的多重委托，导致真正的"监督者"和"所有者"的缺失。

外部市场对代理人的激励约束机制是提高企业治理结构效率、防止代理人对委托人侵害的重要途径。外部市场激励约束包括两个方面：资本市场的显性激励和经理市场的隐性激励。我国的资本市场虽然发展很快，但终究不是一个发育完全、运行规范的资本市场，尤其是作为最大股东的国有股权基本上不具备流动性，这使得国有企业的经营者不必像西方国家的企业经理那样，时时警惕来自资本市场"用脚投票"和"用手投票"机制的压力，他们在拥有甚至滥用对企业的实际控制权的同时根本不用担心企业被并购的风险，也不必担心会有同行来"抢走"他们对企业的实际控制权。另一方面，到目前为止，我国经理市场基本上空缺，通过市场选择经营者可能性几乎为零，出现了所谓董事长和总经理一人兼、董事会和经理班子合二为一、董事会凌驾于股东大会之上这些看似奇怪实则"合理"的企业治理结构。这也就是我国股份制改革绩效不显著的原因所在。

二　我国国有企业治理结构强制型变迁方式的特点及缺陷分析

（一）我国国有企业治理结构强制型变迁方式的特点

1. 国有企业治理结构变迁是国家和企业之间的渐进的博弈过程

企业治理结构首先形成于各要素所有者之间的谈判，即交易。我国国有企业治理结构的变迁也是谈判的结果，而且主要表现为政府和企业之间的博弈。从放权让利开始，政府和企业之间的讨价还价贯穿于企业治理结构变迁的始终。而放权让利式改革的发端也是企业经营的无效率，这实际上也是企业对政府独占所有剩余索取权和剩余控制权的反抗，因此，表面上看是国家发起的国企改革，实际上是在企业行为的影响下不得不为之。国有企业的利益主体和经营主体的地位就是从与政府的讨价还价中逐步确立起来的。"给我五元钱奖金的权利，我可以把企业翻转过来"，是企业对政府的诱惑和承诺。政府意识到下放一部分权利既可以将自己从麻烦中解脱出来，又能带来利税的增多，因而决定从利益刺激开始，下放一点点收益分配权。企业有了收益分配权之后，谈判的能力进一步增强。国家作为单一的所有者面临的是众多的有着自身利益的企业，这就使得在分割经济利益的谈判中获胜的往往是企业一方。放权让利丝毫没有改变企业的行政依附地位，在放权让利的改革阶段，企业拥有的权利很不稳定，这种不稳定破坏了企业形成合理预期的基础。企业希望自己拥有的权利明晰、稳定，政府也希望企业明确自己的利益边界，不至于侵犯政府的所有权。于是通过谈判签订契约，这就是承包合同的产生。在承包合同中，企业的责、权、利界定分明，致使企业的经营目标、责任约束和行为方式发生相应变化。但是承包制只是确定了一定期限的契约关系，企业没有自己的财产，它至多只能做到关心承包期内的企业发展，因此企业行为的短期化现象十分严重，从而损害了国家的长期利益。而实行股份制的实质是使投资主体多元化，所有权弱化，企业拥有独立的法人财产而真正和政府脱离行政依附关系。国有大中型企业最终实行股份制是企业和政府博弈的结果，从放权让利到实行股份制的实质是企业和政府博弈的过程。

在这种博弈过程中，国有企业就是以下放利润分配权，增强企业活力作为治理结构变迁的出发点的，整个变迁过程体现着渐进性的特点。这种分步进行一方面照顾了各个利益集团的既得利益，使得改革没有给社会带来多大的震荡。但是另一方面，分步改革使得当企业还不是独立的法人主体而又拥有利润分配权的时候，它所拥有的权利和责任是不对应的。这就会导致企业的短期行为。以放权让利为例（承包制是以收入刺激为核心来理清国家与企业在一定期限内的收益分配关系，和放权让利没有实质的区别），从这种激励机制的思路来看，是想通过利润分享来刺激企业提高效率。但是增加利润可以有很多的途径，如增加资本投入、提高产品价格等。在无法确定利润的来源时，利润分享可能诱使企业不合理地甚至榨取式地利用资源。同时，这种利润留成制度公开或暗含地承认基数即现状，这是产生苦乐不均和相互攀比的原因。在这样的制度安排下，人们见空子就钻、先捞先得的做法是唯一的正确对策，"寻租"活动从这时就开始了。更进一步，在企业中存在着经营者和普通员工的利益不一致时，共同平均支配剩余收入的制度很难刺激人们的积极性。根据刘小玄的分析，在剩余分配中，只有厂长支配的份额对效率有着积极的促进作用。

放权让利式改革也使监督陷入两难困境。国家作为委托人只能采用一系列指标管理，加强监督。在实践中，指标的制定和监督实施需要大量的信息，为了避免高昂的监督成本，国家只有给企业留下更大的活动余地。由于国家和企业之间的信息不对称，企业能够有更大的能力来追求自己的目标函数。当企业的自利活动、偷懒等问题严重侵犯了国家利益时，中央就又不得不增加指标、限定企业的自由活动范围，使监督考核成本再次变得高昂起来，企业改革因此陷于放收、收放这样的循环。更进一层考虑，企业的主管部门作为所有者的代表，也缺乏监督的动力。因为国有资产是否有效地增值与主管部门的利益没有直接联系。同时，利润留成的承包制是一户一率，所有者对哪个企业约束得合理，对哪个企业约束得不合理是很难判断的，因而也就失去了对所有者代表行为约束的依据，所有者代表行为合理与否也失去了保证。

在产权界定不到位，产权边界模糊，企业不具有真正的法人资格，企业无权处置企业资产的条件下，不可能要求企业对国有资产的损益负责。激励和监督机制不能有效地建立是产权界定不到位产生的不可克服的缺陷。建立股份制就是为了克服这种情况，但是从我国的股份制改革来看，收效不大。

国有企业渐进式的变迁方式也有其成功的一面。改革之初，由于传统体制自身所固有的惯性和利益格局，若采取激进式的改革方式，难免会引起整个社会的不稳定。我国在改革的模式选择上，一是采取了渐进式的体制变迁模式，不首先触动经济体制的核心问题，而是以维持正常的政治经济秩序为前提，逐步放松管制，由易而难，逐步推进。二是由政府统一领导，采取非均衡的推进战略，先试点，再推广，分部门、分地区、分领域逐步推进。三是在国有企业体制变迁过程中，一方面始终保持国有产权的主体地位不动摇，另一方面又通过体制外的制度创新，发展非公有制经济，培育体制外的经济主体，以增量带动存量改革，为国有经济制度变迁创造条件。渐进式改革尽管时间成本、实施成本较大，但它能使整个社会不至于因体制变迁而造成剧烈的动荡，保持了体制变迁的稳定性和连续性，易于为社会公众所接受。

2. 国有企业治理结构变迁是政府角色不断转换的过程

"制度发展往往包括一定时期的过程，参与变革的主体往往是多元的，各自都从自己的利益出发，进行成本收益核算，决定自己对待制度变革的态度、参与或反对的程度。主要由利益（也有其他因素）来决定不同的角色，而这种角色又会随着变革进程的变化由此引起的对不同主体利害关系的变化而变革。"[①]我国国有企业改革之初，政府起着主导作用，政府发起、宣传、主导、推动改革的进程，随着改革的逐步深化，政府的主导作用逐渐下降，企业的作用开始上升。政府的作用由直接推动企业进行制度创新，转向为企业创造更好的市场竞争环境。有的学者就指出："一个中央集权型计划经济的国家有可能成功地向市场经济体制渐进过渡的现实路径是，由改革之初的供给主导型制度变迁方式（由中央政府主导）逐步向中间扩散型制度变迁方式（由地方政府主导）转变，并随着排他性产权的逐步确立，最终过渡到需求诱致型制度变迁方

---

① 黄少安：《关于制度变迁三个假说及其验证》，《中国社会科学》2000 年第 4 期。

式，从而完成向市场经济体制的过渡。"①

在改革的启动阶段，国有企业治理结构的变迁完全是由政府主导，依靠非市场手段进行的。这是因为：第一，在当时的社会经济条件下，市场的资源禀赋条件有限，国有企业的改革一开始必然以渐进的方式进行，与其他社会行为主体相比，国家更具有公正性，因此，改革由政府主导顺理成章。第二，由于国有企业的产权性质，政府是国企的最大投资者代表，政府也难以"退出"国有企业的改革。第三，国有企业（职工）与政府在历史上就"隐含"着一个合约：工人阶级是社会主义的主人，其参加劳动的权利是不可以侵犯的。这就意味着政府不能做到以"退出"合约关系来维护其财产权利的自由选择。第四，在企业发展的早期阶段，企业经营层优质人力资本的相对贫乏和企业进入、退出门槛的相对较高，也加剧了企业经营的市场风险。为了有效地规避风险，企业也需要通过其与政府之间的模糊产权，来寻求政府的保护。第五，国有企业承担着许多本应该由政府承担的义务，改革意味着要归还给政府。同时，政府也确实为企业承担着本该由企业承担的义务，政府职能需要转换。在当时的约束条件下，尽管政府的作用边界和方式可能不恰当，也可能留下"后遗症"，但是依靠政府的非市场手段推动国有企业的市场化进程是理性的选择。相对而言，这是改革成本最低的一种选择。

随着改革的日益深化，政府的主导作用开始弱化。究其原因，对于政府而言，尽管它在推行国有企业改革时，较多采用强制型手段，但是其参与变革的性质仍然是诱致型的，即为了自身的利益而参与变革。那么政府的利益又是什么呢？政府作为国家代表和权力中心具有双重目标：它在组织和实施制度创新时，不仅具有降低交易费用实现社会总产出最大化的动机，而且总是期望获取最大化的垄断租金。由此可见，政府的利益本身也存在着冲突，在最大化统治者及其集团垄断租金的所有权结构与降低交易成本、促进经济增长的有效体制之间存在着持久的矛盾，它反映了在供给主导型制度变迁方式中制度变迁和制度选择之间的冲突。因此，国有企业改革的过程从政府一开始的"不能退出"，逐步发展到"逐渐退出"，乃至现在要"最终退出"，这一过程意味着企业要

---

① 杨瑞龙：《我国制度变迁方式转换的三阶段论》，《经济研究》1998 年第 1 期。

求更多的自主权，更少的控制，更轻的社会负担；政府则要求卸下更多的包袱，从企业里实现更多的"退出"。对于整个国有企业改革这一博弈而言，这是随着非国有企业的成功和壮大，国民经济的非公有部分的比重越来越大，且伴随改革试验积累的战略选择空间的拓广以及各种异质文化的交流与渗透，博弈双方的行动导出的一个更优的均衡解。

另外，对于政府在改革中的角色"退出"还有另外一层含义：那就是大部分的国有企业的委托人还要实现从"政府化"向"非政府化"的"退出"。因为在产权制度改革过程中，真正障碍来自委托人的"政府化"。乡、镇政府的官员作为委托人，他们很难割舍对那些能够提高其政绩，能够给其带来经济效益的"准国有"企业的偏爱，从而导致"准国有"企业改革缓慢。相反，一些由村委会作为委托人的企业，这里我们将之称为"社区"级乡镇企业，尽管其规模也跻身于大中型企业的行列，但改革的速度则明显快于"准国有"企业。①②③

（二）我国国有企业治理结构强制型变迁方式的问题

党的十一届三中全会以来，我国的国有企业治理结构伴随着不断的改革而变迁。在制度变迁方式的选择上，我国选择了强制型变迁方式。究其原因，有以下几点：其一，意识形态的影响。在建设社会主义市场经济的过程中，我们对于现代市场经济及现代企业制度的宏观认识是逐步完善深化的。因此，在把国有企业改革的目标归结为建立现代企业制度时，许多企业对改制的认识比较模糊，改制的积极性不高，并且改制阻力较大，因此并未产生强烈的制度需求。这就使得采取诱致型变迁方式不合时宜。其二，变迁速度的影响。面对国际竞争的日趋激烈，我国企业走向国际市场迫在眉睫，而采用诱致型变迁方式需要较长的时间，由于市场主体之间通过相互博弈形成新的制度均衡需要较长的时间，无法使企业尽快适应竞争，因而采用诱致型变迁方式也并非上策。其三，政府优势地位的影响。从计划经济向市场经济的转化，其间蕴涵着众多的冲突和矛盾。政府以其独特的优势，凭借其强有力的有效制度供给，

---

① 毕秀水、李松涛：《国有企业建立现代企业制度的市场化途径》，《当代经济研究》2000 年第 10 期。

② 何立胜：《国有企业与民营企业制度创新比较研究》，《经济经纬》2003 年第 3 期。

③ 孙岑遥：《论我国政府主导型国企制度变迁深化的必然与约束》，《中央财经大学学报》2001 年第 10 期。

可以较快地协调各个利益主体之间的冲突，保持社会秩序的稳定。最后，政府的产权主体身份的影响。在我国的宪法体系中，政府是国有资产的实际代表者，对国有企业实施强制型变迁似乎也在情理之中。于是，种种原因使得以政府制度供给为主要特点的强制型变迁，顺理成章地成为我国企业制度变迁的特定方式。

从1978年开始，我国企业制度的变迁已经历了近30多年，企业在市场经济中的主体地位已基本确立，与企业发展息息相关的外部制度安排也相继建立。然而，随着国有企业以及整体经济体制改革向进一步深化，我国企业制度的变迁中出现了一种新的趋向：许多微观经济单位从改革初期的制度接受者，变为制度需求者，并且这种对制度安排、制度规范的需求随着改革的深化而不断加强。随着改革开放程度的加深，人们对外学习交流的机会增多，对于市场经济的理解也从理论和实践两方面得到深化，于是在遇到不应有的制度限制或制度障碍时，便自然萌发了消除这些限制和障碍的需求。在政府是新制度的主要供给方的条件下，这种需求自然地转化为对政府新的制度供给的需求。

进一步看，当前我国的国有企业改革中，这些微观主体对于新的制度供给的需求与政府制度供给不足之间，已呈现出明显的非均衡。倘若剖析一下这种非均衡现象，有以下几个方面的原因值得探讨。

1. 企业制度变迁方式与制度变迁目标选择之间存在着无可回避的矛盾

在我国强制型企业制度变迁方式下，政府是主要的制度供给方。我国企业制度变迁的目标是建立适应社会主义市场经济要求的现代企业制度。这一目标选择要求企业制度变迁应是企业的自主行为，而非依赖政府的决策。因为企业制度的建立和完善需要企业的自发行为而非简单的行政服从，这就使得我国企业制度变迁方式与制度目标选择之间存在冲突。另外，在强制型变迁方式下，政府要实现高效的制度供给，需要对制度需求以及社会经济运行状况信息流的深入分析。政府处理信息的能力的不足最终阻碍了政府及时的制度供给，这正是制度变迁方式与制度选择目标之间矛盾在当前的表现。

2. 企业制度变迁的诱致型因素，逐步成为推动企业制度变迁的重要力量

市场规模的扩大、制度选择集合的改变、技术的发展、制度服务需

求的改变等因素引发企业制度变迁的需求。进一步研究可以发现，一方面，导致我国企业制度变迁中制度非均衡出现的主要原因，正在于这些诱致企业制度变迁的因素随着改革向纵深推进而为许多企业所吸收，进而提出了较为强烈的制度需求。近年来国有企业作为一个博弈主体谈判力量越来越强大，对政府提出了更高的制度需求。而另一方面，由于受到政治体制改革滞后等因素的制约，政府对企业的制度供给一时又难以跟上，非均衡的出现便在所难免。因此，国有企业改革现在已由政府推动转变为政府与国有企业共同推动。

3. 股权结构的不合理妨碍了国有企业"内部规则"的创建

"内部规则"，这一词汇来源于哈耶克（Hayek）的社会秩序二元观。哈耶克（Hayek）认为，社会秩序依靠某些规则来形成和延续。这些规则可分为内部规则和外部规则。其中，内部规则是指分散的个体为追求自身利益最大化，相互作用所形成的彼此认同的规则，它是人们交往过程中自发形成的；外部规则是指在个体可以形成组织，通过组织获取更多的利益的前提下，组织内部须通过命令（规律）来贯彻某种特定目的。所以针对个人而言，组织中形成的规则为外部规则。周业安博士将这一分析方法引入我国的制度变迁，指出："组织可以被理解为政府，个人和企业被视为个体社会成员。（我国制度变迁）其基本逻辑是：个体之间的互动及特定组织之间的互动逐步演化出一种特定的内部规则，并随着市场化迅速扩散，组织之间的互动导致外部规则的演化。"① 在其分析中，规则演化的关键在于"互动"。那么，进一步分析这里的"互动"，我们可以将之具体化为非合作性博弈和合作性博弈。事实上，正是个体之间为获取最大利益而不断进行的非合作或合作性博弈，才成为形成企业"内部规则"以及制度变迁的原动力。

从我国企业制度变迁的现状来看，虽然政府在对国有大中型企业进行的新一轮制度供给中早已明确：国有大中型企业与主管部门之间由原来的行政隶属关系改为产权关系。但由于大多数企业仍未摆脱国有股"一股独大"的格局，企业内部职工股、法人股与国有股之间难以产生有效的博弈。于是，企业难以形成适应市场经济的"内部规则"，企业制度变迁的原动力被扭曲，最终致使企业仍只服从于主管部门的意志。

---

① 周业安：《中国制度变迁的演进论解释》，《经济研究》2000 年第 7 期。

这也就相应造成了企业制度需求与政府制度供给之间的反差。

4. 政府对企业外部治理环境方面的供给不足

随着改革的深入，企业对于政府制度供给的需求已从内部的治理制度方面逐步转为外部的治理环境上，政府制度供给恰恰在这方面更显不足。市场交易是有成本的，如搜寻交易对象的成本、订契约的成本、监督和防范契约实施不力的成本等。通过形成一个组织（企业）可以节约某些市场运行成本。企业的出现意味着短期契约为长期契约所替代，一系列的市场契约为一个契约所替代，企业通过"纵向一体化"便可以节约对于交易对象的搜寻成本等。然而，从这些年发达国家经济发展的轨迹来看，企业所节约的交易费用，往往不仅来自于内部管理体制的创新，更多的还来自于外部的其他制度安排。例如，发达的资本市场体系节约了企业融资成本；统一、开放、规范的国内国际市场节约了企业销售成本等。而我国国有企业制度许多非均衡的产生往往是由于企业的生产经营以及未来的发展与外部环境之间存在着摩擦。例如：国企改革中新增收入流的分配问题看似一个企业内部的制度问题，但这一现象的背后往往是政府持大股，所以问题的根源还在政企关系。还有其他种种事实表明企业制度与所面临的外部环境之间的不协调，从而严重扭曲了企业的行为，制约着企业的发展。①②

（三）我国国有企业改革的纵深发展

通过以上论述，书中认为，国有企业的下一步改革，应逐步由强制型制度变迁向诱致型制度变迁转化。

1. 培养制度变迁的新主体

国有企业改革发展至今，政府作用已由最初的主导者推动者逐渐弱化乃至"退出"，因此，改革方式也应由强制型向诱致型转化。首先，需要确立国有企业的市场主体地位，明晰国有企业产权。2003 年 10 月，十六届三中全会提出的《中共中央关于完善社会主义市场经济体制若干问题的决定》中指出，要"建立健全现代产权制度，产权是所有制的核心和主要内容，包括物权、债权和知识产权等各类财产权。建立归

---

① 江建强：《政府在国有企业制度变迁中的地位、作用及其行为规范》，《当代财经》1998 年第 11 期。

② 刘元春：《国有企业的"效率悖论"及其深层次的解释》，《中国工业经济》2001 年第 7 期。

属清晰、权责明确、保护严格、流转顺畅的现代产权制度，有利于维护公有财产权，巩固公有制的主体地位；有利于保护私有财产权，促进非公有制经济发展；有利于各类资本的流动和重组，推动混合所有制经济发展；有利于增强企业和公众创业创新的动力，形成良好的信用基础和市场秩序"。《决定》第一次把产权制度提到如此的高度，提出"产权是所有制的核心和主要内容"，是对"产权清晰、权责明确、政企分开、管理科学"的现代企业制度的重大创新和历史突破，进一步明确具体了国企改革的任务和目标。其次，需要培养多元化的市场主体，非公经济的地位和作用在改革中已经得到了进一步提升，出现了个体、私营、外资与公有制经济相互渗透、相互融合的趋势，如非公经济在行业分布上从以制造、建筑、运输、商贸和服务业等领域为主，已经开始向基础设施、公共事业等领域拓展。非公经济与公有制经济之间的冲突时有发生，如石油行业的民营资本问题。此外，外资企业在我国的发展也迅速膨胀，外资的并购问题也成为了各界关注的热点。非公经济遇到了重新定位和判断的问题。为了正确处理非公经济与公有制经济的关系，2005年2月国务院发布了《关于鼓励支持和引导个体私营等非公有制经济发展的若干意见》。该政策一定程度上给予了非公经济更大的发展空间，并扫除了人们对非公经济去向问题的担忧。通过明晰国有企业的产权以及培养多元化的市场主体，可以刺激企业产生新的制度需求，不断推动国有企业改革的进一步完善和发展。

2. 培育和构建制度变迁的外部环境

国有企业的改革需要外部环境的配合和支持，在我国，主要体现在市场环境的建设，包括劳动力市场和资本市场。外部劳动力市场尤其是职业经理人市场的不完善，是导致目前国有企业经营者激励机制约束机制失效的主要原因。同时，建立现代企业制度，实现国有经济的战略性重组，迫切需要资本市场提供有力的金融支持与有效的金融服务。一方面，改革开放的深入，非公经济的发展，经济全球化推动的国际资本的流动，使民间积累了大量资本。另一方面，"拨改贷"之后，国企直接融资渠道越来越窄，资本市场是国有企业理想的融资平台。此外，资本市场有利于国有企业治理结构的完善，有利于现代企业制度的建立。因此，资本市场的巨大变革，将非常有利于国企改革向纵深推进。

结　　论

总结起来，本书所得出的主要结论是：

第一，企业治理问题是与现代企业制度相伴而生的，股份有限公司的出现是企业治理结构产生的逻辑起点。正是企业所有权与控制权的部分分离，初步形成了委托—代理关系，才引发了人们对于企业治理结构问题的关注。虽然对于企业治理结构的内涵不同的学者有不同的定义，但大部分学者都认同这样一个观点：企业治理结构的核心是关于企业所有权配置的制度安排。如果将参与分享企业剩余索取权和剩余控制权的个体或群体称为企业治理主体，那么企业治理结构变迁的历史就是不同的企业治理主体在企业所有权分配的地位中不断变更的历史。这种变更表现为三种形式：一是新的治理主体的进入。如经营者随着自身人力资本的积累和专用性的增强开始逐步参与剩余索取权和剩余控制权的分配，成为主要的治理主体。二是旧的治理主体内部的分化。最典型的例子就是物质资本所有者分化为大股东和中小股东，也就是说在股东这一群体内部发生了利益的冲突。大股东与中小股东之间的利益冲突不仅逐步升级，而且成为企业治理结构中的主要矛盾。三是旧的治理主体在为争夺剩余索取权和剩余控制权的博弈中地位和利益的变化。如股东从独占剩余索取权和剩余控制权变更为与经营者和其他利益相关者分享。因此，可以说，企业治理主体的变更是理解企业治理结构变迁的一条重要线索。

第二，目前世界上英美企业、日德企业和东南亚家族企业代表着几种比较典型的企业治理模式。许多学者试图在对这几种模式进行比较的基础上找寻一种最有效率的治理模式。但是，最近的研究证明，企业治理模式有着显著的路径依赖特性，它与一个国家的政治制度、金融体制和文化传统等因素息息相关。更为耐人寻味的是，英美企业、日德企业以及家族企业都曾在国际市场竞争中占过上风。这说明，对于企业治理模式的研究，应坚持"存在即合理"的原则。在这个原则之下，书中认为，不存在一个"放之四海而皆准"的企业治理模式，因此，在日趋激烈的市场竞争中，企业治理模式将继续保持多样性的存在状态而不会趋同。与对各国企业治理模式的比较研究相比，找寻各国企业治理模式之间存在差异性的原因也许是更为重要的。

第三，在本书所建立的企业治理结构变迁的分析框架中，变迁的生成机制是核心内容。企业治理结构的变迁决定于企业外部的制度环境和企业内部的治理主体之间的博弈，而制度环境又制约着博弈的展开和结果。在企业的外部环境发生变化时，企业治理主体的谈判力量对比就会随之发生变化，从而推动各治理主体开始新一轮的谈判，新的谈判结果将改变企业剩余索取权和剩余控制权的配置。因此可以说，企业治理结构的变迁就是企业治理主体不断博弈的结果。企业治理结构从"股东单边治理"到"人力资本单边治理"再到"股东经营者共同治理"、"利益相关者共同治理"和"大股东治理"的变迁历程正是对这一结论的验证。

第四，在对企业治理结构变迁的分析中，许多学者不自觉地将强制型变迁方式置于重要地位，在对我国国有企业的研究中更是如此。但书中认为，由于强制型变迁方式自身的局限性，更由于企业治理结构变迁的特点、企业治理结构对其外部制度环境的"嵌入"以及企业治理模式的多样化发展趋势，企业治理结构的变迁更适宜采取诱致型变迁方式。这就需要在我国国有企业改革中，政府及时转换角色，改变思路，将工作重心转移到赋予企业发展的活力和动力、规范企业发展的外部环境、保障合理的诱致型制度变迁因素有较为充分发挥作用的空间上来。

在对企业治理结构变迁的研究中，由于书中作者自身的水平有限，对于一些问题的论述没有涉及或展开，如在分析影响企业治理结构变迁的路径依赖因素时书中重点分析了所有权驱动、资本市场规制驱动和文化因素驱动三种路径依赖因素。事实上，企业治理结构深深"嵌入"其所在国家的制度环境之中，影响企业治理结构变迁的路径依赖因素是相当复杂的，简单地说，包括政治制度、金融体制、历史渊源、文化特性乃至市场结构、消费心理等，对这些因素更进一步的分析正是书中作者下一步的工作。

对于企业治理结构的研究是目前主流经济学的前沿领域，我在这个领域中的学习还只是刚刚起步，我将在以后的学习和工作中继续努力，不断提高，争取取得更好的成绩。